Kleine Schriften der Universitäts- und Stadtbibliothek Köln

31

„Alte Bücher sind unser aller kulturelles Erbe und Gedächtnis…"

Gesammelte Aufsätze
von Regine Boeff (1954-2010)

In Memoriam

Umschlagabbildung recto:
Corrado, Sebastiano: In M. Tullii Ciceronis Epistolas ad Atticum scholia Epistolas ad Atticum scholia. Nuper correcta et aucta. Venedig: Hieronymus Scotus 1549. Einband: Köln, Meister des Freitags-Expositoriums. Provenienz: Aus der Bibliothek des Kölner Jesuitenkollegiums. Aus der Kölner Gymnasialbibliothek.

Umschlagabbildung verso:
Buchobjekt von Hartmut „Haki" Ritzerfeld. Bemalter Einband mit 5 Nägeln. Vorderdeckel und Schnitt mit Acrylfarben bemalt. Buchrücken datiert und signiert, verso mit Titel »Geteiltes zusammengefügt«. Stolberg-Vicht 2008.

Das Titelzitat lautet vollständig „Alte Bücher sind unser aller kulturelles Erbe und Gedächtnis, kollektive wie persönliche Reminiszenz". Es stammt von Regine Boeff aus dem Vortrag „Der Bibliophile als Detektiv", der in diesem Band abgedruckt ist.

Überarbeitung der Texte für den Druck: Caroline Dohmen-Richter

Herstellung: Rhein. Druck- & Verlagsgesellschaft, Weilerswist

ISBN 978-3-931596-60-6

ISSN 1430-2780

Inhaltsverzeichnis

Der Charakter des gesprochenen Wortes
wurde bei dem Abdruck der Vorträge bewusst beibehalten.

Vorwort

Interessante Einbände gehören selbstverständlich zu einer großen wissenschaftlichen Bibliothek, zumal wenn sie umfangreiche historische Bestände hat. Dennoch ist es nicht selbstverständlich, dass auch immer Mitarbeiter vorhanden sind, die sich fachkundig dieser Materie annehmen können, sie sichten, verzeichnen und pflegen. Die Geschichte der Universitäts- und Stadtbibliothek Köln ist dafür ein Beleg. In den zwanziger Jahren hat sich Joseph Theele (1889-1944) während seiner Dienstzeit an der USB mit ihren Einbänden beschäftigt, in den fünfziger bis achtziger Jahren dann Hans Blum (*1917), der wertvolle Einbände in einer eigenen Einbandsammlung vereinigte. Als Dozent am Bibliothekar-Lehrinstitut hat er viele angehende Bibliothekare mit diesem Themenfeld in Berührung gebracht. Da wenig publiziert wurde, war hiervon auch wenig bekannt.

Es ist das Verdienst von Regine Boeff, die Einbandsammlung seit den neunziger Jahren reaktiviert, deutlich erweitert und die Pflege und Erforschung der Einbände in unserem Hause auf eine neue Stufe gehoben zu haben.

Das war nicht unbedingt vorauszusehen. Sie war schon lange Jahre Mitarbeiterin der Einbandabteilung, bevor sie dort Leiterin wurde und sich dann mit einem ungeheuren Enthusiasmus in das Arbeitsfeld wissenschaftliche Einbandkunde stürzte, der sie in wenigen Jahren zu einer angesehenen Fachfrau werden ließ. Die Beschäftigung mit diesem Metier war geradezu ein wichtiger Teil ihres Lebens geworden, als habe sie geahnt, dass ihr nicht mehr unbegrenzte Zeit vergönnt war. Neben die Beschäftigung mit dem historischen Bucheinband von der Pike auf trat speziell die Erforschung der Kölner Einbandwerkstätten. Es war ein Glück, dass einer der großen Einbandforscher Deutschlands, Konrad von Rabenau, zu ihrem Mentor wurde. Er schärfte ihren Blick und ihre methodische Schulung.

Ihr ureigener Bereich war die elektronische Einbanddatenbank, die sie gemeinsam mit ihrer Kollegin Caroline Dohmen-Richter entwickelte und die von Dipl.-Phys. Oliver Flimm aus unserer EDV-Abteilung technisch umgesetzt wurde. Daneben schuf sie eine eigene Schutzumschlag-Sammlung und startete im Umkreis der Kölnischen Bibliotheksgesellschaft eine Buchpatenschafts-Aktion, um beschädigte wertvolle Einbände wieder instand zu setzen. Die zahlreichen Beschreibungen der betreffenden Bucheinbände waren überaus arbeitsaufwändig, überzeugten aber durch ihre Qualität die Spendenwilligen. Rückgrat ihrer Beschäftigung war der Aufbau einer umfänglichen Handbibliothek.

Auf der 10. Tagung des Arbeitskreises für die Erfassung und Erschließung historischer Bucheinbände in der Universitäts- und Stadtbibliothek 2005 hat sie ihre Leistungen erstmals an die Öffentlichkeit gebracht, zur großen Überraschung dieser Fachleute, die damit nicht gerechnet hatten. Aus dem gleichen Anlass gab sie in Ergänzung zum Jubiläumskatalog von Gunter Quarg einen schönen Band „Schätze aus der Einbandsammlung der Universitäts- und Stadtbibliothek Köln" im Rahmen der Schriftenreihe unsres Hauses heraus, der sofort auf Beachtung stieß. So eroberte sich die Newcomerin ihren Platz in der Fachwelt. Gerne teilte sie von ihrem Wissen mit, warb in Vorträgen und Kursen für ein vertieftes Verständnis des Einbandes, seiner Funktion und seiner Botschaft als Träger von Ideen. Damit war sie auch eine würdige und gute Botschafterin unserer Bibliothek.

Eine schwere Krebserkrankung, die sie kraftvoll und tapfer trug, verwehrte ihr, diesen Weg weiterzubeschreiten, Angefangenes zu vollenden, bereits Skizziertes anzugehen. Sie hatte noch so viele Pläne und war, von der Krankheit schwer gezeichnet, bis zuletzt bemüht, ihre Kräfte für ihre Passion zu bündeln. In ihrem Mann fand sie einen verständnisvollen Partner, der sie bei ihrer Arbeit nach Kräften unterstützte und auch in der schweren letzten Phase ihres Lebens liebevoll begleitete. Am 23. Oktober 2010 ist sie gestorben.

Gerne tragen wir dazu bei, die Arbeit dieser außergewöhnlichen Mitarbeiterin nicht in Vergessenheit geraten, sondern weiterwirken zu lassen. Frau Caroline Dohmen-Richter sei für die Betreuung des Bandes herzlich gedankt. Mein Dank gilt auch Frau Catrin Hollemann, die sich dem Fotografieren der Einbände für die Digitale Einbandsammlung stets mit besonderem Einfühlungsvermögen und Blick für die Besonderheiten angenommen hat und die die Gestaltung dieses Bandes kreativ begleitete.

Prof. Dr. Wolfgang Schmitz
Direktor der Universitäts- und Stadtbibliothek

Regine Boeff und die Datenbank für die Einbände der Universitäts- und Stadtbibliothek Köln

Konrad von Rabenau

Die erste Begegnung mit Regine Boeff in Köln 2005

Als der AEB eingeladen wurde, im September 2005 seine Jahrestagung in Köln zu halten, haben auch die Kenner der Forschung nicht erwartet, dort auf einen so großen Eifer für die Einbandforschung und deutliche Ergebnisse zu stoßen. Die Bemühungen von Adolf Keysser, dem ersten Direktor, um eine Einbanddokumentation auf der Basis von Durchreibungen und von Joseph Theele um eine Darstellung der rheinischen Einbandkunst lagen ebenso wie die Studien von Ilse Schunke zu den Kölner Einbänden aus der ersten Hälfte des 16. Jahrhunderts und die kurze Suche von Ernst Kyriss nach Einbänden des 15. Jahrhunderts schon lange zurück. In jüngster Zeit besaß Hans Blum, der frühere Leiter der Einbandstelle, große Kenntnisse der Einbandgeschichte; er erweiterte die schon früher angelegte Einbandsammlung, hat aber selbst auf diesem Gebiet wenig veröffentlicht. Gunther Quarg spezialisierte sich auf Bände der Palatina, die aus der Sammlung des Kurfürsten Ottheinrich von der Pfalz über die Studieneinrichtung der Jesuiten in die alte Stadtbibliothek und mit dieser in die 1919 gegründete Universitätsbibliothek gelangt waren.

Umso größer war daher die Überraschung, als Regine Boeff bei der AEB-Tagung auftrat und in einem Eingangsvortrag das Projekt einer Datenbank wertvoller Einbände der Kölner Bibliothek erläuterte. Durch einen guten gedruckten Katalog ausgewählter Stücke in einem schönen Einband der Hausbuchbinderei konnte sie die Art der Datenbank anschaulich machen. Ich war zunächst verwundert, dass die Kölner Vorarbeiten in ihrem Referat nur gestreift wurden. Bei einem intensiven Abendgespräch, das sich auch von dem Redegetöse einer großen Gaststätte nicht stören ließ, merkte ich aber, wie leidenschaftlich Regine Boeff dem Thema Einbandforschung ergeben war und dass sie unvoreingenommen und begierig auf Fragen und Anregungen einging. Ihr war an Zusammenarbeit gelegen, und sie sagte mir großzügig Papierausdrucke aller Eintragungen in die Datenbank der Kölner Einbände für das von mir aufgebaute Einbandarchiv zu.

Ihr Weg zur Einbandforschung und die Kölner Einbanddatenbank

Berufswahl

Als am 19. August 1954 in Bonn geborene Tochter eines Steuerberaters und einer Lehrerin war Regine Korten, später verheiratet mit Manfred Boeff, durch ihre Eltern von früh an mit Literatur und Kunst vertraut gemacht worden und wählte deshalb nach ihrer Gymnasialausbildung an der Hildegard von Bingen-Schule in Köln den Beruf einer Bibliothekarin. Ihre Ausbildung erhielt sie seit 1972 an der Universitäts- und Stadtbibliothek. Sie fand, 1974 als Angestellte übernommen, schon bald eine Aufgabe in der Einbandstelle der Bibliothek und wurde 1991 deren Leiterin. Doch hat sie zunächst die in dieser Aufgabe schlummernden Möglichkeiten nicht erkannt.

Malerei

Regine Boeff suchte eine größere, sie voll ausfüllende, ihre Fähigkeiten fordernde Aufgabe. Da in ihr auch ein starker Gestaltungsdrang lebte, wie sich zum Beispiel an der Einrichtung ihrer Wohnung erkennen ließ, begann sie in den Jahren vor 2003 mit dem Malen ernster Symbol-Bilder, die sie auch auf Ausstellungen zeigte. Erfahrungen, die sie damals gewann, wirkten sich noch aus, als sie diese Periode hinter sich gelassen hatte: Sie konnte neue Versuche der Buchgestaltung verständnisvoll beschreiben.

„Ein Buch ist nicht nur Lesegriesbrei". Objektbücher und Buchobjekte von Hartmut (Haki) Ritzerfeld.
In: Hartmut „Haki" Ritzerfeld . Konzeption und Gestaltung. Stolberg-Vicht 2008

Einbandbeschreibung

Regine Boeff entdeckte im Jahre 2003, dass sie und ihre Mitarbeiterinnen in der Einbandstelle mehr leisten könnten als nur die Pflege und Bewahrung wertvoller Bände, dass es sich viel mehr lohnte, auch deren Inhalt, ihre Geschichte und ihre bisherige Würdigung zu verzeichnen. Sie hat das als einen Wendepunkt ihres Lebens bezeichnet, das seitdem von der Einbandforschung erfüllt war. Zusammen mit ihren Kolleginnen begann sie genaue, ausführliche Beschreibungen ebenso über den Inhalt der Bücher und ihre Autoren anzulegen wie über die Gestaltung der Einbände und ihre örtliche und zeitliche Bestimmung. Es wurden auch unscheinbare Angaben der Literatur gesammelt, die Stücke der Einbandsammlung betrafen. Das Resultat waren eingehende Exemplarbeschreibungen für zunächst 215 Bände und eine ausführliche „Bibliographie zur Kölner Buch- und Einbandgeschichte". Diese freiwillige Arbeitsexpansion wurde von dem Direktor der Bibliothek, Professor Dr. Wolfgang Schmitz, unterstützt und beraten.

Kölner Einbanddatenbank

Mit Recht drängte es Regine Boeff nun dazu, ihre Resultate zusammen mit den Abbildungen der Einbände im Internet weltweit bekannt zu machen. 2001 hatte Philippa Marks mit der Veröffentlichung des seit 1996 geplanten digitalen Einbandkatalogs der British Library in London (The British Library image data-base of bookbindings) begonnen. Sie konnte dafür zwar die wertvollen Exemplarbeschreibungen von Miriam M. Foot nutzten, musste sich aber angesichts der Fülle des Materials oft mit kurzen Angaben zur Bestimmung begnügen. R. Boeff wollte dagegen für jeden Einband eine vollständige Beschreibung anbieten wollte. Auch zu diesem Projekt gab der Bibliotheksdirektor seine Zustimmung, und Oliver Flimm entwickelte ein Programm, wie die bereits geleistete Arbeit am günstigsten für die Datenbank verwertet werden könnte. Der Auftakt gelang innerhalb von drei Monaten und zeigte in dem digitalen Katalog zunächst 215 Einbände, darunter auch Arbeiten der Hausbuchbinderei. In der Zwischenzeit ist die Zahl auf 446 angewachsen.

Die Tagung des AEB im Jahre 2005 gab Gelegenheit zu zeigen, wie hoch die Grundmauern dieses Werkes schon standen. Regine Boeff hat in mehreren Aufsätzen die Konzeption der Datenbank sorgfältig erläutert.

Von der traditionellen zur digitalen Einbandsammlung.
In: Prolibris 10 (2005) H. 4, S. 155-156 und
In: Bibliothek. Forschung und Praxis 30 (2006), S. 63-68
Gebunden im Auftrag der Universitäts- und Stadtbibliothek Köln. Eine Datenbank präsentiert neue künstlerische Einbände aus der Kölner Hausbuchbinderei
In: Bindereport 119 (2006) H. 2, S. 57-59

Der Wert der Kölner Datenbank muss ausdrücklich hervorgehoben werden. Neben der von der DFG geförderten gemeinsamen Einbanddatenbank mehrerer Bibliotheken, die von den Durchreibungssammlungen verschiedener Forscher ausgeht, geht sie zwar nur von der Einbandsammlung einer bestimmten Bibliothek aus, bietet aber immer ein für das Verständnis der Einbandgeschichte wichtiges Gesamtbild der Deckelgestaltung. Sie enthält in den Katalogtexten die Ergebnisse der Einbandforschungen zu Köln und zu der Region Niederrhein. Sie nennt auch wichtige Korrekturen zu Angaben der allgemeinen Einbanddatenbank. Da 2008 ergänzend zu den Katalogbeschreibungen eine Werkzeugdatenbank entwickelt wurde, ist auch eine Recherche auf diesem Wege möglich. Schließlich bietet die Datenbank eine große Bibliographie zum Kölner Einbandschaffen.

Buchpatenschaft

Mit der Arbeit an der Datenbank verband Regine Boeff die Werbung von Buchpaten für die Restaurierung besonders bedrohter Bücher der Sammlung. Dabei galt es, deren Bedeutung und die Gestaltung ihres Einbandes lebendig darzustellen. Von diesen Bemühungen hat sie mehrfach berichtet.

Zur Problematik des Altbestandes. Köln 2006
Wert und Wertschätzung der Bücher. Historische, bibliophile und wissenschaftliche Relevanz. Köln 2006.

Beiträge zur Einbandforschung: Aufsätze und Projekte

Die Artikel für dic Kölner Datenbank gingen in den folgenden Jahren immer mehr über die Zusammenfassung bisheriger Erkenntnisse hinaus. Regine Boeff begann nun mit Erkundungen und zusammenfassender Darstellung ihrer Erkenntnisse.

Reformatorische Ikonographie auf Einbänden

Da durch die Übergabe der 1857 gegründeten Evangelischen Bibliothek Köln im Jahre 2004 und die Übereignung der schon früher von der Universitätsbibliothek verwalteten Bibliothek der Evangelischen Gemeinde Köln im Jahre 2006 ein größere Zahl von Büchern der Reformationszeit Eigentum der Universitäts- und Stadtbibliothek wurden, konnte sich Regine Boeff eine Übersicht über Reichtum an Abbildungen und Texten verschaffen, mit denen die Buchdeckel in den evangelischen Gebieten geschmückt wurden. Auf dieser Basis hat sie die neue Ikonographie der Reformation, auf die man erst in jüngster Zeit wirklich aufmerksam geworden ist, erstaunlich geschlossen dargestellt und ist dabei auch auf meine eigenen Bemühungen sorgfältig eingegangen.

„zum ansehen, zum zeugnis, zum gedechtnis, zum zeychen".
Reformatorische Ikonographie auf den Büchern der Kölner Evangelischen Gemeindebibliothek und der Bibliothek des Stadtkirchenverbandes. In: Die Evangelische Bibliothek in der Universitäts- und Stadtbibliothek Köln. Eine Darstellung anlässlich des 31. Deutschen Evangelischen Kirchentags in Köln 2007 hrsg. von Wolfgang Schmitz (Schriften der Universitäts- und Stadtbibliothek Köln 18) Köln 2007, S. 138-183.
Einbände des Franziskanerklosters St. Nikolaus an der Trift

Nachdem Regine Boeff in der Universitätsbibliothek auf zwei Bänden einer Erasmusausgabe eine Rolle gefunden hatte, die durch die Jahreszahl 1540, ein Wappen mit Krone und Schwert so wie die Buchstaben „ro 2" gekennzeichnet war, ermittelte sie, dass die Bände aus dem Tertiarerkloster der Franziskaner St. Nikolaus an der Trift stammten. Zwar konnte sie zu ihrem Bedauern das eigenartige Wappen auf der Rolle und die begleitenden Buchstaben nicht deuten, erfasste aber in Zusammenarbeit mit Lokalhistorikern die Geschichte des 1403 gegründeten Klosters und konnte 19 Bände aus seiner Bibliothek aufspüren, die durch die Säkularisierung im Jahre 1803 verstreut worden waren. Am Ursprungsort der Einbände sprach sie am 21. 8. 2007 sehr lebendig und gründlich über die Klostergeschichte, ihre Funde aus der Klosterbibliothek und die Einbandforschung überhaupt

Was Bucheinbände erzählen. Einbandkunde und -forschung am Beispiel von zwei Büchern aus der verstreuten Klosterbibliothek von St. Nikolaus an der Trift (Damm, ehemalige Gemeinde Bedburdyck).
Unveröffentlichtes Manuskript 2007.

Schutzumschläge

Regine Boeff hatte sich neben der Bewahrung der Einbände auch mit deren Schutzumschlägen so intensiv beschäftigt, dass im September 2008 in Absprache mit dem Börsenverein des Deutschen Buchhandels die digitale Umschlagsammlung der Universitäts- und Stadtbibliothek Köln entstehen konnte. Sie enthält neben den Abbildungen alle für das Druckwerk und die Gestaltung des Schutzumschlags wichtigen Angaben und erschließt sie durch mehrere Register. Die bei diesem großen Unternehmen gesammelten Erfahrungen fasste sie in einem Festschriftbeitrag für ihren Direktor zusammen und verglich sie mit den bisherigen Bemühungen und Verfahren anderer Bibliotheken.

Schutzumschlag und Umschlagschutz: Die Archivierung und Verwaltung von Schutzumschlägen in der Universitäts- und Stadtbibliothek Köln.
In: Der Bibliothekar im 21. Jahrhundert - ein traditionsbewußter Manager. Festschrift für Wolfgang Schmitz... zum 60. Geburtstag.
Köln 2008, S. 47-66.

Nachlass Paul Adam

Im Zusammenhang mit meiner Bemühung, die Themen und Methoden der ersten Einbandforscher zu verstehen und ihre Nachlässe zu erschließen, lag mir daran, auch Paul Adam zu würdigen. Deshalb verabredete ich mich im Juli 2008 mit Regine Boeff in Düsseldorf, um mit ihr im Kunstpalast die von Paul Adam betreuten und beschriebenen orientalischen Einbände und seinen schriftlichen Nachlass kennen zu lernen. Man empfing uns freundlich, öffnete uns auch das Magazin. Regine Boeff zeichnete unsere Ergebnisse auf und war bereit, die Auswertung und Darstellung zu übernehmen. Das musste sie wegen ihrer Krankheit aufgeben. Ihre Materialsammlung wartet darauf, bearbeitet zu werden.

Liste Kölner Werkstätten des 16. Jahrhundert

Ein zweites Projekt schlug ich Regine Boeff vor, als sie schon lebensbedrohend erkrankt war, ich aber allabendlich nach ihrem Ergehen fragen und mit ihr Forschungsfragen besprechen konnte. Ich regte eine wertende und prüfende Übersicht über die bisher bekannt gemachten Kölner Einbandwerkstätten des 14. bis 16. Jahrhunderts an und sandte ihr einen Entwurf. Auf ihn konnte sie zwar nicht mehr in allen Teilen eingehen, widmete sich aber während ihrer zweijährigen Krankheitszeit mit großer Konsequenz der Überprüfung und Aktualisierung der von Ilse Schunke hergestellten Liste von Kölner Werkstätten des 16. Jahrhunderts. Noch wenige Tage vor ihrem Tode hat sie dieses Manuskript ihrer Nachfolgerin Caroline Dohmen-Richter übergeben und verabredet, dass es von ihr ergänzt und in die Kölner Datenbank eingegeben werden soll. Auch eine gesonderte Veröffentlichung ist beabsichtigt.

Rückblick

Am 23. Oktober 2010 ist Regine Boeff in Köln gestorben. Nachdem sie das Thema, das ihren Fähigkeiten und ihren Interessen entsprach, gefunden hatte, sind ihr nur sieben Jahre geblieben, fünf ungestörte, gesunde und zwei, die von schwerer Krankheit gezeichnet waren. In dieser Zeit hat sie die Einbandforschung in Köln gefördert und ihre Ergebnisse weltweit zugänglich gemacht. Diese Frau von großer Energie und Urteilskraft hat es verdient, dass ihr Bemühen durch die von der Universitäts- und Stadtbibliothek Köln vorbereitete Zusammenfassung ihrer gedruckten und ungedruckten Arbeiten verbreitet und bewahrt wird.

Erstmals erschienen in Heft 28.2011 der Zeitschrift Einbandforschung. Wir danken Herr Andreas Wittenberg, Sprecher des Arbeitskreises für die Erfassung, Erschließung und Erhaltung historischer Bucheinbände (AEB), für die Erlaubnis des Abdrucks.“

Eine Dokumentation zur Beschreibung der Einbandsammlung der Universitäts- und Stadtbibliothek Köln

Die Vorgeschichte

Seit dem Ende des 19. Jahrhunderts erwachte mit der Erneuerung der Buch- und Einbandkunst das Interesse am historischen Einband. Der Kölner Direktor Adolf Keysser (von 1874 bis 1915 im Bibliotheksdienst) hinterließ der Bibliothek eine Sammlung von Durchreibungen, die er allerdings nicht weiter kommentierte. Auch sonderte er die betreffenden Einbände nicht vom übrigen Bestand ab, sie stehen noch heute überwiegend im geschlossenen Magazintrakt für alte Drucke. Den »Einbandschrank«, der auf alten Katalogaufnahmen als Standort mancher Bände verzeichnet ist, dürfte Joseph Theele (in Köln 1920 bis 1927), einer der Begründer der wissenschaftlichen Einbandkunde, eingerichtet haben; seitdem sekretierten die Kölner Bibliothekare besonders wertvolle und bemerkenswerte Bände.

Auf ihre gotischen Einzelstempel hin untersuchte der Einbandkundler Ernst Kyriss (1881–1974) von 1928 bis 1948 u. a. die Kölner Altbestände. Seine umfassende Sammlung von Durchreibungen vermittelt heute die Einbanddatenbank zu Berlin. Auch der Erste Direktor der Preußischen Staatsbibliothek Paul Schwenke (1853–1921), der auf seinen Ferienreisen und immer, wenn sich eine Gelegenheit ergab, Stempel abrieb, sammelte Stempel-Durchreibungen Kölner Provenienz. In den 1930er Jahren beschäftigte sich die Einbandforscherin Ilse Schunke (1892–1979) mit den Kölner Rollen und Plattenbänden des 16. Jahrhunderts. Einige davon fanden, wahrscheinlich erst im Nachhinein, Aufnahme in die Sammlung.

Ilse Schunke erwähnt in ihrem Festschriftenbeitrag für Konrad Haebler[1], dass Joseph Theele ihr während ihrer Recherchen freundlicherweise die Einsicht in seine Dokumente gestattete – deren Verbleib ist bis heute leider unbekannt.

Möglicherweise fielen auch den Kölner Direktoren Rudolf Juchhoff und Severin Corsten (von 1955 bis 1959 und von 1971 bis 1985) im Zusammenhang mit ihren Arbeiten über die Kölner Drucker einige Einbände auf, die sie dann in die Sammlung integrierten. Vor allem aber hat der Abteilungsleiter der Einbandstelle Hans Blum (von 1947 bis 1982), der nebenamtlich seit 1949 als Dozent am Kölner Bibliothekarlehrinstitut Einbandkunde lehrte, die Einbandsammlung ausgebaut und bestückt. Ein Katalog der Einbände oder eine Sammlung der zu ihnen sporadisch veröffentlichten Aufsätze existierten bisher nicht.

Das Projekt

Anlässlich der passiven Konservierung einiger für eine Ausstellung vorgesehener Bände im Sommer des Jahres 2003 fiel auf, dass die meisten Bücher der Einbandsammlung unzureichend geschützt in säurehaltigen, nicht maßgerechten Schubern Aufbewahrung fanden. Mit der Aufgabe betraut, die 215 kostbaren Bücher systematisch mit objektgerechten Kassetten zu versehen, planten die Mitarbeiterinnen der Einbandstelle, die Provenienzen, Werkstätten und Fertigungsdaten der Einbände zu ermitteln und fanden – unter der Bedingung, das Tagesgeschäft dabei nicht zu vernachlässigen – die Zustimmung der Direktion.

Die Bearbeiterinnen nahmen sich vor, nach abgeschlossener Arbeit für jeden Band der Einbandsammlung eine Mappe anzulegen, die seine bibliographischen Angaben, die technischen Daten, eine Notiz über den gegenwärtigen Zustand, eine Fotografie und gegebenenfalls angefertigte Durchreibungen enthalten sollte. Eine Einbandbeschreibung mit allen

1 Ilse Schunke, Der Kölner Rollen- und Platteneinband im 16. Jahrhundert. In: Beiträge zum Rollen- und Platteneinband im 16. Jahrhundert. Konrad Haebler zum 80. Geburtstag. Hrsg. von Ilse Schunke. Leipzig 1937 (= Sammlung bibliothekswissenschaftlicher Arbeiten, H. 46 = Ser. 2, H. 29) S. 311–397.

Quellen- und eventuell weiterführenden Literaturangaben war hinzuzufügen, außerdem sollten die kopierten Fundstellen, die Recherche ergänzend, griffbereit zur Verfügung stehen.

Zum Vorgang

Das Procedere der Einbandbestimmung einer historisch gewachsenen Kollektion war eine große Herausforderung. Hier bestand der Anspruch nicht in der Auswahl interessanter Bände zur Vorbereitung eines Ausstellungskataloges, sondern in der präzisen Dokumentation einer mehr oder weniger zufälligen Ansammlung von Einbänden aller Herren Länder und Zeiten. Einbandverzeichnisse und Richtlinien zur Terminologie wurden herangezogen. Eine kurze Einführung in die Heraldik vermittelte Herr Dr. Gunter Quarg, dessen zahlreiche Kataloge und Schriften, auch über Bucheinbände, den Bearbeiterinnen den Einstieg in die Materie boten. Als hilfsbereitem Ansprechpartner in Einbandfragen ist ihm die Abteilung zu großem Dank verpflichtet.

Ilse Schunke empfiehlt in ihrem Vademecum den Dialog mit den Einbänden über ein manuelles und daraus entstehendes intelligentes »Begreifen«. Vermutlich fehlte den drei Bearbeiterinnen die Intuition (die Bände schwiegen sich beharrlich aus), und so suchten sie nach einer für sie geeigneteren Methode, um zu ermitteln, warum man diese Bücher, die sich meist auf den ersten Blick kaum von denen des Magazinbestandes unterschieden, als Rarität erachtet hatte.

Um die Bände sinnvoll und möglichst zügig zuzuordnen, bedarf es in der Regel wissenschaftlichen Personals, im günstigen Fall der Kooperation mehrerer, auf einzelne Epochen und Wissenschaftsgebiete spezialisierter Fachkräfte.

Die Mitarbeiterinnen der Einbandstelle, die eine entsprechende Ausbildung nicht vorweisen können, haben eine andere Form der Bearbeitung konzipiert. Die ungewöhnliche Methode findet vielleicht das Interesse derjenigen Bibliothekare, die, buchhistorisch ungeschult, wertvolle Bestände verwalten. Vielleicht dient sie auch manchen Kolleginnen und Kollegen als Anregung, den Wissenschaftlern zuzuarbeiten.

Die Bearbeiterinnen sammelten zunächst umfangreiches Quellenmaterial und werteten es in Hinsicht auf die Signaturen des gesamten Bestandes der Kölner USB hin aus. Die hauseigenen Ausstellungskataloge und einschlägige Dissertationen und Hausarbeiten boten sich als wertvolle Quellen an, bibliotheksspezifische Zeitschriften und Bücher, Periodika und Schrifttum zur Einband- und Buchforschung, zur Stadt-, Landes- und Kunstgeschichte, zur Bibliophilie, aber auch die Veröffentlichungen aus der Feder der Mitarbeiter des Hauses, sofern sie mit dem Themenkreis beschäftigt waren und sind, erwiesen sich als wahre Fundgruben. Nicht selten beschaffte die Fernleihe das fehlende Material. Darüber hinaus lohnte sich das systematische Durchforsten der Literatur über Kölner Klosterbibliotheken und Kölner Sammler. Damit sollte kein Katalog für Sekundärliteratur entstehen, sondern eine Sammlung von Beschreibungen bemerkenswerter und seltener Bücher der USB Köln, darunter möglichst vieler Bände der Einbandkollektion.

Die bisher über 1800 Quellen stehen als wichtiges Arbeitsinstrument im Handapparat der Einbandstelle zur Verfügung; eine lange Liste der in der Literatur erwähnten, nach Signaturen geordneten Kölner Bücher verzeichnet heute 18500 Einträge.

Konkordant entstand eine gleichermaßen sortierte Aufstellung der 215 Bände der Sammlung. Im Vergleich beider Auflistungen fanden sich bereits, noch ohne die Autopsie eines Bandes, Belege, vom einfachen Provenienznachweis bis zur vollständigen Einbandbeschreibung, zu 117 der Einbände. So ließen sich nicht nur überflüssige Recherchen für die in Zeitschriftenaufsätzen, Rezensionen und Katalogen bereits beschriebenen Bände vermeiden, (die Konkordanz ergab z. B., dass Gunter Quarg bereits 48 der Einbände in seinen Katalogen *Vom Kettenbuch zur Collage* und *Heidelbergae nunc Coloniae* erfasst hatte); das umfangreiche Material ermöglichte vor allem Rückschlüsse von den bereits ermittelten auf etliche der noch unbekannten Werkstätten und Provenienzen.

Im Dezember 2003 nahm das Fotolabor die Bände der Sammlung auf; die Fotos erlaubten einen zunächst oberflächlichen Einbandvergleich und eine provisorische chronologische Sortierung der Arbeiten, ohne die wertvollen Bücher unnötig zu strapazieren.

Mittlerweile ist die Mehrzahl der Einbände lokalisiert und datiert; zahlreiche ihrer Provenienzen und Werkstätten ließen sich nachweisen.

Die Einbanddokumentation umfasst bisher 300 Seiten, die endgültige Formulierung einiger Ergebnisse und das Anfertigen der Mappen ist noch in Vorbereitung. Nach Signaturen geordnet bieten die Beschreibungen einen, sofern dieser nicht bereits vorlag, ausführlichen Text, d. h. mit der Möglichkeit einer Zuordnung auch ohne das vorhandene Bildmaterial. Hier schließt sich – sofern nachvollziehbar – eine Interpretation der Zusammenhänge der Einbandprovenienz mit dem Verfasser, Vorbesitzer oder Drucker an, wenigstens aber folgt eine kurze Information über die Autoren und Werke. Danach finden sich die Quellen zum Bucheinband, zu seiner Provenienz und zur Vita der Buchbinder, Drucker und Autoren.

Kurze Hinweise zu weiteren Einbänden der beschriebenen Werkstatt aus dem Bestand der USB oder Notizen und Korrekturen zu den Einzelstempeln im Vergleich mit den Angaben der Einbanddatenbank zu Berlin vervollständigen die Beschreibung. Schließlich ermöglicht eine Auflistung von den Abkürzungen der Fundstellen den Zugriff auf die Aufsatzsammlung.

Zusammen mit dem Abkürzungsverzeichnis entstanden ein Autorenregister von bisher 2050 Einträgen und ein Index, der 2900 Stichwörter aufweist. Wöchentlich aktualisiert, bieten sie die Grundlage für schnelle und effektive Materialrecherchen auch zu unbekannten Einbänden.

Ein ergänzendes, alphabetisch sortiertes Excel-Register erlaubt wahlweise den Zugriff auf die Autoren, Drucker, Vorbesitzer und Klosterprovenienzen der in der Einbandsammlung vorhandenen Bücher. Es erleichterte den Mitarbeiterinnen die statistische Erfassung der Sammlung.

Wenn irgend möglich beschränkten sich die Bearbeiterinnen auf die Dokumentation der aus den Belegen zusammengestellten Nachweise und enthielten sich wohlweislich der forschenden Tätigkeit. Dennoch haben sie auch die in der Literatur nicht nachgewiesenen Einbände anhand der zur Verfügung stehenden Informationen aus den Quellen oder der Spuren am Buch selbst vorsichtig und »nach bestem Wissen und Gewissen« bestimmt und dementsprechend die Beschreibungen vorsorglich mit einem Fragezeichen versehen. Gelegentlich ließen nur die Besitz- und Kaufvermerke, die Makulatur, die Stempel, Marginalien, Wasserzeichen, die geschäftlichen wie freundschaftlichen Beziehungen von Autoren und Druckern oder auch ein sinnvoller Zusammenhang einiger, selten aller dieser Faktoren Rückschlüsse auf das Datum und den Ort der Herstellung zu. In manchen Fällen vermittelte gerade das Studium der in der Literatur erwähnten, aber noch nicht nachgewiesenen Bände im Vergleich mit den eigenen Beständen die Einsicht in die Provenienz.

Folgerichtig könnten jedem externen Bearbeiter eine Abbildung und die – mit Fragezeichen gespickte – Beschreibung eines Kölner Pendants des vorliegenden unbekannten Einbands nützlich sein und gegebenenfalls seine eigenen Ermittlungen unterstützen.

Da eine Einbandsammlung selten mehrere Einbände aus der gleichen Werkstatt bietet, sollte der endgültige Beleg der erreichten Resultate erst mit der Recherche nach adäquaten Bänden im Magazinbestand erfolgen. Es wäre schön, wenn sich dazu später eine Gelegenheit fände.

Der Bestand der Kölner Einbandsammlung

Die Provenienzen der Einbände

Unter den 140 deutschen Einbänden, die 65,12% des gesamten Bestandes der Einbandkollektion ausmachen, bilden die Kölner Arbeiten mit 62 Bänden (28,84 % der Sammlung) den Schwerpunkt: Acht davon stammen aus Klosterwerkstätten, einer wurde für einen Verlag hergestellt und die restlichen fertigten überwiegend die früheren Kölner Meister. Sie sind wegen verlorener Archivakten meist nur mit ihren Initialen oder den Notnamen, die ihnen die Einbandforscher verliehen haben und leider selten mit vollem Namen bekannt. Zu den Kölner Bänden zählen weiterhin die künstlerischen, neuen Einbände, die in der hauseigenen Werkstatt der USB entstanden sind.

Mit Stolz sei auf diesen Ausbildungsbetrieb hingewiesen, der zeigt, dass man auch in Köln versteht, die Tradition des Bucheinbands zu pflegen und die moderne Einbandkunst zu fördern. Einige der hier gefertigten Einbände ergänzten die Exponate einer Ausstellung, mit der die USB im Jahre 2003 die Kölner Sammler und ihre Bücherkollektionen würdigte.

Fünf der Arbeiten umschließen ehemals broschierte oder reparaturbedürftige Werke privater Stifter.

Das kostbare Material, die ausgefallenen Einbandentwürfe und deren meisterhafte Umsetzung bringen deutlich die Wertschätzung der Bibliothek für die ihr anvertrauten Kollektionen zum Ausdruck. Inzwischen fertigte die Hausbuchbinderei auch die Kassetten zum Schutz der wertvollen Einbände an.

Die nächste Gruppe bilden mit 22 Bänden (10,23%) die flämischen und niederländischen Arbeiten, 8,37% der Bucheinbände sind französischer Provenienz.

Der Rest des Bestandes der Sammlung (16,28%) stammt aus aller Welt, Europa, Amerika, Japan, China, dem Nahen Osten und Russland. Die Einbände der ausländischen Werkstätten lassen die seit alters her überregionale Bedeutung des Bestandes erkennen.

Der Vorbesitz mancher Bände ließ sich nicht ermitteln, die meisten aber hatten mehrere Eigentümer aufzuweisen: 75 der Drucke (nicht der Einbände!) kamen aus der Kölner Gymnasialbibliothek in die Einbandsammlung, 70 befanden sich nachweislich im Besitz der hiesigen Klöster. Aus der alten Kölner Stadtbibliothek stammen 68 der Schriften, die bekannteren Sammler wie Rinck, Jabach, Bäumker, von Mevissen und Wallraf steuerten 75 Titel bei. Nur sieben der Werke gehörten in die Kölner Syndikatsbibliothek; das städtische Oberbürgermeisteramt besaß laut behördlichem Stempel ein einziges Exemplar der Sammlung. Von den 77 Bänden aus der Bibliotheca Palatina wurden 17 ihres Einbands wegen sekretiert. Es fanden sich 112 weitere Besitzeinträge, Supralibros, Exlibris und Stempel aus den Bibliotheken des Adels und dem Eigentum der Bürger und Studenten.

Die Einbände aus Klosterbesitz umschließen die erwartungsgemäß überwiegend vertretene katholische Literatur und Werke der klassischen Autoren, vereinzelt aber auch die Schriften der Reformatoren und ihres Umkreises.

Das Wissen um die Taktik des Gegners gehörte sicher zu den wirksamen Strategien im Glaubenskampf, vielleicht ist hier aber auch der Reiz des Verbotenen nicht zu unterschätzen, denn der Kölner Rat hatte den Druck und den Vertrieb des protestantischen Schrifttums streng untersagt.

Spätestens beim Studium der Namen einiger Vorbesitzer wird offensichtlich, warum die Bibliothekare die Bände der Einbandsammlung nicht immer nach ästhetischen Kriterien auswählten.

Waren die Herkunft und der Inhalt eines Buches von lokalhistorischer Brisanz, zogen sie gelegentlich das abgeriebene oder sehr schlichte Exemplar dem wohlerhaltenen aus der gleichen Werkstatt vor.

Die Fertigungsdaten

Vom spätgotischen Einzelstempel-Einband bis hin zu den in jüngster Zeit entstandenen experimentellen Arbeiten vermittelt der Bestand der Kölner Sammlung einen Einblick in die stilistische und technische Entwicklung des Bucheinbands über sieben Jahrhunderte.

Einschließlich ihrer Beibände finden sich hier 25 Inkunabeln, die ihren Einband zum Teil erst wesentlich später erhielten. Meist zeitgenössische Arbeiten umschließen vor allem die Wiegendrucke, die von Mevissen aus dem Dublettenbestand der Stadtbibliothek Trier erworben hat. Angesichts des Umfangs und der Einbandqualität des Kölner Inkunabelbestandes ist es erstaunlich, nur 17 Einbände (7,91%) aus dem 15. Jahrhundert vorzufinden. Das Augenmerk der Bibliothekare lag eindeutig auf den Arbeiten des 16. Jahrhunderts, die fast die Hälfte (45,12%) der Sammlung ausmachen. Bis zum Jahre 1700 wurden 24 der Stücke (11,16%) gefertigt, das 18. Jahrhundert ist mit 22 (10,23%) vertreten.

Einiger historistischer Einbände wegen stieg der Prozentsatz im 19. Jahrhundert mit 35 Bänden auf 16,28%. Von da an bis heute wurden nur noch 20 Einbände (9,30%) sekretiert.

Nicht, dass der Kölner Bestand die wertvollen Bucheinbände vermissen ließe! Als im Jahre 2002 der Katalog *Vom Kettenbuch zur Collage* entstand, erwies sich, dass nur 22 der hundert beschriebenen Arbeiten in der Einbandsammlung aufbewahrt wurden.

Das Problem liegt im akuten Platzmangel – der Architekt, der die Räumlichkeiten für die Aufbewahrung der Rara, d. h. der Wiegendrucke,

Faksimiles und sammelnswerten Einbände plante, hat die Anzahl der Kostbarkeiten eindeutig unterschätzt. So blieb der vorhandene Platz vor allem den Inkunabeln vorbehalten.

Bisher sind wenigstens 800 weitere Einbände bekannt, die es zu veröffentlichen lohnte. Eine Einbanddatenbank soll diesen Bestand in nächster Zeit im Internet präsentieren.

Anlässlich des 10. Treffens des Arbeitskreises für die Erfassung und Erschließung historischer Bucheinbände (AEB) möchte die USB Köln zunächst eine Auswahl der beschriebenen Bücher einem größeren Interessentenkreis vorstellen.

Der Aufsatz gibt den Stand vom Mai 2005 wieder. Die Präsentation der ersten Ergebnisse fand am 22.09.2005 auf der Eröffnung der 10. Tagung des AEB in der Universitäts- und Stadtbibliothek Köln statt. Parallel fand eine Ausstellung statt, die eine Auswahl der Kölner historischen Einbände zeigte. Beschreibungen und Abbildungen der Einbände und Einbandwerkzeuge s. Digitale Einbandsammlung der USB Köln http://einbandsammlung.ub.uni-koeln.de/

Bloß Buchdeckel – oder mehr?

Der Bucheinband des 15. und 16. Jahrhunderts
als Informationsträger im Kontext historischer Forschung.[1]

I. Einleitung

„Man bindet ein Buch, um seine einzelnen Blätter in ihrer richtigen Reihenfolge zusammenzuhalten und sie zu schützen". Mit diesen schlichten Worten leitete Douglas Cockerell, ein englischer Buchbindemeister, im Jahre 1901 seine Abhandlung über den Bucheinband ein. Sein Lehrsatz behielt von der Entstehung der ersten Bücher an bis heute seine Gültigkeit. „Bloß Buchdeckel, oder mehr?", hat Herr Freitäger, Archivar am Kölner Universitätsarchiv, das heutige Thema formuliert. Rein quantitativ betrachtet tendiere ich zum „mehr", denn zu der bibliotechischen Konstruktion des Buches gehören alle Elemente, die der Buchbinder einsetzte, um die losen Blätter zusammenzufügen. Da wären z. B. die Vorsatzpapiere und die Makulatur, der Buchschnitt und der Rücken mit der Bindung, die Schließen, Textweiser und Lesebänder und natürlich die Buchdeckel selbst. Die Frage, welche Qualitäten der Bucheinband über seine Funktion hinaus aufzuweisen hat, beschäftigt einen kleinen Kreis von Wissenschaftlern - und bewegt in dieser Runde auch uns, Erkenntnisse ausnahmsweise einmal nicht zwischen, sondern auf den Deckeln der Bücher zu suchen. Worin also erweist sich die Konstruktion der Bucheinbände über Schutz und Handhabung hinaus als nützlich?

Bücher bezeugen das ökonomische, technische, kulturelle und soziale Niveau ihrer Epoche. Bücher bereicherten, sie wurden zum Studium und zu sakralen wie repräsentativen Zwecken herangezogen; sie speicherten und vermittelten Wissen und Glaubensinhalte, waren Wege zur Macht und zur Manipulation. Bücher werteten das Prestige ihrer Besitzer auf; waren Preziosen und Kultgegenstände, Begleiter und Beschützer, für

1 WS 2006/07: Historische HilfswissenschaftenArbeitskurs

manchen sogar ein Teil der eigenen Identität. Den stolzen Eigentümern lag es deshalb sehr am Herzen, die Wertschätzung ihrer Bücher mit einem angemessenen Schmuck der Einbände zum Ausdruck zu bringen. Seit Anbeginn des Buchwesens boten sich die Deckel der Bücher als Träger mehr oder minder aufwändiger Verzierungen an. Im Gegensatz zum modernen Verlagseinband zeigt der historische und künstlerische Handeinband meist Unikatscharakter. Auf den ersten Blick gibt er nur Auskunft über seine Herstellungstechnik, auch über den Stil und die technischen Verfahren seiner Dekoration. Bei näherem Hinsehen liefert er darüber hinaus eine Vielzahl von Informationen, die allerdings noch nicht lange genutzt werden. Dazu gehören z. B. Einträge und Wasserzeichen auf dem Vorsatzpapier, die Beschaffenheit und Herkunft der Einbandmakulatur, die Ikonographie und Typologie des Einbandschmucks und eventuell die Machart der Schließen.

Erst seit Beginn des 20. Jahrhunderts vermittelt die Einbandkunde als Teilgebiet der buchhistorischen Forschung wertvolle Hinweise für die historischen Wissenschaftsgebiete. Sie interessiert im Bereich der profanen Geschichte wie im Umfeld von Kirche, Kultur, Kunst und Wirtschaft, außerdem leistet sie Beiträge zur Regionalgeschichte und Genealogie. Unter anderem ist es Ziel der Einbandkunde, historische Quellen aufzubereiten und Forschungsarbeiten in Verbindung mit den Hilfswissenschaften zu untermauern, oft kann sie, dann aber nur im Zusammenhang mit weiteren Indizien, die Historie der Entstehung und Herkunft des Buchs erschließen oder verdichten. Zur Quellenforschung wird sie das Objekt immer in seiner Gesamtheit, also mit sämtlichen Einbandelementen, dem Inhalt und im Kontext seiner Sammlung berücksichtigen und versuchen, die Zusammenhänge aller an der Buchherstellung Beteiligten und der Buchbesitzer, möglicherweise sogar in Verbindung mit dem Wirkungskreis des Textes aufzudecken.

Gelegentlich kann die Einbandkunde durchaus zum Selbstzweck betrieben werden, es gibt Einbandkollektionen auch ohne Buchinhalte. Wie auch immer diese fragmentarischen Depots zustande kamen, ging die Bedeutung der Einbände im Zusammenhang mit den Texten und Einträgen für die individuelle Buchgeschichte weitgehend verloren.

I.1 Informationsträger

Einbandkundler und Historiker anderer Fachbereiche werden sich den Einbänden zunächst mit unterschiedlichen Interessen nähern. Während die einen alle Informationsschichten des Buches nutzen, um die Provenienzen des Einbands zu bestimmen, werten die anderen die Erkenntnisse zum Einband für die Recherchen zur Buchgeschichte aus. Die nachvollziehbaren Hinweise im Buch und auf dem Einband beeinflussen sich wechselseitig und sind für manche Disziplinen, wie z. B. die Inkunabelforschung, unverzichtbar.

Neben den Dekorationen auf dem Einband, zu denen auch Wappen, Hausmarken, Devisen und Besitzerinitialen zählen, gehören die Vorsatzpapiere, die der Buchbinder einfügte, zu den wichtigsten Informationsträgern. Lokalisierte und datierte Besitz- und Schenkungsvermerke - aber auch die Exlibris und Besitzstempel - vollziehen die Geschichte des Buches nach. Nicht selten lassen sie erkennen, welcher Eigentümer den Einband in Auftrag gab und wo dieser entstanden ist. Kauf- und Bindevermerke, Notizen zu den Einbandpreisen in unterschiedlichen Währungen, die Wasserzeichen des Vorsatzpapiers und die Einbandmakulatur weisen nicht nur auf die Herkunft des Buchs und des Einbands, sondern möglicherweise auch auf die Reisen und Studienaufenthalte der Vorbesitzer hin. Widmungen und Schenkungseinträge lassen auf den Aufenthaltsort und das Umfeld der Eigentümer schließen.

Der Einbandkundler sollte den Text des Buches nie aus den Augen verlieren. Meist zeigt auch er – im Glücksfall in Verbindung mit Marginalien - Zusammenhänge mit dem Buchbesitzer auf und unterstützt biographische wie einbandkundliche Recherchen. Mit welchen Themen hat sich der Eigentümer beschäftigt und wie hat er sie kommentiert oder sogar zensiert?

Außer dem Einbandschmuck verraten Schwärzungen, das sind ausgestrichene Textstellen, einiges über die Geisteshaltung der Besitzer. Vor allem in den Klöstern hatte man sich gewissenhaft darum bemüht, als anstößig empfundene Passagen auszustreichen oder zu überkleben. Selbst wenn das Werk an sich keinen Anlass zur Beanstandung gab, erinnerte man die Leser der Bücher verdächtiger Schriften doch gern mit dem Vermerk »autor damnatus« oder »haereticus« daran, diese Lektüre mit der gebotenen Vorsicht zu genießen. Auch pflegten die Mitglieder der Kommunitäten delikate Einzelheiten auf den Titelholzschnitten und -kupfern sorgfältig, in manchen Orden sogar mit einer gewissen Akribie, zu schwärzen oder gleich konsequent auszuschneiden. Die drastischen Maßnahmen schonten zwar das Seelenheil, nicht immer aber das Textverständnis der geneigten Leser.

Durchaus üblich und aus der Sicht des Einbandforschers wie auch des Historikers sehr zu bedauern war das Tilgen früherer Besitzeinträge. Wurden sie ausgekratzt, lassen sie sich meist nicht mehr nachvollziehen; wurden sie mit Tinte ausgestrichen, kann man sie in den meisten Fällen mit der Methode der Bandpassfilterreflektographie wieder sichtbar machen. Die geschwärzten Einträge werden dabei verschiedenen Lichtbündelungen ausgesetzt.

Originale Vorsatzpapiere fielen oft der destruktiven Sammelleidenschaft der Vorbesitzer zum Opfer. Etliche Eigentümer bemühten sich, ihre Bücher zu „schönen“, d. h. sie tauschten alte Einbandmaterialien gegen neue aus. Viele ließen die Bände im Sinne der Haltbarkeit ohne Rücksicht auf Verluste reparieren. Hatte sich das Papier der Bücher durch unsachgemäße Lagerung verzogen, wurde es großem Druck in der Buchpresse ausgesetzt, der die Seiten so nachhaltig glättete, dass sogar die Wasserzeichen nicht mehr zu erkennen waren. Man spricht hier vom „Verpressen“ des Papiers. Auch heute noch bedeutet jede Instandsetzung einen Eingriff in die Buchsubstanz. Sie sollte nur von einem kundigen Restaurator vorgenommen und gewissenhaft dokumentiert werden, damit sie nicht zu Informationsverlusten führt.

I.2 ...und deren Erhalt

Um den Erhalt historisch relevanter Bände und Einbände zu gewährleisten, bedarf es in der Regel einer aufwändigen und deshalb teuren Restaurierung. Da früher die nötigen Mittel oftmals fehlten, blieb vieles glücklicherweise zufällig und unbeabsichtigt erhalten. Nach den neuesten Erkenntnissen könnte man heute die Restaurierungen durchdacht und sensibel angehen, leider reicht der Etat vor allem in den öffentlichen Bibliotheken für eine umfassende Instandsetzung der Bestände nicht aus. Etliche Institutionen werben in der Hoffnung, die Allgemeinheit am Erhalt der Bände und Einbände zu beteiligen, um Buchpaten.

Zu den Einrichtungen fast aller größeren Bibliotheken mit historischem Buchbestand gehört ein Dezernat für Historische Sammlungen und Bestandserhaltung. Die Mitarbeiter sind u. a. für die Erschließung und Erfassung der Einbände, wie auch für die Pflege und Konservierung der Bücher verantwortlich; sie veranlassen, sofern die Mittel zur Verfügung stehen, objektgerechte Restaurierungen und betreuen die Buchpaten- und Digitalisierungsprojekte. Außerdem verstehen sie sich als Ansprechpartner im Universitätsbereich, beraten auch Privatpersonen und vermitteln gern die Anschriften geeigneter Restauratoren. Denjenigen unter Ihnen, die alte Bücher erwerben oder eines Tages verwalten möchten, stehen sie beratend zur Seite.

Eine angemessene Restaurierung wird also alle primären und sekundären Informationsschichten eines Buches berücksichtigen. Aufschlussreich und erhaltenswert sind auch frühere Titel- und Signaturenschilder, sie erlauben Rückschlüsse auf frühere Provenienzen und unterstützen damit die Rekonstruktion verstreuter Bibliotheken und Bestände. Der Fachmann wird sogar leichte Gebrauchsspuren nicht tilgen: sie adeln, denn sie bezeugen die Wertschätzung, die ein Buch erfuhr und berichten über die Häufigkeit seiner Benutzung im Kontext einer Sammlung.

II. Einbandkunde/Einbandforschung

Um die Informationen des Einbands auszuwerten, sollte sich der Einbandkundler Grundkenntnisse in den unterschiedlichsten Fachbereichen aneignen. Dazu zählen z. B. die Wasserzeichenkunde oder die Heraldik. Zum Repertoire gehört die Zusammenarbeit mit Restauratoren, Bibliotheken und Archiven, Antiquaren und den Mitgliedern der Geschichtsvereine. Der Einbandkundler muss kein Talent als Buchbinder oder Restaurator beweisen, wohl aber handwerklich-technisches Einfühlungsvermögen mitbringen.

In der Regel lassen sich Einbände über ihre Materialien und Techniken annähernd, im günstigsten Fall auch zuverlässig datieren und lokalisieren. Ein Anhaltspunkt kann, muss aber nicht das Erscheinungsjahr des Buches sein. Immerhin versteht es sich als „Terminus post quem" und bestimmt den Zeitpunkt, nach dem die Arbeit entstanden ist. Zu beachten wäre bei der Bestimmung noch, ob der Einband von dem ursprünglichen Inhalt getrennt und dann erneut verwendet wurde, oder ob es sich um eine Fälschung handelt. Beides kommt eher selten vor.

Um den bisherigen Wissensstand zu erweitern; widmen sich heute einige der Einbandkundler auch der Einbandforschung, oft als Mitwirkende des international besetzten Arbeitskreises zur Erfassung und Erschließung historischer Bucheinbände (AEB). Einbandforscher - meistens sind es Bibliothekare, Sammler und Restauratoren - klassifizieren und typisieren die auf den Einbänden verwendeten Werkzeuge und ordnen sie bekannten und bisher anonymen Werkstätten zu, sie erarbeiten eine verbindliche Terminologie, sie verleihen den unbekannten Betrieben mit Notnamen eine Identität, sorgen für die Publikation neuer Erkenntnisse und betreuen Datenbanken, um die Recherchen weltweit zur Verfügung zu stellen. Als relativ junger Zweig der Wissenschaft verzeichnet die aktuelle Einbandkunde noch längst nicht alle historisch und künstlerisch relevanten Werkstätten. Einbandforschung wird an den Universitäten nicht gelehrt, auch ist sie nur im Vergleich der Bücher möglich.

Die wohl bekannteste Einbandforscherin, Ilse Schunke, hat einmal formuliert, dass jedes Buch früher oder später seine Geschichte erzählt, vorausgesetzt, man be-greift seine Art, sie zum Ausdruck zu bringen. Aus eigener Erfahrung darf ich Ihnen versichern, dass sich manche der Bände beharrlich lange ausschweigen und geht man noch so sensibel auf ihre Mitteilungen ein. Gelegentlich bedarf es detektivischen Spürsinns um die Indizien zu interpretieren. Manchmal hilft nur ein Zufall. So bearbeitete der niederländische Restaurator Schrijen einen Einband, dessen Stempel unbekannt waren. Im Rücken des geöffneten Bandes hatte er Samenpollen entdeckt, die er in das kriminologische Institut nach Amsterdam schickte, um sie untersuchen zu lassen. Dort stellte sich heraus, dass es sich um die Pollen einer Baumart handelte, die nur in einer bestimmten holländischen Region vorkam. Bald konnte das infrage kommende Kloster ermittelt werden. Auch das Alter der Pollen - und damit des Einbandes - wurde bestimmt. Sogar die Jahreszeit der Fertigung lag auf der Hand: Bäume blühen im Frühjahr.

Um die Einbandkunde als Hilfsmittel zur Aufbereitung historischer Quellen zu nutzen, ist es unumgänglich, die Objekte zunächst einmal stilistisch einzuordnen. Dazu möchte ich ausführen, wie Einbände entstanden sind und ihre Entwicklung nachvollziehen. Der Schwerpunkt wird auf den Arbeiten des 15.und 16. Jahrhunderts liegen; praktische Beispiele, soweit sie in der USB zur Verfügung stehen, sollen die graue Theorie belegen und beleben.

III. Einbandtechnik: Geschichte des Codex

Neben der Buchrolle dienten im Altertum kleine Tafeln als Schriftträger. Gewöhnlich bestanden sie aus geweißtem Holz; verwöhnte Lese- und Schriftkundige bevorzugten die Luxusausführung aus Elfenbein oder Edelmetall. Ergaben mehrere dieser Täfelchen einen zusammenhängenden Text, gingen der Lektüre gelegentlich lästige Sortierarbeiten voraus - die Foliierung oder Paginierung, d. h. das Durchnummerieren der einzelnen Blätter oder Seiten, sollte sich erst im 12. Jahrhundert etablieren. Deshalb sorgten bald Schnüre, Scharniere oder Ringe für eine zuverlässige Ordnung des Geschriebenen; je nach Anzahl wurden die Tafeln zu Diptychen, Triptychen, oder Polyptychen zusammengefügt. Auf diese Weise miteinander verbunden, benannte man das Gebilde der kleinen Bretter nach seinem Aussehen als „Holzklotz" (lateinisch Caudex) – der die Urform des Codex bildete. Die Innenseiten der Täfelchen konnten ausgehöhlt sein und enthielten dann Wachs. Sie erfreuten sich als Schreib- und Notizbücher großer Beliebtheit, denn das weiche Material erlaubte Textkorrekturen und ließ sich bei Bedarf glätten und wieder verwenden; auch war der Caudex im Vergleich zur Rolle, dem Rotulus, schon etwas besser zu handhaben; die Seiten ließen sich blättern.

Gegenüber der Rolle bot diese Konstruktion also schon einige Vorteile, erwies sich aber wegen ihres Umfangs und Gewichts doch noch als

Abb. 1

unpraktisch. Bald wichen die Tafeln leichteren Beschreibstoffen wie Pergament und Papier. Das Gefüge der gefalteten, miteinander verbundenen Blätter bildete schließlich den Buchblock des uns heute geläufigen Codex. Seit dem 1. Jahrhundert ist er in der Literatur belegt.

Die ersten Bände bestanden aus einer einzigen, in der Mitte zusammengehefteten Lage, mit der die Seitenzahl technisch allerdings begrenzt war: Abhilfe schufen mehrere hintereinander gebundene Lagen mit einer geringeren Anzahl von Seiten. Zum Schutz des Materials erhielten sie einen Lederumschlag. Mit einer überstehenden Klappe und Lederstreifen ließ sich das Buch verschließen. Diese älteste Form der Bucheinbände hat sich in der arabischen Welt bis heute bewährt *(Abbildung 1)*.

Seit dem 4. Jahrhundert setzte sich der Kodex im christlichen Orient allmählich als alternativer Schriftträger gegen die Rolle durch. Der älteste nachweisbare europäische Einband ist uns aus dem 7. Jahrhundert überliefert. Dennoch ist davon auszugehen, dass das Handwerk eine viel längere Tradition hatte, die frühesten Arbeiten sind wohl der unbeständigen Materialien wegen nicht erhalten geblieben.

III.1 Einbandtechnik des Codex; Kopert und Kettenbuch

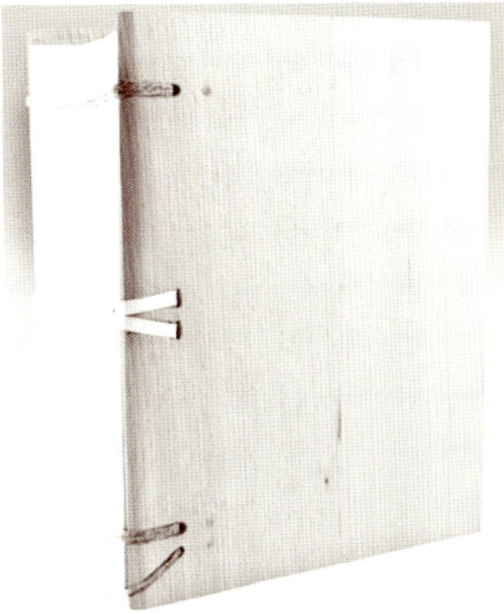

Abb. 2

Für die Texte des Codex kam im Abendland bevorzugt zunächst das Pergament zum Einsatz. Da dieser Beschreibstoff die Tendenz hatte, sich unter Feuchtigkeits- und Temperatureinflüssen zu verziehen, hielten meist schwere Holzdeckel die Buchseiten in Form. *(Abbildung 2)*

Bei den ersten Büchern wurden die einzelnen Lagen mittels Langstich- oder Kettenstichheftung gleich fest mit dem Buchrücken vernäht, die Technik hat sich später für Aktenbände oder leichte flexible Einbände erhalten *(Abbildung 3)*. Erst ab 600 nach Christus erfolgte die Heftung nachweislich auf Bünde *(s. Abbildung 2)*. Auf einer Heftlade wurden die Lagen hintereinander auf Kordeln, Schnüre oder Per-

Abb. 3

gament- und auch Lederstreifen geheftet. Je nach Format waren drei bis fünf Stiche erforderlich. Der Buchbinder vernähte den Faden über die Bünde im Langstich, am oberen und am unteren Ausstichpunkt entstanden durch kettenartiges Verknüpfen die Fitzbünde. Am Buchanfang und an seinem Ende heftete er in der Regel einen leeren gefalteten, (in der Fachsprache: gefalzten) Bogen als Vorsatzpapier mit. Kopf und Schwanz des Rückens kapitalte der Buchbinder, d. h. er umstach die Lagen stabilisierend mit einem bunten Hanffaden oder Lederstreifen. Die Enden der Bünde verpflockte er fest in die Holzdeckel oder leimte sie dort aufgefächert auf. Auf die Innenseite der Deckel klebte er als zusätzliche Verbindung zwischen Buch und Einband das erste Blatt des Vorsatzpapiers. Man nennt es Spiegel, die erste lose Seite des Vorsatzpapiers heißt „fliegendes Blatt". Nachdem die vorbereitenden Arbeiten erledigt waren, hat der Meister das Buch eingeledert und mit Schließen versehen, die ein Sperren der Deckel verhinderten.

Für die Drucke verwandte man oft die Pergamentseiten alter Handschriften als Vorsatzpapiere oder Verstärkungen der Heftung *(Abbildung 4)*. Mit ihnen setzt sich heute die Makulaturforschung auseinander, die daran arbeitet, die zerlegten Schriften zu katalogisieren und zuzuordnen. Auch bei der Herkunftsbestimmung der Einbände kann die Makulatur weiterhelfen. In diesem Fall handelt es sich um ein Buch, das für den Einband nur vorbereitet war. Eine auf der Rückseite des Blocks angebrachte Pergamenthandschrift, die dem endgültigen Einband wohl als Spiegel dienen sollte, lässt Rückschlüsse auf die Herkunft der unfertigen Arbeit zu. Sie beurkundet handschriftlich etliche Privilegien, die dem Dekan und Kanonikus der Kirche St. Georg in Amersfort, Diözese Utrecht, 1478 gewährt wurden. Ein Hey(n)ricus Mensoris de Veerden hat das Dokument in Amersfort bezeugt und unterschrieben. Dort entstand um 1504 wohl der seltene interimistische Einband, denn meist übernahmen die Buchbinder vor Ort die ausgemusterten Akten als Makulatur. Das Buch stand in der alten

Abb. 4

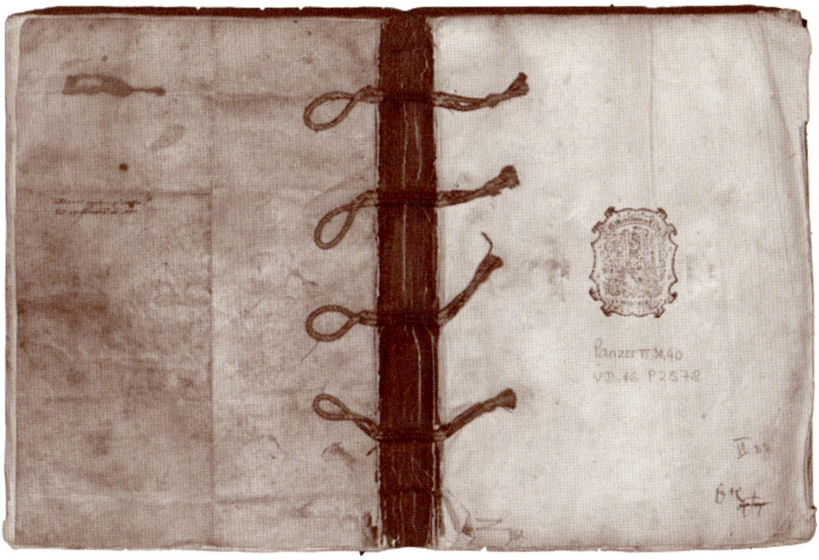

Abb. 4

Duisburger Akademie, bevor es der Kölner Sammler Gustav von Mevissen (1815-1899) erwarb.

Dicke Buckel aus Metall schützten das empfindliche Leder, wenn das Buch aufgeschlagen auf den Pulten lag, Metallschienen dienten zum Schutz der Kanten. Die Fertigung der Schließen und Beschläge, auch Klausuren und Armaturen genannt, übernahmen Metallarbeiter; der Buchbinder brachte sie auf dem Einband an. Zum Schutz vor Diebstahl wurden die

Abb. 4

Abb. 5

Bücher mit schweren Ketten an den Pulten befestigt. Folgerichtig hießen die Bände „Libri catenati“ – Kettenbücher. *(Abbildung 5)* Sie eigneten sich nur bedingt zum Transport. Für den erbaulichen Gang durch den Garten oder für die Reise, aber auch zum Schutz der weniger benutzten Literatur bevorzugte man leichte, flexible Einbände. Ein solcher liegt mit dem Kopert vor. *(Abbildung 6)* Auch Beutelbücher kamen zum Einsatz, die Deckel wurden mit langen Lederstücken bezogen, die zusammengezogen eine Tasche ergaben. Sie ließ sich bequem am Gürtel befestigen.

In öffentlichen Buchbeständen ist um den Erhalt der Klausuren im Allgemeinen schlecht bestellt. Die Verluste sind u. a. darauf zurückzuführen, dass seinerzeit die Bücher nicht, wie heute, mit dem Buchrücken, sondern mit dem Schnitt zum Betrachter in den Regalen lagen oder Aufstellung fanden Den Beweis liefern handschriftliche, seltener auch geprägte Vermerke zum Buchtitel, der Aufstellungssystematik oder der Signatur, mit denen die Buchbinder oder Eigentümer diese »Vorderseite« zur Orientierung des Benutzers versahen. Hier liegt der Verdacht nahe, dass viele Leser die Schließenarme als Griff missverstanden, um den Band aus dem Regal zu ziehen; je nach Gewicht der Folianten hielten die Schließen dem Procedere nicht lange stand.

III.2 Luxuseinbände

Großen Aufwand trieb man etwa bis zum 10. Jahrhundert mit den sogenannten Prachteinbänden, die zu liturgischen Zwecken entstanden. Die Kreativität des Buchbinders trat dabei allerdings in den Hintergrund. Er hatte

Abb. 6

nur für den Träger des eigentlichen Buchschmucks zu sorgen, denn die Einbandverzierung bestand aus den Elfenbeintafeln der Diptychen oder deren Kopien und getriebenem Edelmetall mit Verzierungen aus Email. Auch Perlen, Gemmen und Edelsteine schmückten die Bücher; selbst Schnitzereien und sogar Reliquienbehälter fanden auf den Buchdeckeln Platz. Für diese Arbeiten waren Metall- und Holzarbeiter oder Goldschmiede verantwortlich.

Auf den romanischen Einbänden des 11. bis 13. Jahrhunderts setzte sich die aufwändige Goldschmiedearbeit teilweise zwar noch fort, das getriebene Relief verflachte jedoch zunehmend.

Zu den seltenen Luxusexemplaren zählen auch die Lederschnittbände. Die Technik ist bereits seit dem 7. Jahrhundert nachzuweisen und erlebte im 15. Jahrhundert ihre Blüte. Im Allgemeinen übten die Buchbinder die Kunst des Lederschneidens wohl selbst aus. Das Verfahren setzte einen Einband aus besonders dickem Leder voraus, auf dem die gewünschten Motive mit einem Messer aus freier Hand eingeritzt und mit einem stumpfen Gerät erweitert wurden. Dennoch sind diese Einbände selten und bleiben Randerscheinungen. Etwa 390 davon sind uns bekannt.

Schon immer gefiel es Sammlern und Bibliophilen, ihre Texte in kostbare Materialien prächtig einbinden zu lassen. Gelegentlich bestickt eigneten sich später Brokat, Samt und Seide als „Gewand des Buches“, eher von Haute Couture als von Pret-a-porter zeugen in der Einbandkunst auch von Hand bemalte Buntpapiere und exotische Leder. Schlangen- und Fischhäute kommen vor. Auf- und Einlagen aller Art wie Perlmutt oder Furniere und diffizile Intarsienarbeiten sind bis heute auf künstlerischen Handeinbänden aktuell. Auch sie beschäftigen die Einbandkundler und -forscher, zum Tagesgeschäft gehören sie im Gegensatz zum Ledereinband mit Stempelschmuck jedoch nicht unbedingt.

IV. Ledereinbände mit Stempelschmuck

IV.1 Karolingische und romanische Einbände

Seit der Spätantike und dem Frühmittelalter hatten sich besonders die Kopten mit der Dekoration ihrer Einbände hervorgetan. Von den verschiedenen, ihnen geläufigen Techniken des Einbandschmucks übernahmen die arabischen Länder u. a. das Lederflechtwerk und die Durchbrucharbeit, im Abendland bevorzugte man Stempelverzierungen und den erwähnten selteneren Lederschnitt.

Von der Karolingerzeit bis zum Beginn der Reformation waren die deutschen Kodizes mit Leder bezogen und meist mit Einzelstempeln versehen. Aus der karolingischen Epoche sind bis heute etwa 78, aus der romanischen Periode 139 Einbände verzeichnet, weitere stehen vermutlich unbemerkt in kleineren Bibliotheken und Archiven. Stilistisch hinkt die Einbandkunde etwa 100 Jahre hinter der allgemeinen Epochengliederung her. Während das Dekorationsschema der karolingischen Einbände um 800 bis 1000 noch ein gestreutes Stempelbild aufweist, gruppieren sich die Werkzeuge auf den romanischen Bänden im 12. und 13. Jh. zu dichten Reihen, Friesen und Rosetten von ornamentalen und figürlichen Motiven aus dem weltlichen und sakralen Bereich. Verwendung fand Rind- und Kalbleder, auch das in der karolingischen Epoche vielfach benutzte Wildleder kam noch vor. Um die Wende des 13. zum 14. Jahrhundert brach die Produktion romanischer Einbände ab, die Traditionen dieser Einbandkunst wirkte sich noch auf den gotischen Stempelschmuck im 15. Jahrhundert aus. Tausende dieser Arbeiten blieben erhalten.

IV.2 Spätgotische Einbände

Nach der Entstehung des Buchdrucks brachten die zahlreichen Werkstätten aus der zweiten Hälfte des 15. Jahrhunderts den spätgotischen Bucheinband bald zur Blüte. Gelegentlich verwandte man auch hier noch das Wildleder, im Allgemeinen aber Rind-, Kalb- oder das strapazierfähige helle Schweinsleder. Mit dem stetigen Anwachsen der Buchproduktion entstand eine Vielzahl reiner Gebrauchseinbände, die als einzigen Schmuck eine Verzierung mit geometrisch angeordneten Streicheisenlinien aufweisen. Dieses Gerät lässt ich mit einem stumpfen Messer vergleichen. Es war mit einem langen Holzgriff versehen, dessen oberes Ende sich der Buchbinder gegen die Schulter stemmen konnte; so ließ sich der nötige Druck ausüben, um die Linien über das Leder zu ziehen. Vielen Besitzern waren aber weiterhin ihre Bücher nicht nur der hohen Preise wegen so lieb und teuer, dass sie Wert auf eine aufwändigere Ausstattung des Einbands legten. Wie in den vergangenen Jahrhunderten bestand sie im

Allgemeinen aus kleinen erhaben oder vertieft geschnittenen, blind geprägten Einzelstempeln, die sich über die eingelederten Deckel verteilten. Auch hier gab ein Rahmenwerk aus einfachen oder gebündelten Streicheisenlinien das Dekorationsschema vor. Die Buchbinder prägten ihre auf 60 - 80° erhitzten Stempelwerkzeuge aus Metall auf dem angefeuchteten Leder ab. Auch die Einzelstempel hatten einen Griff aus Holz.

IV.2.1 Ikonographie

Die abgeprägten Stempelbilder - stilisiert oder naturalistisch gestaltet - wiesen die unterschiedlichsten Formen auf und dienten nicht nur der Dekoration, vielfach gingen sie auf die Heraldik, vor allem aber auf die christliche Ikonographie zurück. Oftmals waren sie Ausdruck der Religiosität. Heute wissen wir, dass die Motive auf den Bucheinbänden parallel zur Buchmalerei auch Anteil an der Entwicklung der Kunststile hatten. Sie liefern in der Spannweite vom Symbolismus bis hin zur profanen Naturbetrachtung ein getreues Spiegelbild ihrer Epoche. Rein ornamentale Motive finden sich im Wechsel mit solchen aus dem Tier- und Pflanzenreich. Unter den ornamentalen Darstellungen begegnen uns die Knoten: Sie haben die Bedeutung des Lösens und des Bindens, sind im gegensätzlichen Sinn sowohl uralte Zeichen der Abwehr des Bösen wie auch später des Ordensgelübdes, Sie avancierten zum Inbegriff geistlicher als auch weltlicher Minne. So zählen die verschlungenen Bänder, aber auch Musikanten und tanzende Paare zur Liebessymbolik. Diese Stempel kommen u. a. auf frühen Erfurter, im Allgemeinen eher auf italienischen und spanischen Einbänden vor.

Lilien und Rosen waren die bevorzugten Blumen der christlichen Kunst, beides Symbole der jungfräulichen Mutterschaft und der Unschuld, beides Mariensymbole. Die Dreigliederung der stilisierten Lilie versteht sich auch als Zeichen der Trinität. Aststempel finden ihren Übergang zur Baumornamentik, ihre Symbolik lässt sich vom heidnischen Lebensbaum auf den paradiesischen Baum der Erkenntnis bis zum neutestamentlichen Kreuz Christi zurückführen.

Mit oder ohne Blüten fügte sich das Astmuster zum Laubstab zusammen, der überwiegend in Süddeutschland verbreitet war. Charakteristisch für diese Region ist auch ein vegetabiles Muster, das die Struktur des Brokats nachvollzieht, das Rautengerank.

Als Schöpfung Gottes sollten alle Tiere und Fabelwesen mitbedacht werden, auf den Einbänden tummeln sich Adler und Käuzchen, Affen und Hasen, Phönix, Einhorn und Drache, Löwe und Steinbock und viele andere mehr. Sie erscheinen durchaus im antithetischen Sinn, beweisen also auch im dämonischen Bereich ihre Zugehörigkeit zum Kosmos. Das Böse steht als niedrigste Stufe des Seins den Heiligen und Evangelisten gegenüber. Diese gefielen vornehmlich auf den Büchern der Klöster, auch finden sich hier Marien- oder Christusabbildungen, entsprechende Monogramme oder symbolisch dafür Kronen, Herzen und das Osterlamm. Auf Spruchbändern ist zu lesen: Maria hilf!

Weltliche Bibliophile schätzten Jagdmotive: fliehendes Wild und seine Jäger mit ihren Hunden.

IV.2.2 Klostereinbände

Vor der Entstehung des Buchdrucks entstanden die Einbände meist in den Produktionsstätten der Bücher, nämlich in den Klöstern. Hier konnte sich das Buchbinde-Handwerk schon frühzeitig etablieren. Die Mönche verfassten und kopierten in ihren Skriptorien Bücher, in Köln z. B. im Fraterhaus zu Weidenbach, manche schrieben auch in ihren Zellen, wie es hier in der Kartause üblich war. Da die Texte auch eines Einbands bedurften, verfügten viele Klöster nachweislich über eine Buchbinderei. Folgerichtig war man dort später auch für die Einbände der Drucke bestens gerüstet. Für kleinere Gemeinschaften lohnte sich eine eigene Werkstatt nicht, sie überließen die Fertigung ihrer Einbände meist wandernden weltlichen Buchbindern, dennoch besaßen sie oft eigenes Stempelmaterial, das sie zur Verfügung stellten.

Das vorliegende Beispiel *(Abbildung 7)* stammt aus einer monastischen Werkstatt. Es umschließt einen Druck und stammt aus der Kölner Werkstatt der Benediktiner von Groß St. Martin (1479-1515). Hier zeigt sich das

Abb. 7

typische klösterliche Stempelmaterial, bei dem vor allem das Gotteslamm selten fehlte. Der Einband entstand 1480, im Erscheinungsjahr der Inkunabel. Für die frühe Datierung des Einbands ist maßgeblich, das der Leitstempel des Klosters, Sankt Martin auf seinem Pferd, noch nicht vorkam. Er erscheint erst auf den Büchern aus den ersten Jahrzehnten des 16. Jahrhunderts. Zu überprüfen wäre, ob der Vorbesitzer, Hermannus Billch, Mitglied des Ordens war. Bei der Restaurierung sind die Vorsatzpapiere leider entfallen.

Oftmals finden wir auf den Einbänden der Konvente ein Eignerzeichen, das meistens das Klosterwappen oder als erzählendes Besitzzeichen. den oder die Schutzheiligen des Klosters präsentiert. Diese Stempel verstehen sich als Vorläufer der Supralibros, das sind die später üblichen großen Stempel mit Wappen oder Hausmarken der Eigentümer, die den Leser bereits supra libros, auf den Büchern über die Besitzverhältnisse aufklärten. Gelegentlich weisen die früheren Klosterwappen eine Buchstabenkombination auf, die nicht immer einfach zu deuten ist. Auf einem Einband *(Abbildung 8)* aus der Kartause St. Alban in Trier (Werkstatt von 1460-1491) findet sich ein Schild mit der eindeutigen Aufschrift „Carthus Treviren(sis)“, ein Kleeblatt (Zeichen der Trinität) mit den Buchstaben R. C. gab dagegen Rätsel auf. Nach der Prüfung, dass es sich nicht um die

Abb. 8

Initialen eines Buchbinders oder Klostermitglieds handeln konnte, lautet die Auflösung wohl Refugium Cartusianorum. Eine Madonna in der Mandorla weist zusätzlich auf die Marienglaubigkeit des Ordens hin; das karge Stempelmaterial entspricht den strengen puritanischen Klosterregeln der Kartäuser. Immer ist auf den Klostereinbänden von Interesse, welche Werkzeuge an den strategisch wichtigsten, weil auffälligsten Stellen des Einbands (Mitte und Ecken) angebracht wurden. Die meisten der monastischen Gemeinschaften räumten hier ihren Leitstempeln den gebührenden Platz ein. Daneben unterlag die weitere Auswahl des Einbandschmucks regionalen Gepflogenheiten, typisch für Köln sind z. B. das enge Rautengerüst, Lilien- und Löwenstempel. Nach einem frühchristlichen Kompendium zur Tiersymbolik, dem Phyiologus, verwischt der Löwe mit dem Schweif seine Spuren und steht damit für das Geheimnis der Menschwerdung Christi; er schläft mit offenen Augen, worin man ein Zeichen für den Tod Christi sah. Seine Jungen soll er am dritten Tag nach der Geburt durch Anhauchen zum Leben erweckt haben, was man als Sinnbild der Auferstehung deutete. Auch ist der Löwe Attribut des Evangelisten Markus und nicht zuletzt ein Herrschaftssymbol, vielleicht stolzer Ausdruck der freien Reichsstadt Köln. Möchte man ergründen, ob ein Einband z. B. im Auftrag des Stadtrats oder eines Klosters gefertigt wurde, sind alle Traditionen der Deutung zu berücksichtigen.

IV.2.3 Buchführereinbände und weltliche Buchbinder

Das nächste Beispiel stammt wiederum aus der Bibliothek des Kölner Sammlers Gustav von Mevissen (1815-1899). Es wurde in einem weltlichen Betrieb gefertigt und ist ein sogenannter Koberger-Einband *(Abbildung 9)*. Der rührige Buchführer Anton Koberger (um 1440-1513 betrieb in Nürnberg gleich mehrere Druckpressen und weitete seine

Abb. 9

Offizin zu einem Großunternehmen mit Dependancen in vielen Städten aus. Buchführer druckten nicht nur, sondern sie trieben mit ihren eigenen und gelegentlich sogar fremden Erzeugnissen auch einen floriere den Buchhandel. Als einer der ersten Drucker bot Koberger seine Druckwerke teilweise schon in fertig gebundener Form an.

Zu dieser Zeit wurden die Bücher üblicherweise in losen Lagen gehandelt und in Fässern transportiert. Der Erwerb des ungebundenen Bandes hatte zwar den Vorteil, dass sich die Eigentümer den Einbandschmuck passend zu ihren Bibliotheken oder ihrem Etat angemessen aussuchen konnten, er verzögerte aber die Verfügbarkeit der Texte erheblich. Koberger beschäftigte für die Einbände seiner Erzeugnisse eine ganze Reihe von weltlichen wie klösterlichen Werkstätten. Mit den in seinem Auftrag gefertigten Einbänden schuf er ein besonders werbewirksames Design. Immer tragen diese Einbände einen in Gold geprägten Titelaufdruck, in Deutschland vor 1500 noch ein avantgardistischer Buchschmuck. Auch gab der Buchführer die einheitliche Verwendung bestimmter Stempelmotive vor. Dass die verschiedenen Werkstätten daneben noch eigene Werkzeuge verwenden durften, beeinträchtigt das charakteristische Erscheinungsbild der Folianten keineswegs, es erleichtert aber ihre Zuordnung.

Den Einband hat um 1487 die Nürnberger Werkstatt Adler Nr. 301 gefertigt.

Die Mönche und später auch die Hofbuchbinder konnten sich für die Herstellung ihrer Einbände „alle Zeit der Welt" nehmen. Die einen verzierten die Bücher so liebevoll wie zeitaufwändig zur Ehre Gottes, die anderen hatten ein vertraglich vereinbartes festes Einkommen und wurden nicht für die einzelnen Arbeiten bezahlt.

Überall dort, wo sich die Schüler Gutenbergs niederließen und ihre Erzeugnisse verkauften, war aber zeit gleich ein steigender Bedarf an Bucheinbänden entstanden. Geschäftstüchtige Meister richteten Betriebe ein, um die Aufträge einer ständig wachsenden und wechselnden Laufkundschaft zu erledigen. Für diese Buchbinder bedeutete Zeit Geld. Sie zeigten sich wenig begeistert von den komplizierten Dekorationen und dachten sich vereinfachte Arbeitsgänge und geeignete Werkzeuge aus, um mit möglichst geringem Aufwand möglichst hohe Verdienste zu erzielen. Wie heute auch!

V. Übergang von der Spätgotik zur Renaissance

Abb. 10

Es entstanden die Rollen und die Platten, die noch jahrhundertelang Verwendung finden sollten. Oft erscheinen sie in Kombination auf einem Einband, beide weist auch das nächste Beispiel *(Abbildung 10)* auf. Der Kölner Schrotplattenmeister besaß so einen mit Motiven versehenen Rollenzylinder, mit dem er das Muster, in diesem Fall einen Bogenfries, in nur einem Arbeitsgang in beliebiger Länge auf die Fläche übertragen konnte. Ihm gehörten auch einige der schönsten Platten, die wir aus der Zeit um 1500, dem Übergang von der Spätgotik zur Renaissance, kennen. Die vorliegende zeigt Christus als Schmerzensmann mit den Armae Christi, der hintere Buchdeckel präsentiert die heilige Katharina mit ihren Attributen, dem Rad und dem Schwert. Die Plattenstempel wurden mit Hilfe einer Presse auf den Deckeln abgeprägt und mechanisierten allmählich die Verzierung. Das vorliegende Buch gehörte dem Benediktinerkloster in Brauweiler. Diesmal war ein Druck von Koberger in losen Lagen in den Handel gekommen und in Köln eingebunden worden.

Die Übergangsphase zur Renaissance verdeutlicht auch eine Arbeit des Kölner Meisters W. A. um 1511. *(Abbildung 11)* Etwa die Hälfte aller bekannten Platten, wie auch diese *(s. Abbildung 11, Detail)*, trägt die Monogramme und Initialen der Stecher oder der Buchbinder. Die Plattenmotive wurden geschnitten und auch mittels Gußverfahren klischiert. Typisch für Köln sind biblische Szenen: besonderer Beliebtheit erfreute sich natürlich die Anbetung der Heiligen Drei Könige (seit 1164, Rainald von Dassel), auf dem hinteren Deckel zeigt sich eine Mondsichelmadonna. Die frommen Motive bedecken hier einen der verheerendsten Texte der Weltliteratur, den Hexenhammer der Dominikaner Sprenger und Institoris. Er dokumentierte die verschiedenen Formen des Hexenglaubens und initiierte inquisitorische Maßnahmen wie z. B. die Anwendung der Folter. Vermutlich kostete der

Abb. 11

Hexenwahn eine Million Menschen das Leben, manche Historiker gehen auch von der doppelten Anzahl aus. Den Druck der Ausgabe besorgte der Kölner Heinrich von Neuß um 1511. Das Buch hat den Kölner Beschuhten Karmelitern gehört.

VI. Renaissance

VI.1 Reformationseinbände

In Deutschland hatten der Humanismus und vor allem die Reformation den Einbandschmuck erheblich beeinflusst. Figürliche, programmatisch für die Erneuerung werbende Motive fanden sich in blinder Prägung konfessionsübergreifend auf dem reformatorischen und auch auf dem katholischen Schrifttum. Luther betrachtete den Bilderschmuck allgemein, vor allem aber in den Kirchen, mit Argwohn. Er kritisierte den Missbrauch, den man mit den glorifizierenden Bildnissen trieb. Mit Mariendarstellungen, die mittels versteckter Mechanismen in Tränen ausbrechen konnten und Heiligenbildern, die präpariert bluteten, zog der Klerus dem Volk das Geld aus der Tasche. Militante Reformatoren riefen deshalb zum Bildersturm auf. Das war wiederum nicht im Sinne Luthers. Wie seine gemäßigteren Mitstreiter wusste er die Macht der Bilder durchaus zu schätzen, so setzte man gern bitterböse Karikaturen als wirksames Mittel im Glaubenskampf ein. Auch in den Kirchen duldete die Leitfigur der Reformation Abbildungen, wenn sie denn die Ausführungen der Prediger erklärend begleiteten. Planmäßig veröffentlichten die Reformatoren Kampf- und Flugschriften, Traktate und gedruckte Predigten als Propaganda für die neue Lehre. Diese Schriften waren für jedermann wohlfeil erhältlich und erreichten ein breites Publikum. Für die Einbände dieser Druckwerke entstand, von Wittenberg, der Wiege der Reformation ausgehend, ein neuer Bilderschmuck, denn auch die religiös ausgerichtete Dekoration der Bücher wollten die Protestanten nicht als Objekt der Anbetung und Verherrlichung missverstanden wissen. Der Buchschmuck war »zutiefst verankert in einem Verantwortungsgefühl, das man den neuen humanistischen Ideen wie vor allem der religiösen Entscheidung entgegengebracht hat«[2].

2 *Schunke, Ilse: Einführung in die Einbandbestimmung. Dresden 1974, S. 22.*

Also begann sich das Erscheinungsbild der Werkzeuge zu ändern. Anstelle der kontinuierlich verlaufenden Dekorationen unterteilten sich die Rollen seit etwa 1525 in einzelne Szenen. Oft griffen sie, gemäß der protestantischen Lehre, biblische Darstellungen aus dem Neuen und dem Alten Testament auf, wobei das Alte Testament das Gesetz und das neue das Evangelium vertrat. So nahmen z. B. ohne eine chronologische Reihenfolge Sündenfall, Auferstehung, Abrahams Opfer und Kreuzigung im antithetischen Sinne aufeinander Bezug. Häufig kommen auch auf Rollen wie Platten die Porträts der Propheten, Apostel und der Reformatoren selbst vor. Die Stecher wählten die Motive nicht willkürlich aus; wie die Künstler verließen sie sich auf die Darstellung bestimmter Geschehnisse und Personen, die als hinreichend bekannte, sich stets wiederholende »Zeichen« die biblische Botschaft in der Interpretation der Reformatoren aufschlüsselten und erinnerten. Oft erläuterten lehrhafte Beschriftungen das Geschehen und die Bedeutung der Figuren oder Ereignisse auf den Werkzeugen. Vergoldete Einbände blieben im Allgemeinen nur den Fürsten und Bibliophilen vorbehalten. Dass der zurückhaltende Einbandschmuck bevorzugt wurde, darf man wohl auf das reformbedingte Bestreben zurückführen, übertriebene Prachtentfaltung zu vermeiden. Programmatisch, aber nie reißerisch und plakativ warben die Motive für die Sache der Erneuerung; die Einbände standen – zumindest in den protestantischen Gebieten - für das Bekenntnis ihrer Stecher, Buchbinder und Besitzer. Gleichzeitig wurde der Einbandschmuck vom Humanismus beeinflusst. Auf den Buchdeckeln begegnen wir antiken Helden, den Allegorien der Künste und der Wissenschaften, den Lastern und den Tugenden. Vor allem diese- gelegentlich recht nachlässig in Schleier gehüllt – gefielen sehr. Wie es Ilse Schunke formulierte, umgibt sie stets ein leiser Hauch von Lüsternheit.

Abb. 11

Abb. 12

Abb. 12

Im Vergleich zum ornamentalen Einbanddekor ist nicht zu unterschätzen, dass die figürlichen Motive zu einer Zeit, die noch nicht von medialen Eindrücken überfrachtet war, etwas zu erzählen hatten und sich »begreifbar« mitteilten. *(Abbildung 12).* Für die Einbandforschung sind die Wittenberger Reformatoreneinbände höchst interessant. Oftmals waren Autoren, Drucker, Buchbinder oder sogar Buchbesitzer bestens miteinander bekannt.

VI.2 Welsche Einbände

Mit dem nächsten Beispiel *(Abbildung 13)* bleiben wir in der Renaissance. Im Mittelmeer-Raum machte die Einbandkunst größere Fortschritte als in Deutschland und den Niederlanden. Während man sich hier eher konservativ zeigte und noch lange die Werkzeuge im Blinddruck verwandte, hat man in den südlichen Ländern die Einbände schon längst vergoldet.

Außerdem bevorzugte man dort das feine Ziegenleder, das Maroquin, das sich, wie der Name verrät, von den arabischen Ländern aus bald in Italien, später in Frankreich verbreitete. Dort machte sich auch im Einbandschmuck der Einfluss der arabischen Kultur geltend. Die Deckel zeigen ein Dekor, das an einen orientalischen Teppich erinnert, ein mit Eck- und Zentralplatten als Quincunx hergestelltes Muster in der Stellung der Fünf auf einem Würfel. Die Hochrenaissance hatte in ihren ersten Dekaden einen neuen Stil eingeführt, den Manierismus, für den hier einer unserer wertvollsten Einbände steht. Es ist die

Abb. 13

Arbeit eines der Maioli-Meister, auch Lyoneser Meister genannt, eines der ganz großen Buchbinder am französischen Hof. Entstanden ist die Arbeit ziemlich spät, zwischen den Jahren 1558 und 1561. Man sieht, dass die Holzdeckel allmählich den handlicheren und leichteren aus Pappe wichen, elegante seidene Bänder übernahmen die Funktion der Metallschließen. Das außergewöhnliche Buch hat dem Kölner Sammler Ferdinand Franz Wallraf (1748-1824) gehört. Der leidenschaftliche Bibliophile erkannte den Wert der Bücher mit Adleraugen, er setzte sein Vermögen ein, um viele Schriften nach der Säkularisation für seine geliebte Vaterstadt zu retten. Dabei scheute er sich nicht, auch verschimmelte Exemplare von Müllkippen aufzulesen oder den hungrigen Mäusen angefressene Bücher zu entreißen.

Auch in Deutschland begann man allmählich Bücher nach welscher, d. h. französischer Manier zu binden. Die Technik des Vergoldens erforderte neues, negativ geschnittenes Stempelmaterial. Der Scrimgermeister hat diese Einbandtechnik in Augsburg eingeführt. Er fertigte den Einband eines zeitgenössischen Drucks für den Bibliophilen Ulrich Fugger (1526-1584) an. Das Exempel *(Abbildung 14)* zeigt eine Mittelplatte mit Mauresken, der Rahmen besteht aus kleinen Einzelstempeln, die man als Fileten bezeichnet. Ursprünglich aus Frankreich stammend, hatte der Meister die Einzelstempel aus seiner Heimat mitgebracht, ließ sich die Platte aber in Augsburg schneiden.

Abb. 14

VI.3 Bibliotheca Palatina

Die Bibliothek Fuggers wie auch die Büchersammlungen der Pfälzer Fürsten gehören zur Bibliotheca Palatina. Bis zu ihrer Auflösung 1624 galt sie als die wichtigste deutsche Bibliothek. Heute bemüht man sich, ihre Bestände nachzuvollziehen. Mit diesem Buch, das bisher noch nicht bekannt war, besitzt die USB 77 Bände aus der berühmten Bibliothek.

Den im deutschen Stil gebundenen Folianten *(Abbildung 15)*, hat der Heidelberger Buchbinder Petrus Betz für seinen Dienstherren, den Pfalzgrafen erledigt. Wie zu dieser Zeit durchaus üblich, hat auch der Heidelberger Buchbinder auf seinem Einband das Stempelmaterial der Reformation noch im Blinddruck verwendet, und gleichzeitig die Besitzstempel mit dem Porträt seines Auftraggebers, dem Kurfürsten Ottheinrich von der Pfalz, schon fortschrittlich in Gold geprägt. Der Einband enthält eine kostbare Inkunabel, nicht nach 1473 gedruckt in der ersten Offizin Straßburgs von Johannes Mentelin. Das Beispiel beweist, dass das Erscheinungsjahr des Drucks weit vom Fertigungsjahr des Einbands abweichen kann. Ein beredtes Beispiel dafür waren übrigens auch die Handschriften in der Diözesan- und Dombibliothek. Die beiden vorliegenden Einbände, der für Ulrich Fugger und der für Ottheinrich entstanden in den 1550er Jahren.

Abb. 15

VII. Möglichkeiten der Auswertung und der Interpretation

Die Werkzeuge, Einzelstempel, Rollen und Platten, und ihre Verteilung auf den Einbänden vermögen neben dem handwerklichen Know-how, die künstlerische Entwicklung und in manchen Fällen sogar die Geisteshaltung der Handwerker zu dokumentieren. Auch verraten die Buchdeckel, ob ein Stecher sich den Bilderthemen stilistisch auf eine eher volkstümliche oder höfisch elegante Weise näherte und wie kunstvoll er die Abbildungen gestalterisch in Szene setzen konnte. Insbesondere bei den Rollenstempeln ging es darum, die Motive, die meist nach dem Vorbild zeitgenössischer Meister entstanden, auf einer oftmals winzigen Fläche unterzubringen. Die beste Papiervorlage nutzte wenig, wenn der Stecher sie nicht auf die wesentlichen Details und Linien zu reduzieren verstand. Auf den Büchern zeigt sich auch, ob er die Motive so geschickt auf das Metall der Stempel zu übertragen wusste, dass sie als erhabene oder vertiefte Reliefs auf dem Leder des Einbands ansehnlich zur Geltung kamen. Eine feine detaillierte Arbeit bezeugt Talent und Geduld, auch attestiert sie ein hervorragendes Sehvermögen. Die Beschriftungen mancher Werkzeuge lassen auf das Bildungsniveau der Stecher schließen.

Abnutzungserscheinungen und langjähriger Gebrauch der einzelnen Stempel wie auch die Verbreitung der von einer Hand geschnittenen Werkzeuge belegen die Beliebtheit bestimmter Formschneider und ihrer Erzeugnisse bei Buchbesitzern und Buchbindern. Darüber hinaus erlaubt das karge oder umfangreich verfügbare Stempelmaterial einer Werkstatt den Einblick in die wirtschaftlichen Verhältnisse einer Buchbinderei.

Monogramme und Hausmarken auf den Werkzeugen geben Hinweise auf die Identität der Buchbinder und Stecher, anhand überlieferter Akten lassen sich viele der Meister namentlich identifizieren. Zahlreiche Stecher sind den Forschern sehr entgegengekommen, als sie die Platten und Rollen mit dem Fertigungsjahr der Stempel versahen, datierte Werkzeuge geben Auskunft über den Produktionszeitraum der Stecher und Anhaltspunkte zur Schaffensperiode der Buchbinder. Die Dauer des buchbinderischen Wirkens lässt sich im Übrigen auch anhand der Besitznachweise, der Kauf- oder Bindevermerke und der meist auf den Riegeln abgeprägten

Fertigungsjahre einschätzen. Stilistik und Vorkommen des Stempelmaterials tragen dazu bei, den Entstehungsort der Einbände zu ermitteln und sogar den Weg und Werdegang manch eines Metallarbeiters oder Einbandschaffenden zu verfolgen. Anhand der Stempelverbreitung ist nachzuvollziehen, dass sich letztere auf Wanderschaft begaben, um in auswärtigen Betrieben zu arbeiten; unterwegs benutzten sie ihre eigenen Werkzeuge. Initialen sesshafter Buchbinder in weit entfernten Städten können dagegen darauf hindeuten, dass ein Buchführer seine Produkte in der Heimatstadt einbinden ließ und andernorts feilbot. Meist aber gelangten die Stempel nicht auf der Wanderschaft der Handwerker in externe Regionen, sondern durch Verkauf und Tausch oder als Geschenk und Mitgift in fremde Hände, auch wurde die Gerätschaft über mehrere Generationen vererbt. Überlieferte Inventarverzeichnisse weisen nach, dass manche Buchbinder auftragsgemäß in fürstlichen Werkstätten arbeiteten und den Erhalt und die Vollständigkeit der kostbaren Utensilien zu quittieren hatten.

Die Auswahl der Motive unterlag regionalen Gepflogenheiten und steht nicht selten in Zusammenhang mit der Landes- und Kirchengeschichte des Umfelds, deshalb ist im Werkzeug- und Einbandvergleich auch von Interesse, welchen Bildinhalten oder Ornamenten Stecher wie Buchbinder eine Vorrangstellung einräumten, und warum sie oder ihre Kunden diese bevorzugten. Sogar ein unterschiedliches Kompositionsschema der Stempel lässt auf den Ort des Entstehens schließen, es kann die Aussage der Stempel betonen oder aber ihr Gewicht ideologisch verlagern.

Zusammenfassend sei noch einmal wiederholt, dass außer den Werkzeugen auch die Bücher ihre Eigentümer wechselten. Auf den Deckeln der Bände unterstützen sowohl Wappen, Marken und Supralibros, als auch Initialen und Bindejahre in den Riegeln neben dem weiteren Stempelmaterial und den üblichen Methoden, z. B. der Wasserzeichen- und Makulaturforschung, die Recherchen nach den Besitzern.

Literatur

Verzeichnisse in Buchform[3] und die bereits erwähnte Datenbank[4] zu Berlin helfen uns heute, die Werkstätten der Einzelstempeleinbände über ihre Stempelmotive überregional zu ermitteln und zu unterscheiden. Für die Einzelstempel empfiehlt sich das grundlegende Werk von Paul Schwenke, fortgeführt von Ilse Schunke, auch Ernst Kyriss steuerte eine wichtige Zusammenstellung bei. Rollen und Platten verzeichnet Konrad Haebler in seinem Nachschlagewerk, auch die Datenbank bemüht sich nach und nach um ihre Dokumentation. Zahllose Einzelveröffentlichungen zu regionalen Stempelvorkommen wurden bis jetzt noch nicht zusammenfassend erschlossen, sind aber über eine Bibliographie von Friedrich Adolf Schmidt-Künsemüller[5] nachvollziehbar.

3 Die Schwenke-Sammlung gotischer Stempel- und Einbanddurchreibungen. Nach Motiven geordnet und nach Werkstätten bestimmt und beschrieben von Ilse Schunke. Bd. 1: Einzelstempel, Berlin 1979 (= Beiträge zur Inkunabelkunde, Folge 3, 7).
Die Schwenke-Sammlung gotischer Stempel- und Einbanddurchreibungen. Nach Motiven geordnet und nach Werkstätten bestimmt und beschrieben von Ilse Schunke. Fortgeführt von Konrad von Rabenau. Bd 2: Werkstätten, Berlin 1996 (= Beiträge zur Inkunabelkunde, Folge 3, 10).
Ernst Kyriss, Verzierte gotische Einbände im alten deutschen Sprachgebiet. Textbd. Stuttgart 1951.
Ernst Kyriss, Verzierte gotische Einbände im alten deutschen Sprachgebiet. Tafelband I, Stuttgart 1953.
Ernst Kyriss, Verzierte gotische Einbände im alten deutschen Sprachgebiet. Tafelband II, Stuttgart 1956.
Ernst Kyriss, Verzierte gotische Einbände im alten deutschen Sprachgebiet. Tafelband III, Stuttgart 1958.
Konrad Haebler, Rollen- und Plattenstempel des 16. Jh. Bd. 1, Leipzig 1928 (= Sammlung bibliothekswissenschaftlicher Arbeiten, H. 41 = Ser. 2, H. 24).Konrad Haebler, Rollen- und Plattenstempel des 16. Jh. Bd. 2, Leipzig 1929 (= Sammlung bibliothekswissenschaftlicher Arbeiten, H. 42 = Ser. 2, H. 25).

4 Einbanddatenbank http://www.hist-einband.de/

5 Bibliographie zur Geschichte der Einbandkunst von den Anfängen bis 1985. Wiesbaden: Reichert 1987

Der Bibliophile als Detektiv

Wissenswertes aus dem Bereich der Einbandkunde und -forschung für Liebhaber und Sammler alter Bücher[1]

I.1 Informationsträger

Wer seinen Samstagnachmittag bereitwillig dem trockenen Thema der Einbandkunde opfert, den darf man wohl mit Fug und Recht zu den besonders unerschrockenen Bibliophilen rechnen. Als solche begrüße ich Sie herzlich und freue mich über Ihr Interesse an diesem kleinen Randgebiet der buchhistorischen Forschung und an der Spurensuche auf den Buchdeckeln. Zunächst einmal bezeugen Bücher das ökonomische und technische, das kulturelle und soziale Niveau ihrer Epoche.

Bücher bereichern uns und bereicherten seit jeher, sie wurden zum Studium und zu sakralen wie repräsentativen Zwecken herangezogen; sie speicherten und vermittelten Wissen und Glaubensinhalte, öffneten auch Wege zur Macht und zur Manipulation. Bücher werteten das Prestige ihrer Besitzer auf; waren Preziosen und Kultgegenstände, Begleiter und Beschützer, für manchen sogar ein Teil der eigenen Identität.

Den stolzen Eigentümern lag es deshalb sehr am Herzen, die Wertschätzung ihrer Bücher mit einem angemessenen Schmuck der Einbände zum Ausdruck zu bringen. Seit Anbeginn des Buchwesens boten sich die Deckel der Bücher als Träger mehr oder minder aufwändiger Verzierungen an. Im Gegensatz zum modernen Verlagseinband zeigt der historische Handeinband Unikatcharakter: Er ist einmalig, einzigartig und wie auch der Druck oder die Handschrift selbst authentischer Zeitzeuge:

Auf den ersten flüchtigen Blick gibt er Auskunft über seine Herstellungstechnik, auch über den Stil und die handwerklichen Verfahren seiner Dekoration. Bei näherem Hinsehen fällt auf, dass der Buchbinder außer den Deckeln eine Vielzahl weiterer Elemente einsetzte, um die losen Blätter zu der „bibliotechnischen Konstruktion“ des Buches zusammenzufügen.

1 Vortrag für die Kölner Bibliophilen-Gesellschaft am 29. September 2007

Nr. 1: Einband aus Augsburger Brokatpapier, 18. Jahrhundert

Die Frage, welche Qualitäten der Bucheinband über seine Funktion hinaus aufzuweisen hat, beschäftigt einen kleinen Kreis von Wissenschaftlern - und bewegt in dieser Runde auch uns, die Erkenntnisse ausnahmsweise einmal nicht zwischen, sondern überwiegend auf den Deckeln der Bücher zu suchen. Worin erweist sich das Gefüge der Bucheinbände neben Schutz und Handhabung als nützlich? Und weshalb widmen sich - bewaffnet mit Lupe und Maßband - außer den verschrobenen Bibliothekaren auch Sammler im Rahmen der Einbandforschung weniger mit dem Inhalt der Bücher, als mit ihrer Verpackung?

Alte Bücher sind unser aller kulturelles Erbe und Gedächtnis, kollektive wie persönliche Reminiszenz. Sie vollziehen Entwicklungen nach, erinnern an die Phantasie, das Wissen und die Überzeugungen ihrer Autoren, reflektieren das Wirken und den Erfolg ihrer Schreiber und Drucker, ihrer Verleger und Illustratoren. Daneben und vor allem im Kontext ihrer Sammlungen überliefern sie zahlreiche Informationen über die Bildung, die Geisteshaltung und die Vorlieben ihrer Eigentümer.

Einen Gutteil dieser Mitteilungen vermögen die Einbände alter Bücher zu unterstützen und zu potenzieren. Die Einbandmaterialien, die Handwerkstechnik und besonders die Stempeldekorationen geben Auskunft, wo und wann das Buch gebunden wurde. Wappen, Hausmarken und Besitzerinitialen berichten, wer den Einband in Auftrag gab. Hat der Eigentümer die Arbeit einem großen Meister oder einem Laien anvertraut? Unübersehbar vermitteln Bücher die handwerkliche Fertigkeit und das künstlerische Niveau der Einbandschaffenden.

Die Vorsatzpapiere, die der Buchbinder einfügte, zählen zu den wichtigsten Informationsträgern. Unter Vorsatz versteht sich diesmal nicht die planende Absicht, sondern ein gefalteter, unbedruckter Papierbogen, der zwischen Buchblock und Deckeln eingebunden ist. Er bot sich an für Widmungen, Devisen wie auch Besitz- und Schenkungsvermerke.

Mit bewegenden Einträgen aus bewegten Zeiten, Stoßseufzern und Gebeten haben die Buchbesitzer der Nachwelt schicksalhafte Begebenheiten mitgeteilt. Manchmal sind sie den Forschern sehr entgegen gekommen und haben ihre Vermerke penibel datiert oder mit Ortsangaben versehen. Aber auch ohne Datierung vermittelt das charakteristische Schriftbild ihrer Hand wenigstens ungefähr, wann sie gelebt haben.

Kauf- und Bindevermerke, Notizen zu den Einbandpreisen in unterschiedlichen Währungen, die Wasserzeichen des Vorsatzpapiers und die Einbandmakulatur weisen nicht nur auf die Herkunft des Buchs und des Einbands, sondern auch auf das Umfeld, die Reisen und Studienaufenthalte der Eigentümer hin. Über ihre Einträge geben Einbände biographische Daten preis.

Alte Signaturenschilder, die Exlibris und die Supralibros, das sind die Eignerzeichen in und auf dem Einband, klären über die früheren Besitzverhältnisse auf, sie eignen sich auch zur Rekonstruktion verschollener und verstreuter Bibliotheken.

Zuverlässig vermitteln Bucheinbände den Geschmack und die wirtschaftlichen Verhältnisse ihrer Auftraggeber. Mit primären und sekundären

Nr. 2: Bestickter Samteinband, 19. Jhd.

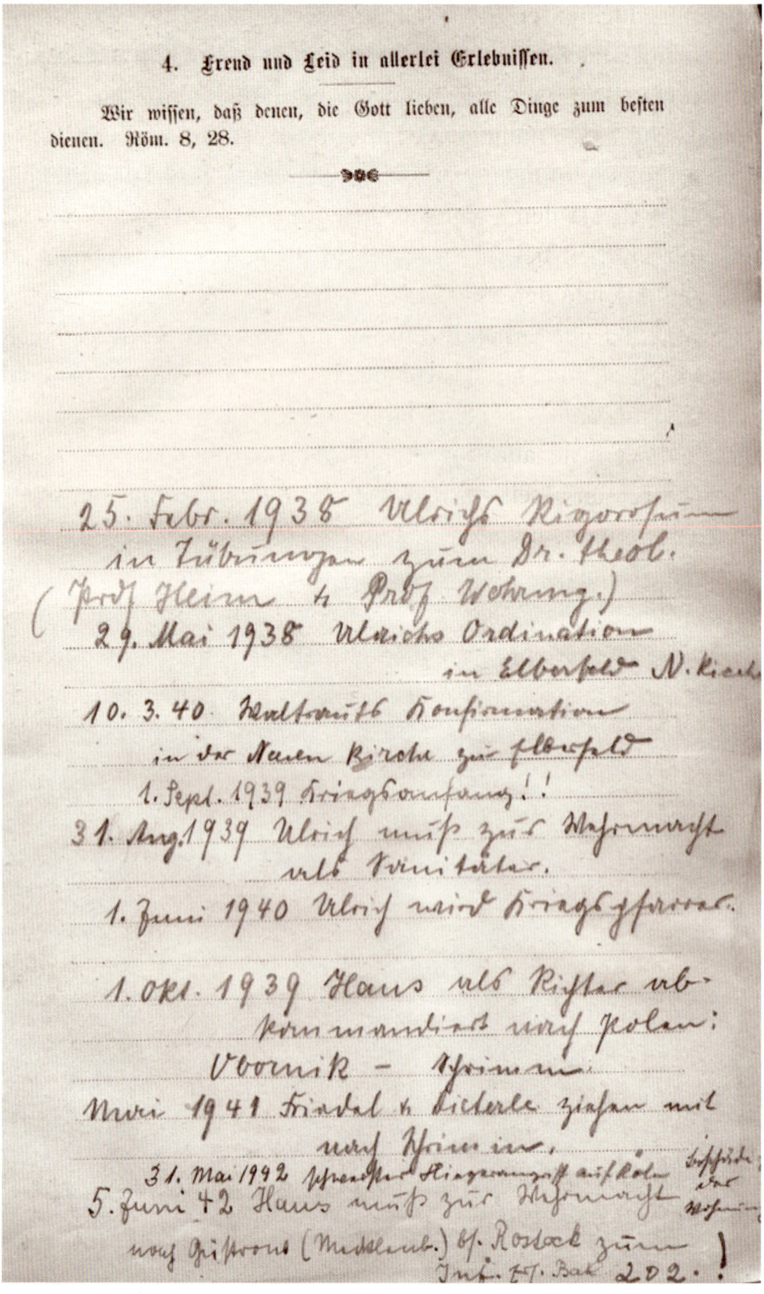

4. Freud und Leid in allerlei Erlebnissen.

Wir wissen, daß denen, die Gott lieben, alle Dinge zum besten dienen. Röm. 8, 28.

25. Febr. 1938 Ulrichs Rigorosum in Tübingen zum Dr. theol. (Prof Heim u Prof [illegible])

29. Mai 1938 Ulrichs Ordination in Elberfeld N. Kirche

10. 3. 40 Waltrauts Konfirmation in der Neuen Kirche zu Elberfeld

1. Sept. 1939 Kriegsanfang!!

31. Aug. 1939 Ulrich muß zur Wehrmacht als Sanitäter.

1. Juni 1940 Ulrich wird Kriegspfarrer.

1. Okt. 1939 Hans als Richter abkommandiert nach Polen: Wronik – Posen.

Mai 1941 Friedel u [illegible] ziehen mit nach Posen.

31. Mai 1942 [illegible] Fliegerangriff auf Köln [illegible]

5. Juni 42 Hans muß zur Wehrmacht nach Güstrow (Mecklenb.) b. Rostock zum Inf. E. Bat. 202.!

Nr. 3: *Handschriftliche Eintragungen des evangelischen Pfarrers August Bergfried in den 1930er Jahren.*

Informationsschichten erzählen die Buchdeckel von Trend und Zeitgeist, Wertschätzung und Besitzerstolz. Durch sie unterscheidet sich jeder alte Druck von scheinbar gleichen Ausgaben.

Einen Beitrag zur Einbandherkunft liefert auch die Gestaltung der Buchschließen, soweit diese noch vorhanden sind. In öffentlichen Buchbeständen ist es um den Erhalt der Klausuren im Allgemeinen schlecht bestellt. Ein Großteil fiel im 19. Jahrhundert den fragwürdigen Konservierungsmaßnahmen der Bibliothekare zum Opfer. Sie befürchteten, das Metall könne bei der Entnahme der Bücher aus den Regalen das Leder der benachbarten Einbände beschädigen. Heute sichern Schutzkassetten ihren Erhalt.

Zahlreiche Verluste auch in Privatbiblioteken sind allerdings darauf zurückzuführen, dass seinerzeit die Bücher nicht, wie heute, mit dem Buchrücken, sondern mit dem Schnitt zum Betrachter in den Regalen lagen oder Aufstellung fanden Den Beweis liefern handschriftliche Vermerke zum Buchtitel, der Aufstellungssystematik oder der Signatur, mit denen man diese »Vorderseite« zur Orientierung des Benutzers versah.

Hier liegt der Verdacht nahe, dass viele Leser die Schließenarme als Griff missverstanden, um den Band an dieser ohnehin stark beanspruchten Stelle aus dem Regal zu ziehen. Je nach Gewicht der Folianten hielten die Schließen dem Procedere nicht lange stand.

I.2 - und deren Erhalt

Erfahrungsgemäß richtet sich die Aufmerksamkeit der Sammler nicht unbedingt auf das Objekt Buch in seiner Gesamtheit, so erwirbt der eine ausschließlich Werke aus der Feder seiner Lieblingsautoren, der andere bevorzugt Bücher aus einer bestimmten Epoche oder Region. Handschrift, Druck und Illustration lassen manches Sammlerherz höher schlagen, auch prominenter Vorbesitz und Raritäten setzen Akzente in den Regalen. Nur bibliophile Gierschlünde sammeln alles und müssen sich den liebevoll gemeinten Vorwurf der Bibliomanie gefallen lassen - dennoch dürfen sie sich des verständnisvollen Wohlwollens der Fachwelt sicher sein.

Und sei die Kollektion auch nur von ideellem Wert, wird ihr Sammler doch und gerade dann verräterische Spuren, nämlich seine intellektuellen Fingerabdrücke hinterlassen und in der Auswahl uns Zusammenstellung der Bücher einiges über seine Persönlichkeit verraten. Ob er nun einen wissenschaftlichen Anspruch verfolgt oder alleingeheim seiner Liebhaberei frönt, immer ist das verantwortungsvolle Zusammentragen und Bewahren eine höchst verdienstvolle Tätigkeit. Sie unterstützt nicht nur den Erhalt des einzelnen Buchs, sondern entwickelt Eigendynamik und leistet in der Komposition der Objekte einen wertvollen Beitrag zum erhaltenswerten Kulturgut.

Alarmierend wird die Situation erst dann, wenn sich die Sammelleidenschaft als destruktiv erweist. Seit der Epoche des Barock haben sich die Bibliophilen bemüht, ihre Bücher zu schönen, d. h. sie tauschten alte Einbandmaterialien gegen neue, gefälligere aus.

Im 19. Jahrhundert liebte man fragmentarische Kollektionen und sammelte abgelöste Exlibris, ausgeschnittene Druckerzeichen und Titelkupfer. Niemand wird die Ästhetik der mit Hingabe bestückten Alben entgehen, nur wären der Forschung und Nachwelt die einzelnen Objekte in den ursprünglichen Informationsträgern noch lieber.

Viele Buchbesitzer ließen ihre Schätze ausschließlich im Sinne der Haltbarkeit und ohne Rücksicht auf Verluste reparieren. Eine Instandsetzung bedeutet immer einen tiefen Eingriff in die Buchsubstanz. Sie sollte nur von einem kundigen Restaurator vorgenommen und gewissenhaft in Wort und Bild festgehalten werden, damit sie nicht zu Informationsverlusten führt. Der Fachmann hütet sich sogar, leichte Gebrauchsspuren zu tilgen: sie adeln, denn sie bezeugen die Wertschätzung, die ein Buch erfuhr und berichten über die Häufigkeit seiner Benutzung im Kontext einer Sammlung.

Selbst aus den Gängen gefräßiger Bücherwürmer zieht der wissbegierige Forscher seinen Nutzen, weisen sie doch den Weg zur Rekonstruktion zerlegter Sammelbände. Meistens haben sich die Würmer, die eigentlich Larven sind, konsequent und sehr zielstrebig von einem köstlichen Buchdeckel durch das Papier zum nächsten genagt. Anhand der übereinstimmenden Perforierungen, den Fraßspuren, ist die ursprüngliche Zusammengehörigkeit der Fragmente erkennbar.

Nr. 4: Verzierter Buckel, 16. Jhd.

Schließlich hat so mancher Händler aus strategischen Gründen alle Spuren der Vorbesitzer beseitigt. Auch der ein oder andere passionierte Sammler soll gelegentlich die Objekte seiner Begierde auf eher undurchsichtige Art und Weise erworben haben und war bestrebt, die Herkunft durch das Tilgen der Eigentumsvermerke zu verschleiern Diese Form der „Hardcore-Bibliophile" ist sehr zu bedauern.

Wurden die Einträge ausgeschnitten, lassen sie sich natürlich nicht mehr nachvollziehen; wurden sie mit Tinte ausgestrichen, kann man sie mittels der Methode der Bandpassfilterreflektographie wieder sichtbar machen. Dabei setzt man das Papier verschiedenen Lichtbündelungen aus, z. B. infrarot und ultraviolett.

Nicht jedem erschließt sich der Wert der Bücher in der Vielschichtigkeit ihrer originalen Struktur. Vielleicht wird Sie der Aufwand der Spurensicherung verwundern, möglicherweise wittern Sie einen selbstverliebt konstruierten Anspruch der Wissenschaftlichkeit. Aber oftmals sind es gerade die vermeintlich belanglosen Kleinigkeiten, der Einband, die Makulatur oder die Herkunft, durch die ein Buch eine beeindruckende Wertsteigerung und historische Bedeutsamkeit erfährt. Einen Beitrag zur Interpretation dieses mehr oder weniger schmückenden Beiwerks leistet die Einbandkunde, eine klassische Hilfswissenschaft.

II. Einbandkunde und -forschung

An den Universitäten wird sie zwar regelmäßig angewandt, aber nicht mehr gelehrt, erlernen lässt sie sich nur über die Fachliteratur. Die Ergebnisse der Einbandkunde interessieren im Rahmen der profanen Geschichte wie im Umfeld von Kirche, Kultur, Kunst und Wirtschaft, außerdem auf den Gebieten der Regionalgeschichte und der Genealogie. Unter anderem ist es Ziel der Einbandkunde, historische Quellen aufzubereiten. Oft kann sie, dann aber nur im Zusammenhang mit weiteren Indizien, die Historie der Entstehung und Herkunft des Buchs erschließen oder verdichten. Um den aktuellen Wissensstand zu erweitern, widmen sich einige der Einbandkundler auch der Einbandforschung. Antiquare und Restauratoren, Bibliothekare und Sammler haben einen international besetzten Arbeitskreis gegründet, um historische Bucheinbände zu erfassen und zu erschließen. Dabei ordnen sie die Gerätschaft, mit der die Arbeiten verziert wurden, den unterschiedlichen Buchbindern und Werkstätten zu. Einige der Mitglieder betreuen Datenbanken, um die bisherigen Erkenntnisse weltweit zur Verfügung zu stellen. Lupe und Maßband gehören zur Grundausrüstung der Einbandforscher, weil viele der Stempelwerkzeuge mit bloßem Auge kaum zu unterscheiden sind.

In der Regel lassen sich Einbände über diese Dekorationen zuverlässig datieren und lokalisieren. Ein weiterer Anhaltspunkt kann - muss aber nicht - das Erscheinungsjahr des Buches sein. Immerhin versteht es sich

Nr. 5: Handschriftenmakulatur in einem Band des 16. Jhd.

als „Terminus post quem" und bestimmt den Zeitpunkt, nach dem die Arbeit entstanden ist. Zu beachten wäre bei der Bestimmung noch, ob der Einband jemals von dem ursprünglichen Inhalt getrennt und dann erneut verwendet wurde, oder ob es sich um eine Fälschung handelt. Beides kommt eher selten vor.

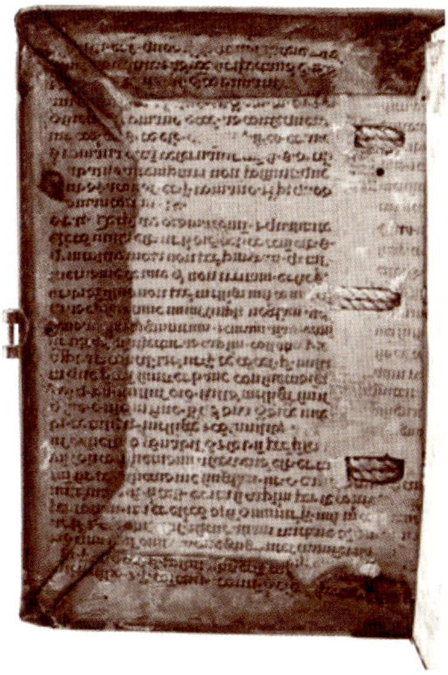

Nr. 6: Abklatsch auf dem Holzdeckel eines Buches des 16. Jahrhunderts

Einbandforscher sollten ein Buch immer in seiner Gesamtheit berücksichtigen, also mit sämtlichen Bestandteilen und im Kontext seiner Kollektion und versuchen, die Zusammenhänge aller an der Buchherstellung Beteiligten und der Buchbesitzer, möglicherweise sogar in Verbindung mit dem Wirkungskreis des Textes aufzudecken.

Vertieft in das intensive Studium der geschlossenen Bücher wirken Einbandforscher in Auktionshäusern und öffentlichen Lesesälen etwas befremdlich. Die interessante Herangehensweise an die Literatur bleibt nicht unbemerkt und wird oft höflich hinterfragt. Eine leichte Besorgnis um das Buch und um das Befinden des Forschers schwingt deutlich mit.

Aber nicht nur als Ablenkungsmanöver empfiehlt es sich, ab und zu auch den Inhalt des Buches betriebsam blätternd zu würdigen. Vielleicht hat der Eigentümer den Text gut durchgearbeitet und mit handschriftlichen Vermerken und Korrekturen versehen. Mit welchen Themen hat er sich beschäftigt, wie hat er sie kommentiert oder sogar zensiert?

Außer den Randbemerkungen verraten Schwärzungen, das sind ausgestrichene Textstellen, einiges über die Geisteshaltung der Besitzer. Vor allem in den Klöstern hatte man sich gewissenhaft darum bemüht, anstößige Passagen auszustreichen oder zu überkleben. Selbst wenn das Werk an sich keinen Anlass zur Beanstandung gab, erinnerte man die Leser der Bücher verdächtiger ketzerischer Verfasser doch gern mit dem Vermerk »autor damnatus« oder »haereticus« daran, diese Lektüre mit der gebotenen Vorsicht zu genießen. Auch pflegten die Mitglieder der Kommunitäten delikate Einzelheiten auf den Titelholzschnitten und -kupfern sorgfältig,

Nr. 7: Spätgotischer Einzelstempeleinband aus der Werkstatt St. Katharina I in der Kartause St. Barbara, Köln, um 1500

in manchen Orden sogar mit einer gewissen Akribie, zu schwärzen oder gleich konsequent auszuschneiden. Die drastischen Maßnahmen schonten zwar das Seelenheil, nicht immer aber das Textverständnis der geneigten Leser.

Die Grande Dame der Einbandforschung, Ilse Schunke (1892-1979), hat einmal formuliert, dass jedes Buch früher oder später seine Geschichte erzählt, vorausgesetzt, man be-„greift" seine Art, sie zum Ausdruck zu bringen. Aus eigener Erfahrung darf ich Ihnen versichern, dass sich manche der Bände beharrlich lange ausschweigen, geht man auch noch so sensibel tastend und ertastend auf ihre Mitteilungen ein. Gelegentlich bedarf es detektivischen Spürsinns um die Indizien zu interpretieren. Manchmal hilft nur der Zufall. So bearbeitete der niederländische Restaurator Peter Schrijen eine Handschrift, deren Herkunft unbekannt war. Im Rücken des geöffneten Einbands hatte er Samenpollen entdeckt, die er in das kriminologische Institut nach Amsterdam schickte, um sie untersuchen zu lassen.

Dort stellte sich heraus, dass es sich um die Pollen einer Baumart handelte, die nur in einer bestimmten holländischen Region vorkam. Bald konnte das infrage kommende Kloster ermittelt werden. Darüber hinaus wurde das Alter der Pollen - und damit des Einbandes - bestimmt. Sogar die Jahreszeit der Fertigung lag auf der Hand: Bäume blühen im Frühjahr.

Zum Glück ist es nicht immer so kompliziert, ein Buch genauer kennen zu lernen, auch haben wir es bisher vorgezogen, die Geduld der Kölner Kriminologen mit unseren Aktivitäten nicht zu strapazieren. Das Begreifen des Einbands geschieht im Allgemeinen durch das aufmerksame Studium der Buchelemente und den Einbandvergleich an weiteren Originalen oder in der Literatur. In jedem Fall ist es hilfreich, wenn man die Objekte stilistisch einzuordnen weiß. Dazu möchte ich nun ausführen, wie Einbände entstanden sind und ihre Entwicklung bis zum 16. Jahrhundert nachvollziehen.

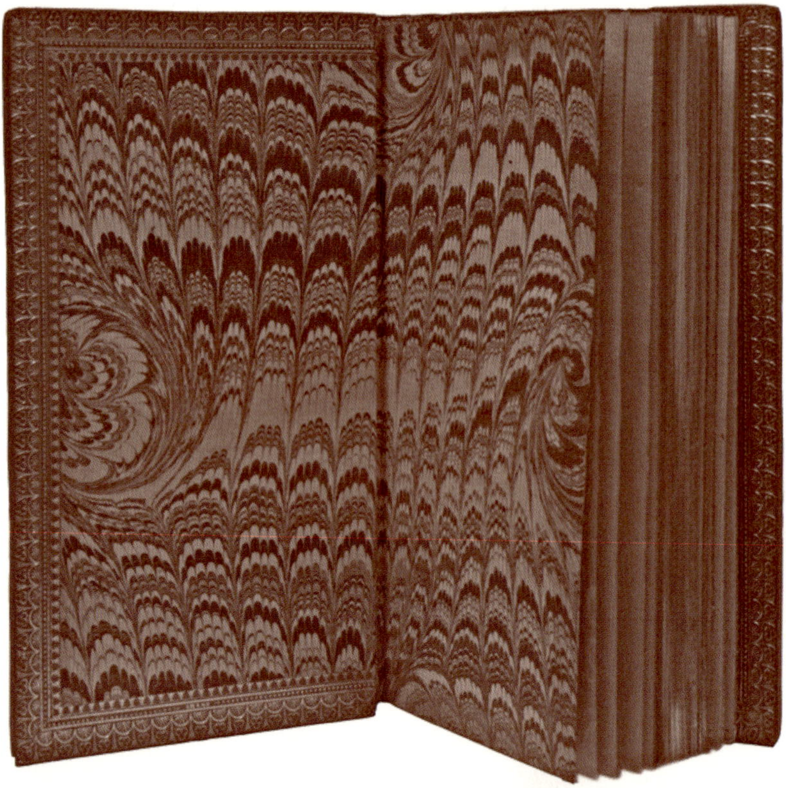

Nr. 8: Dublüre und Kammmarmor in einem französischen Band des 17. Jahrhunderts

III.1 Geschichte des Kodex/Kopert/Kettenbuch

Neben der Buchrolle dienten im Altertum kleine Tafeln als Schriftträger. Gewöhnlich bestanden sie aus geweißtem Holz; verwöhnte Lese- und Schriftkundige bevorzugten die Luxusausführung aus Elfenbein oder Edelmetall. Ergaben mehrere dieser Täfelchen einen zusammenhängenden Text, gingen der Lektüre lästige Sortierarbeiten voraus - das Durchnummerieren der einzelnen Blätter oder Seiten sollte sich erst im 12. Jahrhundert etablieren. Deshalb sorgten bald Schnüre, Scharniere oder Ringe für eine zuverlässige Ordnung des Geschriebenen. Auf diese Weise miteinander verbunden, benannte man das Gebilde der kleinen Bretter nach seinem Aussehen als „Holzklotz“, Lateinisch Caudex.

Er bildete die Urform des Kodex. Die Innenseiten der Täfelchen konnten ausgehöhlt sein und enthielten dann Wachs.

Sie erfreuten sich als Schreib- und Notizbücher großer Beliebtheit, denn das weiche Material erlaubte Textkorrekturen und ließ sich bei Bedarf glätten und wieder verwenden; auch war der Caudex im Vergleich zur Rolle, dem Rotulus, schon etwas besser zu handhaben; die Seiten ließen sich blättern. Damit war eine der wichtigsten Funktionen des Buches definiert.

Die Konstruktion bot also etliche Vorteile, erwies sich aber wegen ihres Umfangs und Gewichts doch noch als unpraktisch. Bald wichen die Tafeln leichteren Beschreibstoffen wie Pergament und Papier. Das Gefüge der gefalteten, miteinander verbundenen Blätter bildete schließlich den Buchblock des uns heute geläufigen Codex. Seit dem 1. Jahrhundert ist er in der Literatur belegt, der älteste nachweisbare europäische Einband ist uns aus dem 7. Jahrhundert überliefert.

Nr. 9: Exlibris und Besitzstempel von Melanie von Mevissen (1853-1923), der Exlibrisstempel ihres Vaters Gustav (1815-1899) und das Buchbinderetikett der Buchbinderei Heinrich Sperling in Leipzig.

Da das Pergament dazu tendierte, sich unter Feuchtigkeits- und Temperatureinflüssen zu verziehen, hielten Schließen und schwere Holzdeckel das Buch in Form. Im 15. und 16. Jahrhundert nahm man die von Hand geschriebenen, oft schlecht lesbaren Texte aus heutiger Sicht barbarisch auseinander, um mit den Pergamentseiten die Einbände der neuen Drucke zu verstärken. Heute beschäftigen sich die Makulaturforscher und Handschriftenkundler mit den kostbaren historischen Materialien und suchen sie in mühseliger kriminalistischer Kleinarbeit zu erfassen und zuzuordnen. Auch bei der Herkunftsbestimmung der Einbände hilft die Makulatur weiter, denn meist übernahmen die Buchbinder vor Ort ausgemusterte Buchseiten und Urkunden für ihre Arbeiten.

Oftmals schützten dicke Buckel aus Metall den empfindlichen Lederbezug der Holzdeckel, Metallschienen verstärkten die Kanten. In vielen Bibliotheken waren die Kodizes mit Ketten an Pulten befestigt. Folgerichtig hießen diese Bände „Libri catenati“, Kettenbücher.

Die Befestigungen sicherten die Bücher zwar vor Plünderungen und illegaler Begehrlichkeit, erwiesen sich aber als äußerst hinderlich, wenn es brannte. Es brannte oft und lichterloh.

Für den erbaulichen Gang durch den Garten oder für die Reise, aber auch zum Schutz der weniger benutzten Literatur bevorzugte man leichte, flexible Einbände ohne Bretter. Mit dem so genannten Kopert liegt die Urform unserer heutigen Taschenbücher vor.

III. 2 Luxuseinbände

Großen Aufwand trieb man etwa bis zum 10. Jahrhundert mit den sogenannten Prachteinbänden. Sie dienten überwiegend liturgischen Zwecken. Perlen, Gold und Edelsteine schmückten die Bücher; selbst Schnitzereien und sogar Reliquienbehälter fanden auf den Buchdeckeln Platz.

Später gefiel es vor allem den Bibliophilen, ihre Texte in kostbare Materialien prächtig einbinden zu lassen. Gelegentlich bestickt eigneten sich Brokat, Samt und Seide als „Gewand des Buches“. Eher von Haute Couture als von Pret-a-porter zeugen in der Einbandkunst auch von Hand bemalte Buntpapiere und exotische Leder. Schlangen- und Fischhäute kommen vor.

Nr. 10: Platten- und rollenverzierter Widmungsband für den Kölner Rat, Köln 1571.

IV. Ledereinbände mit Stempelschmuck

1. Spätgotische Einbände

Von der Karolingerzeit an waren die Holzdeckel der deutschen Kodizes mit Leder bezogen und mit geometrisch angeordneten Linien dekoriert. Diese zog der Buchbinder mit dem Streicheisen über das Leder, ein Gerät, das sich mit einem stumpfen Messer vergleichen lässt. Den meisten Buchbesitzern waren ihre Schriften aber nicht nur der hohen Preise wegen so lieb und teuer, dass sie Wert auf eine aufwendigere Ausstattung der Einbände legten. Deshalb gaben die Streicheisenlinien oft nur das Dekorationsschema für die übrige Verzierung vor.

Meist waren es einzelne kleine Stempel, die der Meister zusätzlich über die eingelederten Deckel verteilte. Er erhitzte seine Stempelwerkzeuge aus Metall auf 60 bis 80 Grad und prägte sie auf dem angefeuchteten Leder ab.

Nr. 11: Gepunzter Goldschnitt, Köln 16. Jahrhundert

IV.1.a Ikonographie

Stilisiert oder naturalistisch gestaltet wiesen die Stempelmotive die unterschiedlichsten Formen auf. Sie dienten nicht nur der Dekoration, vielfach gingen sie auf die Heraldik, vor allem aber auf die christliche Bilderwelt zurück. Oftmals waren sie Ausdruck tiefer Religiosität. In der Spannweite vom Symbolismus bis hin zur profanen Naturbetrachtung liefern sie ein getreues Spiegelbild ihrer Epoche. Rein ornamentale Motive wechseln sich mit solchen aus dem Tier- und Pflanzenreich ab.

Lilien und Rosen waren die bevorzugten Blumen der christlichen Kunst, beides Symbole der jungfräulichen Mutterschaft und der Unschuld, beides Mariensymbole. Die Dreigliederung der stilisierten Lilie versteht sich auch als Zeichen der Trinität.

Als Schöpfung Gottes sollten alle Tiere und Fabelwesen mitbedacht werden, auf den Einbänden tummeln sich Adler und Käuzchen, Affen und Hasen, Phönix, Einhorn und Drache, Löwe, Hirsch und viele andere mehr.

Gelegentlich taucht z. B. in der Fauna des gotischen Stempelschmucks ein Steinbock auf. Im Tierkreis gilt er als saturnisches Symbol. Als Monatszeichen der Winterwende und der Geburt Christi billigte man ihm verhalten auch positive Aspekte zu. Aber ein Steinbock ist eben ein Bock und somit in der Symbolik stark satanisch vorbelastet. Folgerichtig vertritt er so überdenkenswerte Eigenarten wie Täuschung, Geiz und Einengung. Dass er daneben auch für Konzentration und Kraft durch Standhaftigkeit sorgt, rehabilitierte ihn im monastischen Alltag und brachte ihm dort Sympathien ein.

Die Wesen auf den Einbänden erscheinen durchaus im gegensätzlichen Sinn, beweisen also auch im dämonischen Bereich ihre Zugehörigkeit zum Kosmos.

Eine schöne Meerjungfrau, die Melusine, soll das Exempel statuieren. Einerseits bedauernswert erlösungsbedürftig galt sie doch andererseits als Sinnbild der Erotik und der Verführung. Auf den Einbänden der Klöster warnte sie – so sinnlich wie besinnlich – vor den Gefahren der todbringenden Begierde und des trügerischen Scheins.

Das Böse steht als niedrigste Stufe des Seins den Heiligen und Evangelisten gegenüber. Auch diese gefielen vornehmlich auf den Büchern der Konvente, daneben finden sich Marien- oder Christusabbildungen oder symbolisch dafür Kronen, Herzen und das Osterlamm. Auf Spruchbändern ist zu lesen: Maria hilf!

IV.1.b Klostereinbände

Vor der Erfindung des Buchdrucks, also vor etwa 1450, entstanden die Einbände meist in den Produktionsstätten der Bücher, nämlich in den Klöstern. Die Mönche schrieben in ihren Skriptorien, in Köln z. B. im Fraterhaus zu Weidenbach, manche arbeiteten auch in ihren Zellen, wie es in der Kartause üblich war. Das Studieren, Kopieren und Illustrieren der frommen Texte diente durchaus der persönlichen Jenseitsvorsorge und sicherte die göttliche Gnade am Jüngsten Tag. Da die kostbaren Schriften eines Einbands bedurften, konnte sich das Buchbinde-Handwerk in den Kommunitäten schon frühzeitig etablieren, viele verfügten nachweislich über eine eigene Buchbinderei. Deshalb war man dort später auch für die Einbände der Drucke bestens gerüstet.

Häufig finden wir auf den Büchern der Konvente ein Eignerzeichen, das meistens das Klosterwappen oder als erzählendes Besitzzeichen den oder die Schutzheiligen des Klosters präsentiert.

Immer ist von Interesse, welche Werkzeuge an den prominenten, weil auffälligsten Stellen angebracht wurden. Die meisten der monastischen Gemeinschaften räumten hier ihren Leitstempeln den gebührenden Platz ein. Die weitere Auswahl des Einbandschmucks unterlag regionalen Gepflogenheiten. Typisch für die Kölner spätgotischen Einbände sind Lilien-, Löwen- und Adlerstempel.

IV.1.c weltliche Buchbinder/Buchführer

Im 15. und 16. Jahrhundert wurden die Bücher üblicherweise in Rohbögen, also in losen Lagen gehandelt und in Fässern transportiert. Der Erwerb des ungebundenen Bandes hatte zwar den Vorteil, dass sich die Eigentümer den Einbandschmuck passend zu ihren Bibliotheken oder ihrem Etat angemessen aussuchen konnten, er verzögerte aber die Verfügbarkeit der Texte erheblich.

Geschäftstüchtige Drucker boten deshalb ihre Erzeugnisse teilweise gleich fertig eingebunden an. Diese so genannten Buchführer druckten nicht nur, sondern sie trieben mit ihren eigenen und gelegentlich sogar fremden Erzeugnissen auch einen florierenden Buchhandel.

Der berühmteste unter ihnen war Anton Koberger aus Nürnberg. Er beschäftigte für die Einbände seiner Produkte eine ganze Reihe von weltlichen wie klösterlichen Werkstätten. Dem standen die Kölner nicht nach. Für die Quentel'sche Offizin waren allein fünf Buchbinder tätig.

Die Mönche und später auch die Hofbuchbinder konnten sich für die Gestaltung ihrer Einbände „alle Zeit der Welt“ nehmen. Die einen verzierten die Bücher so liebevoll wie zeitaufwändig zur Ehre Gottes, die anderen hatten ein vertraglich vereinbartes festes Einkommen und wurden nicht für die einzelnen Arbeiten bezahlt.

Überall dort, wo sich die Schüler Gutenbergs niederließen und ihre Erzeugnisse verkauften, war aber zeitgleich ein steigender Bedarf an Bucheinbänden entstanden. Rührige Meister richteten Betriebe ein, um die Aufträge einer ständig wachsenden und wechselnden Laufkundschaft zu erledigen. Für diese Buchbinder bedeutete Zeit Geld. Sie zeigten sich wenig begeistert von den komplizierten Dekorationen mit einzelnen Stempelchen und dachten sich vereinfachte Arbeitsgänge und geeignete Werkzeuge aus, um mit möglichst geringem Aufwand möglichst hohe Verdienste zu erzielen. Sie arbeiteten also unter dem Aspekt der Wirtschaftlichkeit, genau wie heutige Buchbinderwerkstätten!

IV.2 Übergang von der Spätgotik zur Renaissance

a. Neue Werkzeuge

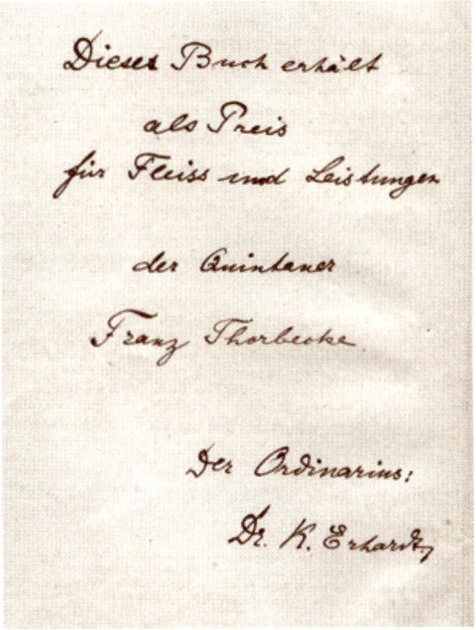
Dieses Buch erhielt
als Preis
für Fleiss und Leistungen
der Quintaner
Franz Thorbecke
Der Ordinarius:
Dr. K. Erhardt

Nr. 12: Handschriftliche Widmung für Franz Thorbecke (1875-1945)

Es entstanden die Rollen und die Platten, die noch jahrhundertelang Verwendung finden sollten. Oft erscheinen sie in Kombination auf einem Einband. Die Rollenmotive wurden in ummantelte Metallzylinder geschnitten, das Ganze mit einem Griff versehen. So ließ sich das Muster in nur einem Arbeitsgang und in beliebiger Länge auf die Fläche übertragen. Die großen Plattenstempel dagegen prägten die Buchbinder mit Hilfe einer Presse auf den Deckeln ab. Beides mechanisierte allmählich die Verzierung.

Im Allgemeinen fertigten die Stecher die Werkzeuge einmalig und Auftrag ihrer Kunden. Manche Buchbinder kupferten die Motive aber auch von ihren Kollegen ab und klischierten die Stempel mittels Gussverfahren.

Darüber hinaus begaben sich viele der Handwerker auf Wanderschaft und nahmen ihre Gerätschaft mit in ferne Regionen. Häufig gelangten die Stempel durch Verkauf und Tausch oder als Geschenk und Mitgift in fremde Hände, auch sind die Rollen und Platten über mehrere Generationen vererbt worden. Wechselnder Werkzeugbesitz und Nachahmungen beleben das Geschäft der Einbandforscher.

Etwa die Hälfte aller bekannten Werkzeuge trägt die Monogramme und Initialen der Stecher oder der Buchbinder. Weisen die Werkzeuge keine Bezeichnungen auf, verleihen die Einbandforscher den unbekannten Meistern Notnamen, wie sie auch in der Kunstgeschichte üblich sind.

Typisch für Köln sind biblische Szenen: besonderer Beliebtheit erfreute sich natürlich die Anbetung der Heiligen Drei Könige seit 1164 Rainald von Dassel deren Gebeine in die Domstadt überführte (missgünstige Nichtkölner formulieren hier auch gern: entführte). Im Gegensatz zum modernen Verlagseinband, illustrierte der damalige Einband niemals den Text.

IV.2.b Reformationseinbände

In der Epoche der Renaissance beeinflussten der Humanismus und vor allem die Reformation den deutschen Einbandschmuck erheblich. Martin Luther betrachtete den Bilderschmuck allgemein, vor allem aber in den Kirchen, mit Argwohn. Er kritisierte den Missbrauch, den man mit den glorifizierenden Bildnissen trieb. Dennoch wussten er und seine Mitstreiter die Macht der Bilder durchaus zu würdigen. Nur zu gern setzte man bitterböse Karikaturen als wirksames Mittel im Glaubenskampf ein und ärgerte damit erfolgreich die konfessionelle Konkurrenz. Auch duldete Luther Abbildungen im Gottesdienst und im häuslichen Bereich, wenn sie denn die biblische Botschaft in seinem Sinne, also in der evangelischen Interpretation, erläuterten, aufschlüsselten und erinnerten.

Mit zahllosen Drucken, die für jedermann wohlfeil erhältlich waren, hatten die Reformatoren für die Verbreitung ihrer Lehre gesorgt; bald flutete das hochgeschätzte neue Schrifttum die Werkstätten der Buchbinder.

Von Wittenberg, der Wiege der Reformation ausgehend, etablierte sich das protestantische Bildprogramm zügig auch auf den Einbandwerkzeugen. Figürliche, programmatisch für die Erneuerung werbende Motive fanden sich in blinder Prägung konfessionsübergreifend auf dem reformatorischen und auch auf dem katholischen Schrifttum. Diese Werkzeuge stehen für das Bekenntnis der Stecher und Buchbinder.

Gleichzeitig wirkte sich der Humanismus auf den Einbandschmuck aus. Auf den Buchdeckeln begegnen wir antiken Helden, den Allegorien der Künste und der Wissenschaften, den Lastern und besonders oft den Tugenden. Vor allem diese - recht nachlässig nur in Schleier gehüllt - gefielen sehr. Ein leiser Einschlag von Lüsternheit verlieh ihnen stets eine pikantere Note. Tatsächlich sollten die Tugenden verführen, aber nicht im wörtlichen Sinn, sondern sie sollten als Allegorien erstrebenswerter Eigenschaften zu moralischem Idealverhalten verleiten. Im Gegensatz dazu erinnerten die Laster alles, was man besser unterließ.

Im Vergleich zum ornamentalen Einbanddekor ist nicht zu unterschätzen, dass die figürlichen Motive zu einer Zeit, die noch nicht von medialen Eindrücken überfrachtet war, etwas zu erzählen hatten und sich »begreifbar« mitteilten. Auf den Einbänden der Reformationszeit präsentierten sich oft Luther und seine Weggefährten. Die exklusive Position auf dem vorderen Deckel blieb üblicherweise Luther, der Leitfigur der Reformation vorbehalten, aber manche der Protestanten, die Philippisten, hielten Melanchthons Lehre für überzeugender und räumten ihm deshalb die Vorrangstellung ein.

Bald gerieten die Philippisten in den Verdacht des Kryptokalvinismus und auch so manchem Drucker und Buchbinder, blieb -unter Verdacht geraten- nur die Flucht.

Für die Einbandforschung sind die sächsischen Reformatoreneinbände höchst interessant. Oftmals kannten sich noch zu Lebzeiten Luthers Autoren und Drucker, Buchbinder oder sogar Buchbesitzer persönlich, waren beim Reformator in Wittenberg zu Gast, lauschten seinen Tischreden und genossen Katharina von Boras - wie man weiß - vorzüglichen Küche.

Die reformatorische Literatur fand sich häufig aber auch - als antiprotestantische Argumentationshilfe, oft mit entsprechenden „Warnhinweisen“ versehen - in den Bibliotheken der Klöster.

IV.2.c Welsche Einbände

Vergoldete Einbände blieben hierzulande meist nur den Fürsten und Bibliophilen vorbehalten. Im Mittelmeer-Raum hatte die Einbandkunst größere Fortschritte als in Deutschland und den Niederlanden gemacht. Während man sich hier eher konservativ zeigte und noch lange die Werkzeuge im Blinddruck verwandte, hat man in den südlichen Ländern die Bücher schon längst mit Gold verziert. Außerdem bevorzugte man das feine Ziegenleder, das Maroquin, das sich, wie der Name verrät, von den arabischen Ländern aus bald in Italien, später in Frankreich verbreitete. Dort machte sich auch im Einbandschmuck der Einfluss der arabischen Kultur geltend. Die Deckel zeigen ein Dekor, das an einen orientalischen Teppich erinnert. In ihren ersten Dekaden hatte die Hochrenaissance einen neuen Stil eingeführt, den Manierismus.

Wenige deutsche Buchbinder beherrschten die Technik der französischen Bucheinbände, wenn doch, wirkten sie auf französische, nämlich „welsche“ Manier.

Allmählich gaben die Bücher ihre dicken Panzer aus Holz und Metall auf. Handliche und leichte Pappdeckel verdrängten die schweren Bretter, elegante seidene Bänder übernahmen die Funktion der Klausuren aus Metall.

V. Zu guter Letzt

Bucheinbände umschließen und schützen, wie es sich gehört, geschriebene oder gedruckte Texte. Darüber hinaus bergen und verbergen sie eine weitere Geschichte, ein Buch im Buch, zu dem viele, besonders auch die Eigentümer ein Kapitel beigetragen haben. Die spannende Lektüre dieses Buchs im Buch erfordert ein bisschen Geduld, gelegentlich detektivischen Spürsinn und manchmal eben auch Lupe und Maßband. Vielleicht möchten Sie demnächst selbst einmal in ihren Regalen nach Spuren, Indizien und Beweisen fahnden. Sie müssen nicht verdeckt ermitteln und im Alleingang operieren. Fast alle größeren Bibliotheken haben eine Abteilung für Historische Sammlungen und Bestandserhaltung eingerichtet, dazu gehört in unserem Haus auch ein Bereich eigens für Bucheinbände. Wir, die Mitarbeiterinnen, veranlassen u. a. die Instandsetzung und Restaurierung beschädigter Bücher und erschließen, wenn es die Zeit erlaubt, historische und künstlerische Bucheinbände in einer Digitalen Einbandsammlung. Außerdem verstehen wir uns als Einband-Ansprechpartner im Universitätsbereich, aber ebenso für Privatpersonen. Vor allem den unerschrockenen, detektivisch ambitionierten Bibliophilen unter Ihnen, die Fragen zum Erhalt Ihrer Schätze oder zur Bestimmung Ihrer Einbände bewegen, stehen wir mit dem größten Vergnügen beratend zur Verfügung.

Nr. 13: Supralibros von Eberhard III. Jabach (1567-1636)

Was Bucheinbände erzählen

Einbandkunde und -forschung am Beispiel von zwei Büchern aus der verstreuten Klosterbibliothek von St. Nikolaus an der Trift (Damm, ehemalige Gemeinde Bedburdyck)

Vortrag am 21.08.2007 im Petrussaal des Sankt Nikolausklosters in Damm.
Foto: © Detlef Ilgner

Den Anlass für meinen Vortrag bieten zwei Bücher aus der verschollenen Bibliothek der Franziskanertertiaren. Ein Kapitel ihrer über 450jährigen Geschichte hat nun auch Herr Bernhard Bleske beigetragen. Der Experte auf dem Gebiet des Nikolausklosters war von den beiden Bänden fasziniert und hat an ihrer Erforschung regen Anteil genommen. Großzügig brachte er seine fundierten Kenntnisse ein. Die Liebe zu Büchern, ob als Autor oder Leser, auch seine Offenheit, ihren Mitteilungen über die Texte hinaus Gehör zu schenken, führte ihn des Öfteren zu uns nach Köln.

Bald entwickelte sich aus den Vorbereitungen für den heutigen Abend ein umtriebiges Sondieren des breiten Terrains buch- und regionalhistorischer Berührungspunkte.

Herr Bleske hatte sich auf diesen Abend sehr gefreut, es war ihm ein besonderes Anliegen, Ihnen selbst einiges über die Fundstücke und ihren seinerzeit materiellen Wert zu berichten. Seine Ausführungen kann ich nicht ersetzen, wenigstens aber will ich versuchen, Ihnen die heutige Thematik ganz in seinem Sinne vorzustellen. [Anm.: Herr Bleske, Mitglied des Grevenbroicher Geschichtsvereins, verstarb kurz vor dem Vortrag]

Die Erasmus-Ausgabe

I. Einbandbeschreibung der Bücher aus dem Nikolauskloster

Ausnahmen bestätigen wieder einmal die Regel: Der Buchbinder der vorliegenden Erasmusausgabe beherrschte bereits die Technik des Vergoldens. Er hat sich auf sein Handwerk verstanden und für den Schmuck seiner Arbeit eindrucksvoll ins Zeug gelegt. Da oftmals die Legierung des Edelmetalls nicht die beste war, ist die Dekoration heute stark nachgedunkelt und oxydiert.

In vier Teilbänden war der noch ungebundene Druck in das Nikolauskloster gelangt, jeweils zwei wurden zu einem dicken Konvolut im Quartformat zusammengebunden.

Auch die Bindetechnik beweist die Professionalität des Meisters. Zum Einledern war feinstes Kalbleder gerade gut genug. Schwere Holzdeckel halten die Seiten in Form und verleihen dem Text im Sinne des Wortes Gewicht. Verlorene Schließenteile und das vom Zahn der Zeit angenagte Leder belegen den regen Gebrauch der Bücher.

Für die Dekoration kam stilistisch sehr unterschiedliches Werkzeug zum Einsatz, es hatte sich wohl über Jahrzehnte hinweg angesammelt. Gerade in der Vielfalt der verwendeten Gerätschaft und den durchdacht kombinierten Verzierungen sind die Einbände besonders schön und interessant. Sie müssen seinerzeit ein prächtiges Bild geboten haben.

Neben zwei Renaissance-Rollen benutzte der Meister Einzelstempel, die mit einiger Sicherheit noch aus der Zeit des Übergangs von der Spätgotik zur Renaissance stammen dürften und zum Termin des Einbandentstehens bereits ein bisschen altmodisch waren, darunter Blattwerk, Blüte, Herzwappen und Steinbock.

An prominenter Stelle präsentiert sich das klösterliche Wappen. Der Schild zeigt einen Bischofsstab, der am unteren Ende in ein Kreuz ausläuft. Über den Enden der Kreuzarme finden sich die Initialen S(ankt) N(ikolaus).

Zweifellos hatte der Stecher die Konsequenz des Stempelschnitts noch nicht verinnerlicht, denn die Buchstaben erscheinen spiegelbildlich auf dem Leder. Wie auch immer schließt dieser Besitzstempel aus, dass der Erasmus schon gebunden ins Kloster gelangte.

Von gediegenem Stecherkönnen zeugt das Wappen mit einem zweifach durchstochenen Herz und zwei Sternchen, es entspricht genau der Form des Klosterwappens und greift das Attribut des Augustinus auf. Obwohl das Kloster neben dem Heiligen Nikolaus noch den Patronen Antonius und natürlich Franz von Assisi geweiht war, genoss auch der Kirchenvater Augustinus hohes Ansehen bei den Tertiaren. In späteren Jahren erscheint er, sein Herz in der Hand, unter den Figuren auf der ausgemalten Decke der Klosterkirche *(Allmang, S. 77)*

Eher selten taucht in der Fauna des gotischen Stempelschmucks ein Steinbock auf. Im Tierkreis gilt er als saturnisches Symbol. Als Monatszeichen der Winterwende und der Geburt Christi billigte man ihm verhalten auch positive Aspekte zu. Aber ein Steinbock ist eben ein Bock und somit in der Symbolik stark satanisch vorbelastet. Folgerichtig vertritt er so überdenkenswerte Eigenarten wie Täuschung, Geiz und Einengung. Dass er daneben auch für Konzentration und Kraft durch Standhaftigkeit sorgt, rehabilitierte ihn im monastischen Alltag und brachte ihm dort Sympathien ein.

Das Rahmenwerk füllte der Meister mit einer Wappenrolle und einer Rolle mit biblischen Motiven. Erstere zeigt Laubgerank, darin die Jahreszahl 1540 und einen Wappenschild. Der präsentiert eine Marienkrone, unter dieser erscheint ein Türkensäbel oder ein Krummschwert, links davon die Bezeichnung R. O., rechts ist ganz klar eine 2 zu sehen. Dieses Wappen widersetzte sich bisher hartnäckig allen Identifizierungsversuchen.

Es wäre möglich, dass es sich um das Zeichen des Buchbinders oder des Stechers handelt, nicht selten haben sich die Handwerker ein erzählendes Wappen oder eine Hausmarke ausgedacht. Allerdings gibt die 2 Rätsel auf. Die Meister wurden nicht dynastisch und schon gar nicht mit arabischen Ziffern gezählt. Weder kommt ein königliches Wappen, noch das einer

Ortschaft infrage. Ein Klostermitglied, etwa ein Oberer mit den Initialen R. O., ließ sich für den Zeitraum ebenfalls nicht nachweisen.

Trotzdem darf man annehmen, dass auch dieses Wappen einen Bezug zum Nikolauskloster hatte, denn die Krone soll uns auf den Büchern der Tertiaren noch öfter begegnen. Im Zusammenhang mit dem Säbel spricht sie für ein Märtyrerattribut, es fand sich bisher allerdings noch kein passender Heiliger.

Die weitere, äußerst kunstvoll geschnittene Rolle auf dem Einband erinnert mit biblischen Szenen aus dem Alten und dem Neuen Testament an den Zusammenhang von Gesetz und Evangelium Es ist ein protestantisch orientiertes Werkzeug.

II. Lokalisierung und Datierung der Einbände und weitere Funde

Hier wäre zu klären, was die ketzerische Rolle ausgerechnet auf den Einbänden des Nikolausklosters zu suchen hat. Das Werkzeug lässt bekanntlich auf das Bekenntnis des Stechers und des Buchbinders schließen. Ohne Anstoß zu erregen, wurden die Motive der Reformation zum Termin der Einbandfertigung allenthalben auch auf den Büchern katholischer Eigentümer geduldet, sie waren gerade modern. Zum Inventar des Klosters gehörte die Rolle aber wohl nicht.

So deutet sie darauf hin, dass die Tertiaren den Bindeauftrag entweder einem wandernden Buchbinder anvertrauten, oder dass sie für die Arbeit einen anderen weltlichen Meister heranzogen, der in der Nähe des Klosters ansässig war. Neben der Gerätschaft aus Klosterbesitz verwendete er eben auch eigenes Werkzeug. Der vorliegende Erasmus-Druck erschien 1538 und gelangte laut Eintrag erst 1552 in den Besitz der Tertiaren, sie ließen ihn wohl kurz darauf einbinden. Diesen, in der Literatur unbenannten Buchbinder, möchte ich hier und heute zunächst „Buchbinder mit dem Kronenwappen“ nennen, weil die Bezeichnung R.O. 2 auf seinem Werkzeug noch nicht eindeutig als Personenname zu identifizieren ist.

Manches deutet darauf hin, dass die Tertiaren in Verbindung zu den Benediktinern des nur 12 km entfernten Klosters St. Vitus in Gladbach gestanden haben. Bereits in früheren Zeiten hatte wohl ein Buchbinder für die Einbände beider Klöster gesorgt, ich werde ihn vorläufig, der einfacheren Unterscheidung wegen, nach einem seiner Werkzeuge als „Melusinenmeister" bezeichnen.

In der Einbandliteratur ist er irrtümlich „zu Warendorf" lokalisiert und schon die Darmstädter Bibliothekare haben herausgefunden, dass er in Bedburdyck oder in Gladbach ansässig war oder aber in dieser Region wanderte. Unter Bedburdyck versteht sich auch im Folgenden die ehemalige Gemeinde, nicht der Ort.

Dieser ältere Buchbinder benutzte unter seinen Einzelstempeln eine schöne Meerjungfrau, Sinnbild der Erotik und der Verführung. In den Klöstern warnte sie vor den Gefahren der todbringenden Begierde und des trügerischen Scheins. Außerdem verzierte der Meister seine Einbände mit einem stolzen doppelköpfigen Adler, eine Ranke, einem Stern und schließlich einer Krone, etwa dem gleichen Modell, das mit dem Säbel auch auf der Rolle des späteren Buchbinders mit dem Kronenwappen vorkommt.

Möglicherweise gehörte die Krone ursprünglich zur Heraldik der Benediktinerabtei in Gladbach, denn das Kloster war neben St. Vitus der Maria geweiht. Hier könnte also ein Bezug zur Marienkrone bestehen. Allerdings sprechen schwerwiegende Indizien gegen diese Theorie: Maria wurde nie mit einem Säbel ausstaffiert, St. Vitus nur mit einem Palmwedel oder hochnotpeinlich im Ölkessel siedend abgebildet.

Einer der Stempel des Melusinenmeisters, die Ranke, ging in den Besitz des jüngeren Buchbinders mit dem Kronenwappen über, deshalb darf man in diesem den Nachfolger des älteren Meisters sehen. Die beiden Handwerker kannten sich wohl, vielleicht waren sie verwandt.

Das Rupfen in fremden Gärten gehört nun keineswegs zu meinem Auftrag der hauseigenen Bestandserhaltung. Da aber Einbandforschung nicht ohne den Einbandvergleich funktioniert, konnte ich es nicht lassen, weiteren Büchern aus St. Nikolaus privatissimo nachzuspüren. Das habe ich nicht bereut, war es doch ein Hochgenuss, in kostbaren Handschriften mit erlesenen Initialmalereien und wertvollen alten Drucken aus dem Besitz der Tertiaren zu blättern. Anhand einiger Bibliothekskataloge ließen sich gleich an mehreren Orten Restbestände der Klosterbibliothek, darunter auch Arbeiten der beiden Buchbinder nachweisen.

Insgesamt 18 Bände konnte ich aufstöbern, sie stehen wohl behütet in der ULB Darmstadt, im Kölner Historischen Archiv, in der Kölner Diözesan- und Dombibliothek und in unserem Haus. Ein Buch ermittelte ich nur in der Literatur, leider durfte ich es nicht begutachten, weil es sich in Privatbesitz befindet. Im vorhandenen Schrifttum über das Nikolauskloster ist keines dieser Bücher erwähnt. Elf davon weisen den Besitzeintrag der Tertiaren auf. Er lautet, in seiner ausführlichsten Form übersetzt: „Buch der Brüder der dritten Ordensregel des Heiligen Franziskus im Haus des Heiligen Nikolaus nahe bei Schloss Dyck in der Diözese Köln".

In manchen Bänden war der Vermerk getilgt worden, ließ sich aber mittels Bandpassfilterreflektographie wieder lesen. Dabei wird das Papier unterschiedlichen Lichtbündelungen, z. B. Infrarot oder Ultraviolett, ausgesetzt.

Gelegentlich trat der Eintrag in Verbindung mit den Werkzeugen eines der beiden Buchbinder auf. In anderen Bänden gaben sich Schreiber aus St. Nikolaus namentlich zu erkennen. Einige der Kodizes ohne Besitzeintrag und ohne die besagten Buchbinderstempel haben die Handschriftenforscher für Bedburdyck bestimmt, weil sie von der Hand der von dort bekannten Schreiber stammten. Es gab 13 Bände, die sicher oder mit größter Wahrscheinlichkeit, fünf, die möglicherweise den Franziskanertertiaren gehört haben. Letztere lassen über die bekannten Einbandstempel wenigstens „fundiert vermuten", dass sie für die Tertiaren gebunden worden sind. Von den fraglichen fünf Büchern hatten zwei keinen Besitzeintrag, ein anderes stand ab 1600 in der Stiftskirche des benachbarten Glehn. Die beiden letzten Bände gehörten, - jedenfalls in späterer Zeit -, St. Vitus, eine Predigtsammlung und eine seltene Vollbibel, gedruckt in Lyon.

Erneut und neugierig wandte ich mich den hauseigenen Beständen zu. Da leider bisher die Zeit fehlte, den gesamten Altbestand auf die Besitzeinträge hin zu durchforsten, lag es nahe, über ein Ausschlussverfahren nachzudenken.

Wenn der Meister mit dem Kronenwappen in Gladbach und nicht in Bedburdyck ansässig gewesen wäre oder wenn er beide Klöster regelmäßig wandernd mit Einbänden versorgt hätte, müsste doch der umfangreiche

Gladbacher Buchbestand eine ganze Reihe seiner Arbeiten aufweisen. Von der Benediktinerbibliothek sind 519 Titel erhalten geblieben, die meisten davon befinden sich in unserem Haus.

Nach einer mehrstündigen Suchaktion hatte ich eine bemerkenswert klägliche Ausbeute vorzuweisen. Auf einem einzigen Einband, nämlich auf der Lyoneser Bibel, erschien die Rolle des Buchbinders mit dem Kronenwappen. In diesem Fall wollte der Bucheinband nicht viel erzählen, er hat verschwiegen, ob vielleicht nicht der Buchbinder, sondern die Bibel gewandert war und nicht ins Nikolauskloster zurückgefunden hatte. Das Buch zeigt zwar die Signatur aus St. Vitus, sie wurde aber nachweislich erst im 18. Jahrhundert angebracht. Einbände vom Melusinenmeister kamen unter den Bänden aus St. Vitus in unserem Bestand gar nicht vor, nur einer fand sich in Darmstadt.

Einige Indizien sprechen also bisher dafür, dass die Buchbinder, vor allem aber der mit dem Kronenwappen, überwiegend für St. Nikolaus gearbeitet haben.

Das würde bedeuten, dass es sich lohnte, hier regelmäßig nach Arbeit zu fragen und dass offensichtlich über Jahrzehnte hinweg Bindeaufträge anfielen.

Auch hatte der jüngere Meister um 1548 für den Einband des wichtigen Kopialbuchs von St. Nikolaus gesorgt, was ebenfalls auf seine Beziehung zum Kloster hinweist.. Wieder finden sich auf dem Buch die Klosterwappen: der Nikolausstab und das durchstochene Herz, auch die Rolle mit dem Kronenwappen. Das Kopiar durfte ich freundlicherweise im Rheinischen Archivamt in Brauweiler begutachten.

Schließlich begrenzen die vorhanden Fundstücke den Tätigkeitszeitraum der Buchbinder: Der Melusinenmeister hat vom Ende des 15. Jahrhundert bis in die ersten Jahrzehnte des 16. Jahrhunderts gearbeitet, sein Nachfolger wirkte von da an und wohl noch über die 1550er Jahre hinaus.

III. Humanistenliteratur im Nikolauskloster

Wie erwähnt, war das Nikolauskloster im Jahre 1526 durch eine Feuersbrunst stark in Mitleidenschaft gezogen worden, auch hatte gemäß den Quellen die Herrschaft von Schloss Dyck den Brüdern schwere finanzielle Heimsuchungen bereitet. Offenbar trug der materielle Niedergang auch zur Abnahme der klösterlichen Zucht bei, sicher gefördert durch die Reformation und der daraus resultierenden allgemeinen Verunsicherung tradierter Glaubensinhalte.

Der Erwerb der gewichtigen Erasmus-Ausgabe fiel in die Amtszeit des Pater Petrus von der Wijden, der seit 1548 für sechs Jahre als Klosteroberer wirkte. Bei seinem Amtsantritt fand er nach eigenen Angaben alles in trostlosem, bedauernswertem Zustand vor. Er meinte mit „alles" vermutlich die Disziplin, vielleicht waren aber auch die Brandschäden wegen akuten Geldmangels noch nicht beseitigt worden.

Für seine Strenge bekannt, sorgte von der Wijden dafür, dass ein frischer Wind im Kloster wehte, mit dem Erasmus wehte alsbald auch ein frischer, humanistischer Wind durch die Bibliothek. Auch im Dycker Ländchen machten sich wohl die erasmischen Tendenzen am Hofe des Wilhelm von Jülich-Kleve-Berg[1] bemerkbar. Konrad von Heresbach, der Lehrer Wilhelms, hatte den bedeutendsten der Humanisten, Erasmus von Rotterdam in Köln kennen gelernt und blieb ihm zeitlebens freundschaftlich verbunden. Unter seinem Einfluss zur Toleranz erzogen, bot Wilhelm im Düsseldorfer Schloss einer ganzen Reihe von namhaften Vertretern des Humanismus Schutz[2].

Um auch hier den Inhalt des Buches nicht aus den Augen zu verlieren, sei betont, dass es sich seinerzeit um eine sehr teure und wertvolle Ausgabe handelte. Erasmus hatte u. a. die vorliegenden Werke des Kirchenvaters und Bischofs von Mailand, Ambrosius[3] herausgebracht. Dessen Beitrag zur Theologie war bei seinen Zeitgenossen zwar umstritten, fand aber die volle Akzeptanz des Augustinus und wohl deshalb auch das Interesse der Brüder

1 (V. 1539-1592)

2 (Johann von Vlatten, Johann Weyer, Bekämpfer des Hexenwahns, Reiner Solenander, Kartograf, Stephanus Winandus Pighius)

3 (339-387)

aus St. Nikolaus. Für den Druck der Ausgabe hatte der berühmte Basler Drucker Hieronymus Froben gesorgt, der gut mit dem niederländischen Gelehrten befreundet war. Seine Offizin war von internationalem Rang, bekannt für ihre besonders schönen, nach italienischem Vorbild geschnittenen Drucktypen und der Schriften des Erasmus damit durchaus würdig. Inhalt und Einband der beiden Bände erfüllten seinerzeit also höchste Ansprüche, hoben sich deutlich von der konservativen scholastischen Literatur ab und werfen nun die zentrale Frage auf, ob denn die Tertiaren diese Lektüre überhaupt zu schätzen wussten. Welche Informationen stehen über das Leseverhalten, die Bildung und die Bibliothek der Klostermitglieder zur Verfügung?

IV.1 Klösterliche Bildung und das Leseverhalten der Franziskanertertiaren von St. Nikolaus

Die Quellen erweisen sich als widersprüchlich. Besonders Georg Allmang hat sich 1911 intensiv mit St. Nikolaus auseinandergesetzt. Seinen Ausführungen ist zu entnehmen, dass die Tertiaren sich ganz nach Franziskanermanier den praktischen Tätigkeiten gewidmet haben und am Studium wenig Interesse fanden. Folgerichtig soll die geistige Ausbildung von den Klosterinsassen nicht besonders gepflegt, immerhin aber auch nicht ganz vernachlässigt worden sein. (S. 48) Dazu passt, dass die wenigen Bücher, die sie angeblich besaßen, wenig Beachtung fanden.

Allmang verwarf die Erkenntnisse Heinrich Hubert Giersbergs, Pfarrer in Bedburdyck, der in seiner Schrift von 1883 den Tertiaren eine musterhafte priesterliche Führung und eine gediegene theologische Bildung bestätigt hatte.

Nach eigenen Angaben hat sich Allmang detailliert mit den Akten von St. Nikolaus auseinandergesetzt, während Giersbergs Erkenntnisse seiner Meinung nach auf der Basis einer Legende beruhen. Deshalb möchte man Allmang gern Glauben schenken, allerdings stört es die objektive Betrachtung empfindlich, dass niemand weiß, wie vollständig die Angaben der Tertiaren waren oder wie gründlich der Autor recherchiert hat. Welche

Informationen hielt er für erwähnenswert und welche hat er vielleicht ignoriert? Auch gibt zu denken, dass Allmang in hehrer wissenschaftlicher Konkurrenz kein gutes Haar an den Aufzeichnungen Giersbergs ließ.

Die Statuten des Nikolausklosters sind wohl nicht erhalten, aber aus vergleichbaren Tertiarenklöstern weiß man, dass Bücher zum Alltag gehörten. Auch in St. Nikolaus war es wohl üblich, täglich wenigstens bei den Mahlzeiten etwas Gutes und Erbauliches vorzulesen. Unsere Bücherfunde belegen Unverzichtbares wie Bibel und Brevier, daneben die Werke der Kirchenväter und Predigtsammlungen. Theologische Klassiker eben, wie sie in eine ordentliche Klosterbibliothek gehörten.

Als Autoren taten sich die Tertiaren aus St. Nikolaus nicht hervor. Dennoch erwarben sie sich Verdienste durch das Kopieren von Büchern. Zwei Patres sind bei Allmang namentlich überliefert. Im 15. Jahrhundert schrieben Pater Heinz Raem von Straelen (+28. Oktober 1451), und Pater Goeswin von Straelen (+1491). S. 48-49. Kalligraphische Qualitäten bewiesen auch die internen Verzeichnisse des Klosters.

In den Quellen unbenannt blieb ein Matthias Gelabbeeck, der 1462 den Text des Johannes Marchesinus kopiert hatte und sich am Schluss als Schreiber zu erkennen gab.

Mit den abschließenden Worten Amen, Gott sei Dank, freute er sich, die Arbeit endlich vollbracht zu haben. Später, von 1479 bis 1522 amtierte dieser Matthias von Gladbach für 44 Jahre als Klosteroberer. Seine aus Jugendjahren stammende Schrift lag mir in Darmstadt vor.

Als wählerisch erwies man sich in St. Nikolaus bei der Aufnahme der Brüder, neben der verlangten Mitgift hatten sie wohl Intelligenz einzubringen. Vor allem Petrus von der Wijden schien an seine Mitstreiter hohe Ansprüche zu stellen und hat neben den Mittellosen auch die Dummen gnadenlos ausgesiebt: Während seiner Amtszeit mussten von 36 eintretenden Personen 17 das Kloster wieder verlassen. S. 57f. Im 18. Jahrhundert verweigerten die Brüder sehr zum Ärger des Kölner Erzbischofs[4] einen personellen und finanziellen Beitrag zur neu gegründeten Bonner Akademie. Die jungen Leute die als Kleriker in das Kloster eintraten, erhielten ihre philosophisch-theologische Ausbildung in St. Nikolaus selbst. Zur gleichen

4 (Maximilian Friedrich Reichsgraf von Königsegg-Rothenfels, Erzbischof 1761 bis 1784)

Zeit leben im Kloster eine ganze Reihe von Patres als Lektoren der Philosophie, Theologie und Moral. Die Lektorenstühle waren 1830 angeblich in Schloss Dyck noch vorhanden, sind dort aber nicht auffindbar. S. 80.

Es ist nicht belegt, ob Sparmaßnahmen oder die selbstbewusste Überzeugung der eigenen optimalen Lehrtätigkeit die Tertiaren veranlassten, die Ausbildung selbst in die Hand zu nehmen. Allmang mutmaßt, dass man sich zumindest vorher und nachher wohl auf das Notwendigste beschränkt habe und äußert, dass die verlangte priesterliche Vorbildung keine allzu hohen Anforderungen an Geist und Verstand gestellt hätte. Immerhin räumt er ein, dass die Erweiterung und Vergrößerung der Bibliothek nicht ganz unbesorgt blieb.

Für deren Inhalt zeigten die Brüder schon seit Anbeginn reges Interesse und akzeptierten längst nicht alles, was sie an Stiftungen erhielten: Sie tauschten die ihnen weniger wichtigen, langweiligen Buchgeschenke gegen Wissens- und Lesenswertes ein. 1502 erhielt das Kloster 26 Bücher über kanonisches Recht, für das sich niemand erwärmen konnte. Man verkaufte die Bände an einen Rechtsgelehrten und schaffte dafür die Werke des hochgeschätzten Augustinus an. Auch ein Leben Jesu in vier Teilbänden fand keinen Anklang und wurde durch die Werke des Antoninus von Florenz ersetzt.

Allmang verrät wenig über die Bücherkäufe der nächsten Jahre. Er schreibt aber, dass sich der Truchsessische Krieg in den 1580er Jahren recht nachhaltig auf das Kloster auswirkte. Ein kostbares Missale für 35 Goldgulden, ein großes Graduale und drei Antiphonare wurden geraubt, die restlichen Buchdiebstähle hüllt er in ein geheimnisvolles „usw". Auch berichtet er, dass im Zuge der Plünderungen vorsorglich die wertvollsten Gegenstände (und Bücher gehörten zum wertvollsten Besitz) bei guten Bekannten untergebracht wurden und dass einige derselben das Zurückgeben vergaßen.

Erst ab 1750 verzeichnet das Rechnungsbuch lt. Allmang jährlich den Kauf von Sammelwerken und auch hohe Rechnungen für unbenannte Bücher. S. 106. Erstaunlicherweise erwähnt der Autor en passant, dass für einen Bucheinband, der nicht etwa sakralen Zwecken diente, sondern eine Weltgeschichte umschloss, die stolze Summe von 5 Reichstalern ausgegeben wurde. 3 bis vier Reichtaler investierte man jährlich in aktuelle Informationen, man gönnte sich die regelmäßige Lektüre der Postzeitung. Am eingangs erwähnten Desinteresse, das die Tertiaren angeblich ihrer Bildung und dem Studium entgegen brachten, kommen nun doch leise Zweifel auf. Ein Bibliotheksverzeichnis liegt allerdings nicht oder nicht mehr vor, auch waren keine Signaturenreste auf den Büchern der Tertiaren zu entdecken.

IV. 2 Spätere Besitzer, Säkularisationsakten und vorläufige Schlüsse

Nach der Säkularisation, teilweise wohl schon früher, wurden die Bücher der seit dem 15. Jahrhundert nachgewiesenen Bibliothek verkauft.

Die Bände aus der Diözesanbibliothek und auch die aus der Universitätsbibliothek Köln hatte 1804 ein Sammler aus der Region, Franz Johannes Theodor Rottels seiner Bibliothek einverleibt. Vermutlich war er ein Vorfahr des gleichnamigen philosophischen Pädagogen aus Neuss, der Pädagoge lebte von 1799– 1882. Der Bucheigentümer aber wurde schon 1762 geboren, war Vikar und ist im Alter von 67 Jahren (1828) gestorben.[5] Später gingen die beiden Erasmusbände über einige Umwege in den Besitz des Kölner Sammlers Gustav von Mevissen über.

Auch die übrigen Tertiarenbücher aus Rottels Bibliothek fanden ihre Abnehmer. Eines gelangte in die Hände des in Neuss geborenen Heinrich Wilhelm Prisack (1803-1890). Er wirkte als Seelsorger im Werdener Arresthaus und später als Pfarrer in Rheindorf bei Solingen. Aus seinem Nachlass ging das Buch an das Collegium Marianum in Neuss über. Zwei weitere Bände erhielten das Collegium Albertinum in Bonn und das Kölner Priesterseminar.

Die Handschriften aus dem Nikolauskloster, heute in Darmstadt, hatte ein Kölner in seinen Besitz gebracht, der sich Baron von Hüpsch nannte. Der gerissene Bücherhändler und -sammler war weder von Adel, noch vermutlich hübsch, auch brachte er seinen klangvollen Namen bald in Verruf. Bekanntlich hat er so manchem gutgläubigen Abt und Oberen die Klosterschätze noch vor der Säkularisation unter den unglaublichsten Vorwänden abgeschwatzt und nicht selten kurz darauf gewinnbringend verhökert.

5 (belegt in der Rheinischen Totenzettelsammlung (Herbert Schleicher, Bd. IV, S. 181 und Tücking Geschichte 1890).

Getilgte Besitzvermerke deuten auch im Fall der Handschriften aus der Bibliothek der Tertiaren darauf hin, dass der Baron – wie so oft – die Bücher auf denkbar undurchsichtige Weise erworben hatte.

1803, zwei Jahre vor seinem Tod hatte er einen Teil seiner Kollektion dem Landgrafen von Hessen-Darmstadt verkauft, und – was die Kölner Bibliothekare trotz des fragwürdigen Erwerbs sehr schmerzt - auch den Rest nicht etwa der Stadt seines Wirkens, sondern dem Landgraf testamentarisch überlassen.

Das letzte ermittelte Buch, eine Handschrift mit den Werken des Bernhard von Clairvaux, hat dem katholischen Geistlichen Johann Heinrich Küpper (1767-1836) aus Neuss gehört und befindet sich heute im Privatbesitz der Erbin des Neusser Fabrikanten Friedrich Schram. (Friedrich Wilhelm Oediger, Bestandsübersicht der Kölner Klöster und Stifte, 1964)

Es wäre interessant, die Bibliothek der Tertiaren zu rekonstruieren. Im Allgemeinen gilt das öffentliche Interesse den Prachtexemplaren fürstlicher Buchbestände, ohne zu erinnern, dass diese Kollektionen vielfach reine Prestigeobjekte waren.

Dagegen gewährleisteten vor allem die Klosterbibliotheken, solange die geistigen, wirtschaftlichen und politischen Voraussetzungen gegeben waren, die Überlieferung des seinerzeit aktuellen Bildungsguts. Die lutherische Reformation, Kriege, Brand und Plünderung, im Fall der Tertiaren auch Geldnot und Diebstahl sorgten für Buchverluste. Wie man aber aus der Geschichte der Konvente weiß, kümmerten sich engagierte Äbte um die Wiederbelebung der klösterlichen Zucht und Bildung, bei den Tertiaren war es Petrus von der Wijden.

Die ursprüngliche Ordensidee der Franziskaner schrieb ein Denken, Wirken und Leben in Armut vor. Sie intendierte nicht das Studium und die wissenschaftliche Arbeit der Ordensmitglieder.

Auch die Regel, dass die Bettelmönche kein Geld, sondern nur Sachspenden annehmen durften, förderte die Bildung von Büchersammlungen nicht. Und doch spielte der Buchbesitz für sie eine große Rolle. Emsige Bücherkäufe widersprachen dem Gesetz der Armut keineswegs, das Studium der frommen Schriften geschah zur Ehre Gottes und gehörte durchaus zur persönlichen Jenseitsfürsorge: Durch fleißiges Kopieren, Illustrieren und

Studieren der Bücher sicherte man sich die göttliche Gnade am Jüngsten Tag. Die Tertiaren von St. Nikolaus haben ihr erworbenes Wissen nicht schriftlich als Autoren vermittelt, sondern praktisch in der Ausbildung angewandt, sie lehrten.

Keines der Fundstücke weist einen persönlichen Besitzeintrag der Klostermitglieder auf, Bücher waren Eigentum des Ordens. Man erwarb sie als Gegenstände des Gebrauchs und des Verbrauchs, meist wurden sie ausgesondert oder veräußert, sobald sie veraltet waren. Das „schlecht lesbare handgeschriebene Zeug" ersetzte man durch Druckausgaben und nahm es im 15. und 16. Jahrhundert aus heutiger Sicht barbarisch auseinander, um mit den Pergamentseiten die Einbände der neuen Drucke zu verstärken. Zum Überlieferungsschwund gerade in den Franziskanerbibliotheken trugen also nicht nur Kriege und Geldnot, sondern auch die Mendikanten selbst bei.

Im Gegensatz dazu legen die abgenutzten Besitzstempel auf den Einbänden des Nikolausklosters ein beredtes Zeugnis ausgeprägter Bücherliebe ab. Mit aller Sicherheit wurden sie nicht nur für wenige Ausgaben angeschafft; im Gegenteil beweist ihr Abrieb den regen Gebrauch. Vergoldete Stempel sprechen für die besondere Wertschätzung des Inhalts.

Dass sich außerdem auf Anhieb und ohne aufwendige Recherchen Bücher aus St. Nikolaus gleich an mehreren Orten gefunden haben, legte nahe, dass die Klosterbibliothek doch umfangreicher war und die Tertiaren doch mehr Wert auf ihre Bücher und Bildung legten, als man bisher dachte. Möglicherweise war das Nikolauskloster nicht nur Zentrum der Verwaltung, sondern auch ein geistiger und kultureller Mittelpunkt der niederrheinischen Franziskanerprovinz.

Ein Gang ins Hauptstaatsarchiv in Düsseldorf brachte neue Erkenntnisse. In den Säkularisationsakten der französischen Verwaltung am Niederrhein fand sich eine Inventarliste der Besitztümer des Nikolausklosters, ausgestellt am 26. Thermidor im 10. Jahr der Republik. Nach unserem Kalender war es der 14. August 1802.

Gemäß den Einträgen des zuständigen Kommissars standen zu diesem Zeitraum immerhin noch 1200 Bücher in der Klosterbibliothek. Wahrscheinlich kamen sie später, um 1804, als konfisziertes Besitztum unter den Hammer. Der veranschlagte Wert der Bibliothek betrug ganze 40 Francs, zum Preisvergleich sei erwähnt, dass ein Pferd auf etwa 33 Franc, eine Kuh auf 18 1/2 Franc taxiert wurde, 2, 15 Franc entsprachen einem rheinischen Gulden, ein Tagelöhner musste für etwa 10 rheinische Gulden einen Monat lang arbeiten. Wertvolle Bücher, Handschriften oder eine Weltgeschichte mit kostbarem Einband waren nicht verzeichnet. Die klugen Tertiaren hatten sie dem Zugriff der Kommissare entzogen und bereits vor der Bestandsaufnahme verkauft – und hoffentlich nicht alle an den Baron von Hüpsch.

Was also bleibt zu tun? Die Bibliothek ist gründlich verstreut, ein großer Teil der Bände wird sich so schnell wohl nicht nachweisen lassen. Manche der Bücher befinden sich sicher heute noch in privater Hand. Erschwerend kommt hinzu, dass die besonders wertvollen Objekte, die bereits im 16. Jahrhundert gestohlen wurden, aus strategischen Gründen keine Besitzvermerke mehr aufweisen dürften. Es wäre übertrieben, demnächst jedes Missale und Antiphonar misstrauisch als Diebesgut zu beargwöhnen, immerhin aber doch ratsam, darauf nach den beschriebenen Einbandstempeln Ausschau zu halten. In diesem Zusammenhang sind noch die Klosterakten auf die Titel der gestohlenen Bände zu überprüfen, die Allmang alleingeheim als „usw „verwaltete. Das Stempelmaterial kann in Verbindung mit den Verzeichnissen der Tertiaren die Provenienz sichern.

Den wissenschaftlichen Nachweis für die Quantität der Franziskanerbibliothek lieferten bisher wenigstens ungefähr die Akten der Säkularisation. Da man bezweifeln muss, dass es in St. Nikolaus einen Bibliothekskatalog gab, können nur die Originale auch die Qualität des Buchbestandes bezeugen. Nicht nur im Sinne von Herrn Bleske, sondern auch im Interesse der Regionalgeschichte und der Einbandforschung lohnt es sich also, den Büchern der Tertiaren und den Arbeiten ihrer Buchbinder weiterhin Aufmerksamkeit schenken. Einige der Einbände warten bereits in Wolfenbüttel und Berlin darauf, ihre Geschichte zu erzählen.

Zu guter Letzt sei erwähnt, dass die Bibliothek des Nikolausklosters mittlerweile viele Freunde und Anhänger gefunden hat, die meine Arbeit mit Rat oder Tat, oft auch gleich mit beidem unterstützt haben.

Die Archivare aus Düsseldorf und Brauweiler waren so freundlich, mir Aktenmaterial zur Verfügung zu stellen, Herr Dr. Andreas Freitäger aus dem Universitätsarchiv Köln sorgte dankenswerterweise dafür, dass ich mich im Aktenlabyrinth nicht verirrt habe.

Gefreut habe ich mich über das Entgegenkommen der Bibliothekare Frau Dr. Silvia Uhlemann aus der ULB Darmstadt und Herrn Harald Horst aus der Diözesan- und Dombibliothek Köln. Unserem Direktor, Herrn Prof. Wolfgang Schmitz, verdanke ich zahlreiche wertvolle Hinweise und die kritische Durchsicht des Konzepts. Die namhaften Genealogen Herr Herbert Schleicher und Herr Lothar Müller-Westphal haben eigenhändig umfangreiche Literatur auf der Suche nach dem Kronenwappen gewälzt. Den Gastgebern und Organisatoren des heutigen Abends danke ich sehr für die arbeitsintensiven Vorbereitungen und die großartige Kulisse. Mein artigster Dank gebührt meinem Mann, der seit Monaten unsere Freizeit mit den Tertiaren teilen musste und viele Kilometer gefahren ist, damit ich meinen Studien nachgehen konnte.

Anhang

Liste der bisher ermittelten Bände aus dem St. Nikolauskloster

Diözesanbibliothek Köln

1. Bernardinus Senensis: Sermones de evangelio aeterno. Basel, Johannes Amerbach, nicht nach 1489 GW 3886 H2887 Polain (B) 562 BMCII,752 (IB. 37464) Goff B 349 Sack 553 BSB-Ink B300 DIK 156 Provenienz und Besitzeintrag: Liber Fratres tertiae Regulae Sancti Francisci domus Sancti Nicolai prope ter dickt Bedburdyck, Pappband, 19. Jh. Signatur: Inc d 52
2. Caesarius Heisterbacensis. Dialogus miraculorum. Köln, Ulrich Zell, 1473 GW 5880, H4230, VK300, Polain (B) 955, BMC I, 195 (IB 2988) Provenienz: und Besitzeintrag Bedburdyck Signatur: Inc. d 54
3. Gerson, Johannes: Opera, Straßburg, Grüninger? P. 3: VIII. Id. Sept 1488 GW 10714. HC 7622, 1–3, Provenienz: Bedburdyck Franziskaner Liber Fratres tertiae Regulae Sti. Francisci domus Sti. Nycolai prope castrum ter dickt dioecesis coloniensis

4./5. Gerson, Johannes: De laude scriptorum...P. 1–2. Basel, Nikolaus Kessler: P. 1: 4. Id. Mart. 1489; P. 2: XII. Kal. Apr. (21. März) 1489 GW10715; HC7624; Polain (B) 1591; Campbell 810; BMCIII, 767 (IB. 37613) Goff G 187; Sack 1536; BSB-Ink G 184; DIK440 Provenienz: Bedburdyck, Franziskaner Signatur: Inc. d 91 (1) (2) Liber Fratres tertiae Regulae Sti. Francisci domus Sti. Nycolai prope castrum ter dickt dioecesis coloniensis

6. Sammelhandschrift, 15. Jh. zweispaltig: Antonius de Azaro <Parmensis>: Sermones; Notizen zu Inhalt mir zahlreichen Glossen; Gesta Romanorum, Episteln. Handschriftencensus Rheinland S. 709 Papier und einige Pergamentblätter, 199 Bl. Signatur: Codex 1001 (nicht 1001a, falsch bei Lenz), wohl Bedburdyck

Historisches Archiv Köln

7. Handschrift: aus St. Vitus Guilelmus Peraldus, 1451/1500 Papier, 268 Bl. 29,5 x 21,5 cm gebunden in Bedburdyck? Werkzeug = Krone in Darmstadt aus Bedburdyck oder Gladbach, wie Diözesan- und Dombibl. Codex 1001 Besitzvermerk aus 16. Jh. Liber iste pertinet Hermanus Lemmem (wahrscheinlich Lemmen) von anderer Hand: et dederunt monasterio Sancti viti. Gladbacher Schnittsignatur aus 18. JahrhundertSignatur: W 273

Universitäts- und Stadtbibliothek Köln

8. Lat. Biblia, Lyon, Savore, 1536, angeb.:Hebraica, Chaldaea ... nomina virorum, Lyon, de Portenariis 1536 Index copiosissimus rerum et sententiarum utriusque testamenti, Lyon sub insigni Salamandri, 1545 Aus: St. Vitus mit den Werkzeugen von Buchbinder mit Wappenrolle 1540 Signatur: GBIV3531

ULB Darmstadt

9. Gregorius Magnus, Moralia in Job. Papier, 227 Bl. 29 x 21 cm, vermutlich Bedburdyck, um 1470 Gladbach ist auszuschließen, weil keine Schnittsignatur. Auf Bedburdyck weist auch Nachbarhandschrift Hs 361 hin. Stempel: Barbara, IHS, Lamm, Steinbock, Lilie, Ranke, Evangelisten, Adler im Viereck, Buchbinder mit Wappenrolle 1540

Ohne Besitzeintrag

Signatur: Hs 360

10. Johannes Marchesinus, Mammotrectus, Papier, 214 Bl. 29 x 20,5 cm, geschrieben in Bedburdyck 1462 Auf dem Vorsatzblatt Besitzeintrag des 15. Jh.s überstrichen, Bedburdyck: Liber fratrum pp ter dyckt. Signatur: Hs 361
11. Guilelmus Peraldus, Summa de vitiis, 236 Bl. 29,7 x 21 cm, Bedburdyck 1466 Herkunft aus dem Kloster St. Nikolaus ist nicht zweifelsfrei gesichert. Sie lässt sich nur erschließen aufgrund der Verwendung gleicher Blindstempel auf den Bänden Hs 361 und Hs 685. Signatur: Hs 518
12. 1. Augustinus, Confessiones; 2. Gerardus de Vliederhoven: Cordiale sive de quattuor novissimis, Papier 209 Bl. 21,5 x 14,0 mm, Bedburdyck 1464 Provenienz: Überschmierter Besitzeintrag des 15. Jh.s auf dem Vorsatz: St. Nicolaus prope ter dickt. Stempel Krone Signatur: Hs 685
13. Brevier, Köln, St. Kunibert, 1409, Pergament, 506 Blätter, 15,8 x 11, 2 cm. Besitzeinträge radiert und überschrieben, ab 1600 Stiftskirche Glehn Wappenrolle 1540 Signatur: Hs 977
14. Thomas Cantipratensis, Bonum universale de apibus, 15. Jh., 2. Hälfte Papier, 172 Blatt, 21,5 x 14,5 cm Provenienz: Herkunft aus dem Tertirierkloster St. Nikolaus zur Trifft zu Bedburdyck nicht zweifelsfrei gesichert. Sie lässt sich nur erschließen aufgrund gleicher Stempel auf dem Einband von Hs 685, in dem der überstrichene Besitzeintrag auf diese Provenienz deutet. Signatur: Hs 691

Universitäts- und Stadtbibliothek Köln

15./16. Ambrosius, Opera. 1538, Froben, Basel, Provenienz und Besitzeintrag: Bedburdyck (s. Vortrag) Wappenrolle 1540, Signatur: Mevissen 3-1/3 und 4/5 Hauptstaatsarchiv Düsseldorf
17. Handschrift Bernhard von Clairvaux, Opera Provenienz: Bedburdyck

Außerdem vermutlich vom Buchbinder mit der Wappenrolle gebunden:
Kopiar des Nikolausklosters.

Universitäts- und Stadtbibliothek Köln:

Mevissen 3 Band 1/3 (oben)
und 4/5 (unten), Gesamtansicht und Details

GBIV3531 (Ausschnitte)

Diözesan- und Dombibliothek Köln:

Inc d 54

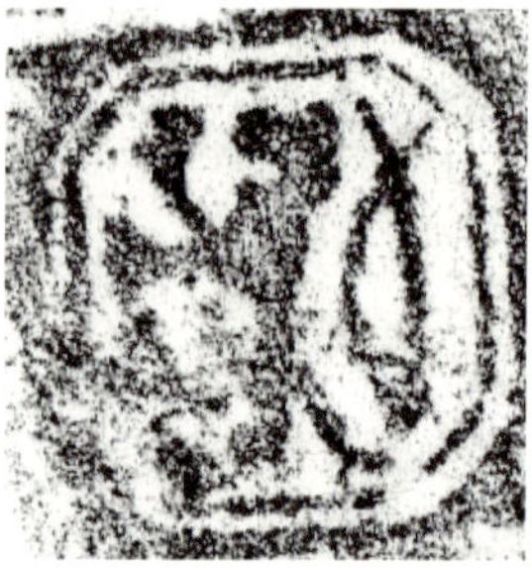

Codex 1001: Einzelstempel Löwe und Melusine (EBDB s032979) EBDB w004288

Universitäts- und Landesbibliothek Darmstadt

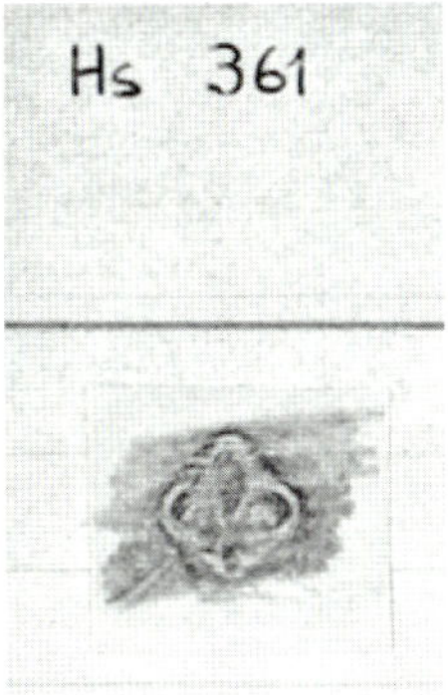

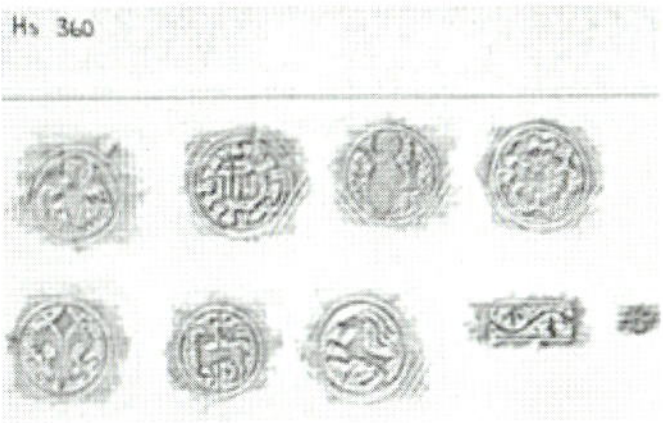

EBDB w004288

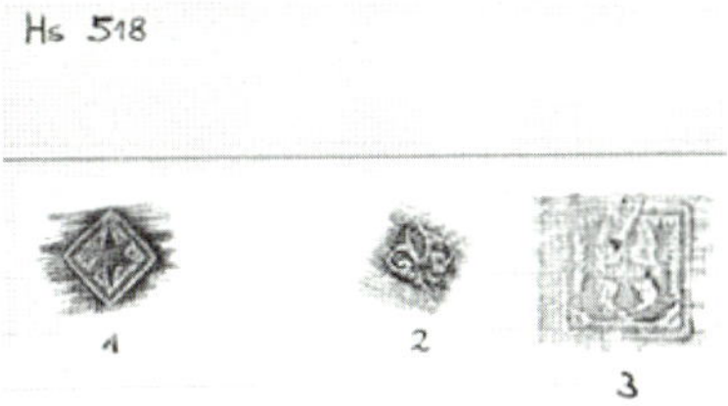

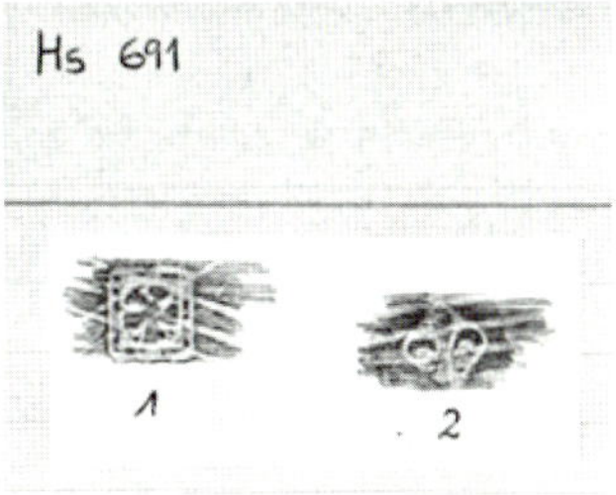

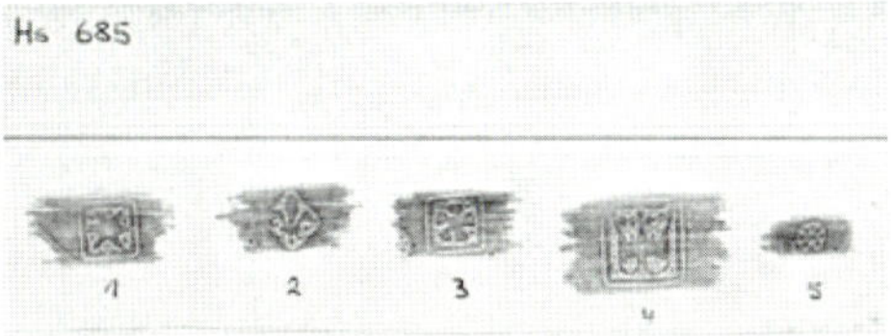

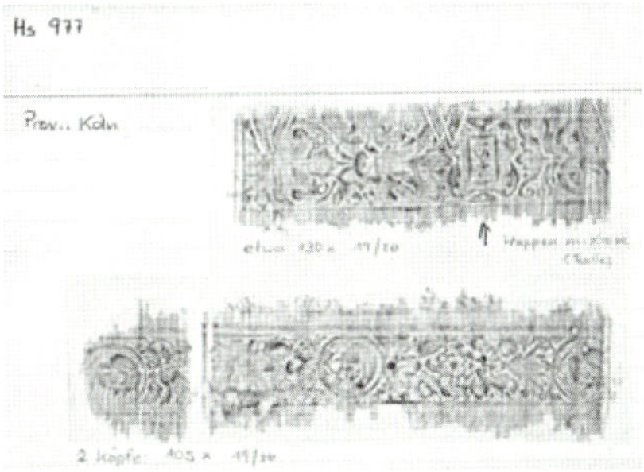

1569

»zum ansehen, zum zeugnis, zum gedechtnis, zum zeychen«[1]

Reformatorische Ikonographie auf den Büchern der Kölner Evangelischen Gemeindebibliothek und der Bibliothek des Stadtkirchenverbandes

Die Provenienzen protestantischer Drucke in Kölner Bibliotheken

Neben der umfangreichen Sammlung an moderner theologischer Literatur durfte die Universitäts- und Stadtbibliothek Köln mit den Büchern der beiden kirchlichen Institutionen eine herausragende, separat aufgestellte Kollektion von etwa 360 Drucken aus dem 15. bis 19. Jahrhundert übernehmen. Erwartungsgemäß hüteten die Bibliothekare in diesem Bestand überwiegend protestantisches Schrifttum, unter zahlreichen reformatorischen Werken fanden sich aber auch einige untrennbar mit der Kölner Kirchengeschichte verbundene Kontroversschriften aus der Zeit des Glaubenskampfes. Die großzügigen Geschenke bereichern nicht nur die Bestände der USB in eindrucksvoller Weise, etliche der Titel waren in den überregionalen Katalogen nur selten, manche für Nordrhein Westfalen noch gar nicht nachgewiesen und ergänzen nun die Bücherschätze landesweit. Wie die Besitzstempel belegen, gelangte ein Gutteil der Bände über das ehemalige Kölner Synodalarchiv[2] und die bis etwa 1819 existierende Kölnische Bibelgesellschaft[3] in die Bibliotheken der Kölner Gemeinde und des Stadtkirchenverbandes. Die erhalten gebliebenen Widmungen und

1 D. Martin Luthers Werke, Kritische Gesamtausgabe, Bd. 1, Weimar 1883f., Bd. 18 (1908) S. 80, Z. 7. Im Folgenden zitiert WA.

2 Magen, Ferdinand: Der Kirchenkreis Mülheim am Rhein. Rödingen 2002, S. 144–149. Zur Synode des Kölner Regierungsbezirks s. a.: Das evangelische Köln, hrsg. vom Evangelischen Stadtkirchenverband, Köln 1965.

3 Vgl. in diesem Buch: Beitrag von Dr. Andreas Freitäger. S. a.: Brückmann, Hans: Die Bibelverbreitung im Rheinland. Köln 1989, S. 54 und S. 192.

Kaufeinträge evangelischer Pfarrer und Missionare lassen vermuten, dass den Kirchenbibliotheken etliche Nachlässe und Schenkungen aus privater Hand zukamen. Wenige Notizen dokumentieren die Herkunft aus Auktionen, doch auch Klosterprovenienzen und Hinweise auf katholische Erstbesitzer in den Büchern evangelischer Eigentümer deuten auf den antiquarischen Erwerb mancher Drucke hin. Ob aber einer der Vorbesitzer oder erst die kirchlichen Einrichtungen sie kauften, muss vielfach wegen fehlender Nachweise und Datierungen im Bereich der Spekulation bleiben.

Geschenkvermerke der Drucke des 16. und 17. Jahrhunderts weisen nach Schwaben, Thüringen, Sachsen und in die Pfalz, mit mehreren Bucheigentümern ist das Rheinland, vor allem das protestantische Bergische Land vertreten. Sogar im katholischen Köln hatte sich seit 1565 heimlich die erste von drei reformierten, seit 1575 eine lutherische Gemeinde niedergelassen[4], unter deren Mitgliedern einige weitere der damaligen Besitzer zu suchen sind.

Die übernommenen wie auch die in der USB verwahrten Bestände veranschaulichen, dass protestantische Schriften nicht nur während und nach der Reformversuche Hermann von Wieds (1477–1552; Erzbischof von 1515–1547) und des Gebhard Truchsess von Waldburg (1547–1601; Erzbischof von 1577–1583) in der Domstadt kursierten, überliefertes Aktenmaterial vermittelt »dass [bereits in den ersten Jahren der Reformation] in größerem Umfang lutherische Literatur nach Köln einströmte oder auch hier hergestellt wurde«[5]. Streng hatte der Kölner Rat den Druck, Vertrieb und Besitz protestantischer Schriften untersagt, doch Zensurordnungen und selbst empfindliche Strafen vermochten den schwunghaften Handel nicht zu unterbinden. Beauftragte des Rates, Inquisitoren und Angehörige der Universität überprüften regelmäßig die anrüchigen Werke, aber Drucker und Verkäufer wussten die Kontrollinstanz immer wieder geschickt zu umgehen. Sogar im Dom sollen die Schriften Luthers feilgeboten

4 Schmitz, Wolfgang: Die Überlieferung deutscher Texte im Kölner Buchdruck des 15. und 16. Jahrhunderts. Habil.-schrift Köln 1990, S. 137; Kölnische Konsistorial-Beschlüsse, hrsg. v. Eduard Simons, Bonn 1905 (= Publikationen der Gesellschaft für Rheinische Geschichtskunde XXVI) S. 1–34; Löhr, Rudolf: Kölner Kirchenpapiere. Köln 1976. Darin: Entstehen und Weg der vier heimlichen Gemeinden [d. h. der hochdeutschen, niederländischen und französisch sprechenden reformierten und der lutherischen Gemeinde] S. 9–12.

5 Schmitz, Überlieferung (wie Anm. 4) S. 124.

worden sein[6]. Die offensichtlichen Missstände der etablierten Kirche weckten das Interesse der Studenten und lesekundigen Bürger für die alternative, gesellschaftliche wie religiöse Umwälzungen mit sich bringende Lehre. Darüber hinaus sorgten vermutlich die Neugier und der Reiz des Verbotenen auch außerhalb des Kreises der Anhänger für eine breite Leserschaft[7].

Finanzkräftige Buchführer organisierten und beherrschten das gesamte Buchgeschäft der Stadt. Mit der Herstellung ihrer Ware beschäftigten sie gleich einen ganzen Stab von Dienern und an sich selbstständigen Druckern, auch ausländische Offizinen leisteten mitunter in ihrem Auftrag einen Beitrag zur Druckproduktion. Auf den Buchmessen, meist in Frankfurt, erstanden die Buchführer zur Vervollständigung ihres Sortiments die Erzeugnisse der Konkurrenz. Unter den einflussreichen Druckern und Verlegern tat sich vor allem Peter Birckmann mit der Vermarktung der ketzerischen Lektüre hervor. Obwohl auch die auf der Messe angebotene Literatur der steten Überprüfung der Behörden unterlag, kaufte er dort, wie ein Messregister Sigmund Feyerabends von 1565[8] verzeichnet, weitaus mehr lutherische als katholische Texte ein. Da die Bücher in der Regel ungebunden gehandelt wurden, arbeiteten einige Buchbinder selbstständig, aber – sehr zum Ärger ihrer Kollegen – ohne eigenes Risiko im Interesse der Buchführer. Alsbald witterte die Obrigkeit verbotene Werke auch in den Buchbindereien, und die Meister mussten sich regelmäßige Hausdurchsuchungen gefallen lassen[9].

Kataloge, Signaturen und Besitzeinträge weisen nach, dass die reformatorischen Schriften in der USB nicht selten aus den Beständen der Kölner Konvente stammen, hinter deren Mauern man eher einen weniger verfänglichen Lesestoff erwarten sollte. Als Zentren der Gegenreformation verteidigten die monastischen Gemeinschaften jedoch leidenschaftlich die Regel

6 Ebd., S. 125

7 Dazu s. auch: Quarg, Gunter; Schmitz, Wolfgang: Martin Luther und die Reformation in Köln. Ausstellung vom 10. Okt. bis 12. Nov. 1983. Köln 1983.

8 Pallmann, Heinrich: Ein Meßregister Sigmund Feyerabends aus dem Jahre 1565. In: Archiv für Geschichte desDeutschen Buchhandels 9 (1984) S. 5–46, s. S. 5.

9 Schunke, Ilse: Der Kölner Rollen- und Platteneinband im 16. Jahrhundert. In: Beiträge zum Rollen- und Platteneinband im 16. Jahrhundert. Konrad Haebler zum 80. Geburtstage am 29. Okt. 1937 gewidmet. Leipzig 1937 (= Sammlung bibliothekswissenschaftlicher Arbeiten, Heft 46) S. 311–397, s. S. 350.

der römischen Kirche, und da das Wissen um die Taktik des Gegners zu den wirksamsten Strategien im Glaubenskampf gehörte, wurden die anstößigen Bücher zur Information und als antiprotestantische Argumentationshilfe herangezogen.

Auch die übernommenen Bibliotheken enthielten vereinzelt evangelische Drucke aus den Kollektionen deutscher Katholiken. Sie unterscheiden sich allerdings deutlich von den protestantischen Schriften aus den Kölner Klöstern, in denen man sich besonders gewissenhaft darum bemüht hatte, ungehörige Passagen der Texte auszustreichen oder zu überkleben. Selbst wenn das Werk an sich keinen Anlass zur Beanstandung gab, erinnerte man die Leser der Bücher verdächtiger Verfasser doch gern mit dem Vermerk ›autor damnatus‹ oder ›haereticus‹ daran, diese Lektüre mit der gebotenen Vorsicht zu genießen. Auch pflegten die Mitglieder der Kölner Kommunitäten delikate Einzelheiten auf den Titelholzschnitten und -kupfern sorgfältig, in manchen Orden sogar mit einer gewissen Akribie, zu schwärzen oder gleich konsequent auszuschneiden. Die drastischen Maßnahmen sicherten zwar das Seelenheil, nicht immer aber das Textverständnis der Leserschaft. Von einigen getilgten Besitzeinträgen abgesehen, kamen die einschlägigen Schriften katholischer Provenienz in den evangelischen Bibliotheken ungeschoren davon, sie entgingen jeder Zensur.

Abgeriebene Einbände und zahlreiche Reparaturen geben Zeugnis vom regen Gebrauch der meisten Bücher aus protestantischem Besitz. Leider gingen bei den Instandsetzungen mancher Bände mit den vorderen Vorsatzpapieren vermutlich vorhandene Einträge verloren, sodass sich frühere Provenienzen heute nur noch bedingt nachvollziehen lassen.

Intakt gebliebene Schließen lassen die Aufbewahrung etlicher Schriften auch in weniger frequentierten Sammlungen vermuten. In öffentlichen Buchbeständen ist es um den Erhalt der Klausuren im Allgemeinen schlecht bestellt. Die Verluste sind u. a. darauf zurückzuführen, dass seinerzeit die Bücher nicht, wie heute, mit dem Buchrücken, sondern mit dem Schnitt zum Betrachter in den Regalen lagen oder Aufstellung fanden[10]. Den Beweis liefern handschriftliche, seltener auch geprägte Vermerke zum

10 Quarg, Gunter: Vom Kettenbuch zur Collage. Bucheinbände des 15. bis 20. Jahrhunderts aus den Sammlungender Universitäts- und Stadtbibliothek Köln. Köln 2002, S. 78.

Buchtitel, der Aufstellungssystematik oder der Signatur, mit denen die Buchbinder oder Eigentümer diese ›Vorderseite‹ zur Orientierung des Benutzers versahen. Hier liegt der Verdacht nahe, dass viele Leser die Schließenarme als Griff missverstanden, um den Band aus dem Regal zu ziehen[11]; je nach Gewicht der Folianten hielt das ohnehin stark beanspruchte Leder der Schließenriemen dem Procedere nicht lange stand. Private Eigentümer dagegen erwarben ihre Bücher erfahrungsgemäß nicht ausschließlich zu Studienzwecken; sie wussten auch deren bibliophilen Wert zu schätzen und gingen deshalb behutsamer und pfleglich damit um.

Der größte Teil der Beschläge, Schließenarme und -lager in öffentlichen Beständen fiel allerdings später fragwürdigen konservatorischen Maßnahmen der Bibliothekare zum Opfer. Aus Sorge, die Armaturen könnten bei unsachgemäßer Entnahme das Leder der benachbarten Bände auf den Bücherborden beschädigen[12], wurden die störenden Metallstücke rücksichtslos entfernt.

Sehr zur Freude der Einbandforscher und Schließenexperten haben außer den Erstbesitzern auch die Verwalter der evangelischen Bibliotheken von der destruktiven Bestandspflege abgesehen und gelegentlich sogar beschädigte oder fehlende Klausurenteile reparieren und vervollständigen lassen.

Schließlich weist die Mehrzahl der übernommenen Bücher noch komplett oder teilweise erhaltene Originaleinbände auf. Stimmig präsentiert sich der charakteristische Stempelschmuck der Reformation auf meist reformatorischer und unzensierter Literatur. Protestantisch interpretierte biblische Szenen und Personen finden sich neben den Allegorien der Tugenden unbehelligt und konfessionsübergreifend sogar auf den Buchdeckeln der katholischen Schriften. So bietet der wertvolle Bestand eine willkommene Vervollständigung auch der Digitalen Einbandsammlung[13] unseres Hauses und, da geteilte Freude sich bekanntlich verdoppelt, die Gelegenheit, einige historisch relevante Stücke mit ausführlichen Beschreibungen zu würdigen.

11 Schlüter, Ulrich; Wetten, Otmar: Ein altes Buch und seine Restauratoren. In: Buchpaten gesucht. Zweite Buchpatenaktion. Forschungsinstitut für Mittelalter und Renaissance der ULB Düsseldorf. Ebd. 1998 (= Schriften der Universitäts- und Landesbibliothek Düsseldorf 29) S. 109.

12 Heinrich Schreiber, Einführung in die Einbandkunde. Leipzig 1932, S. 51.

13 Die Adresse lautet http://einbandsammlung.ub.uni-koeln.de.

Zum Verständnis und zur kritischen Betrachtung der typischen Einbandmotive in ihrem historischen und künstlerischen Stellenwert seien Ursprung, Entwicklung und Inhalt der reformatorischen Bilderwelt – bereits Gegenstand zahlreicher Veröffentlichungen – noch einmal zusammengefasst.

I. Das protestantische Bildprogramm

a. Luthers Standpunkt zu den Bildern

Die puristisch gestalteten Räume reformierter Kirchen erwecken den Anschein, dass Protestanten schon immer auf jegliches Bildwerk verzichtet haben. Tatsächlich aber waren die lutherischen Gotteshäuser noch im 18. Jahrhundert oftmals bunt ausgemalt und mit Tafelbildern, Epitaphien und Altargemälden geschmückt[14]. Der Reformation aufgeschlossene Fürsten, Gemeindemitglieder, der Stadtrat oder die Zechpflegen beauftragten Künstler und Kunsthandwerker mit der Ausstattung. Auch beließ man nach der Übernahme katholischer Kirchen nicht selten die vorhandene Einrichtung, versah die Kunstwerke dann aber mit erläuternden Beschriftungen im evangelischen Sinne oder änderte ihre Anordnung ab.

Für die Leitfigur der Reformation, Martin Luther, lagen Bilder als solche außerhalb von Gut und Böse und waren damit moralisch wertneutral: »Die Bilder seindt weder sonst noch so, sie seindt weder gut noch böse, man mag sie han oder nit haben«[15]; zur Verbreitung seiner Theologie war ihm nicht das Bild, sondern das Wort maßgebend. Besser als die bildnerische Umsetzung der neuen Lehre gefiel ihm neben der Predigt die vertonte Version in Form der Kirchenlieder[16]. So hielt er es folgerichtig nicht für notwendig, eine Bilderlehre zu formulieren; Luthers Kommentare zu

14 Haebler, Hans Carl von: Das Bild in der evangelischen Kirche. Berlin 1957, S. 12; s. a.: Harasimowicz, Jan: »Scriptura sui ipsius interpres«. Protestantische Bild-Wort-Sprache des 16. und 17. Jahrhunderts. In: Text und Bild, Bild und Text. DFG-Symposion 1988. Stuttgart 1990 (= Germanistische Symposien. Berichtsbd. 11) S. 262–282, s. S. 264–265.

15 WA, Bd. 10, Abt. 3 (1905) S. 35, Z. 7–9.

16 Haebler, Bild (wie Anm. 14) S. 12.

diesem Thema finden sich über 70 seiner Schriften, Predigten und Tischreden verstreut. Wo immer Anlass zu einer Stellungnahme bestand, beurteilte er die Bilder unter verschiedenen Aspekten, deshalb kam es manchmal zu widersprüchlichen Äußerungen. Schwärmte der Reformator einerseits von der demonstrativen Darstellung biblischer Szenen »ja wollt Gott, ich kund die herrn und reychen da hyn bereden, das sie die gantze Bibel ynnwendig und auswendig an den heusern vor yedermans augen malen liessen, das were eyn Christlich werck«[17], überdachte er andernorts »wiewol ich wollte, die Bilder weren in der gantzen Welt abgethan«[18].

Luther erkannte die Problematik im Gebrauch der Darstellungen – nicht sie selbst richteten Schaden an, wohl aber der Missbrauch, den man mit ihnen trieb. So lehnte er auch das Stiften von Bildern ab, »dann wer wollte ein höltzen oder silbern bilde in der kirchen setzen, wenn er nit gedechte, got eynen dienst daran zethun«[19]. Nachdrücklich kritisierte er den Prunk der katholischen Kirche und ihre Bemühungen, mit Gnaden- und Wunderbildern als irdische Vorboten himmlischen Glanzes übersinnliche Sphären zu schaffen und Situationen verklärter Anbetung zu evozieren. Trotzdem erwähnte Luther das Bilderverbot nie ausdrücklich in seinen Katechismen, er entschärfte sogar das zweite Gebot, nach dem sich der Gläubige »kein Bild machen«[20] darf, und hing es als Zusatz an das erste, das verbietet, Götzen anzubeten[21]. Um dennoch die Zehnzahl zu bewahren, teilte er das letzte Gebot.

Radikalere Reformatoren sahen in der Darstellung Gottes wie auch in der Verherrlichung der Gottesmutter und der Heiligen das ursprüngliche zweite Gebot missachtet. Ihre Furcht vor der dämonischen Macht der Bilder, an die Stelle Gottes treten zu können, sollte bald, angezettelt von Luthers ehemaligem Mitstreiter Andreas Bodenstein von Karlstadt (1480–1541) und in ähnlicher Form nachvollzogen von Huldrych Zwingli (1484–1531) und Johannes Calvin (1509–1564), zum Ikonoklasmus führen. Dieses Treiben entsprach keineswegs der Überzeugung Luthers. Wiederholt verurteilte er

17 WA, Bd. 18 (1908) S. 83, Z. 3–5.
18 WA, Bd. 10, Abt. 3 (1905) S. 31, Z. 13–14.
19 WA, Bd. 10, Abt. 3 (1905) S. 31, Z. 10–11.
20 2 Mos 20,4.
21 Ebd., 20,2.

den Vandalismus, hinterfragte auch: »Denn wenn wir alles wolten verwerffen, des man missbraucht, was würden wir fur ein Spiel zu richten?«[22]und distanzierte sich z. B. mit einem kurzen Vorwort zu seiner 1522 bei Ulhart erschienenen Schrift »Von menschen leeren zu meyden«[23]nachdrücklich von »den frechen unzüchtigen köpffen, die ir christlich wesen allein damit auffwerffen, das sy (...) bild stürmen künden«.

I. b. Bilder im Dienste der Reformation

So zwiespältig das Verhältnis der Reformatoren zu den Bildern auch war, entdeckten sie doch bald deren beträchtlichen Nutzen für die Sache der Erneuerung. Als ›agitatorische Bildpropaganda‹[24] und wirkungsvolles Kampfmittel setzten sie Karikaturen auf Flugblättern und Streitschriften ein und attackierten die Altgläubigen mit bitterbösen antiklerikalen Darstellungen.

Vor allem über den Druck der in deutscher Sprache verfassten reformatorischen Schriften, die meist kleinformatig veröffentlicht und für jedermann erschwinglich waren, ließ sich ein breites Publikum erreichen. Luther selbst billigte hier zum besseren Textverständnis den ergänzenden Einsatz auch der religiösen Bilder in ihrer pädagogisch-didaktischen Aufgabe. Er bezog sich dabei auf eine Stelle des Markus-Evangeliums, nach dem Christus die Verwendung von Gleichnissen erlaubt »allermeist um der kinder und einfeltigen willen, welche durch bildnis und gleichnis besser bewegt werden, die Göttlichen gschicht zu behalten, denn durch blosse wort oder lere«[25]. Bilder begleiteten die im Text niedergeschriebenen Gedanken der Reformer und konnten die verbal besonders schwierig zu erläuternden Themen und abstrakten ethischen Begriffe anschaulich verdeutlichen.

22 WA, Bd. 10, Abt. 3 (1905) S. 33, Z. 19–21.

23 VD16 L 7283. Enthalten in einem Sammelband reformatorischer Flugschriften aus den übernommenen Beständen der Evangelischen Bibliotheken.

24 Kopp-Schmidt, Gabriele: Ikonographie und Ikonologie. Köln 2004, S. 151.

25 Diese Ausgabe erschien unter dem Titel: Ein Bet=büchlin mit eym Calender vnd Passional hübsch zu gericht. Wittenberg, Hans Lufft 1529. Zitiert nach: Rümelin, Christian: Bildverwendung im Spannungsfeld der Reformation. In: Macht und Ohnmacht der Bilder. Reformatorischer Bildersturm im Kontext der europäischen Geschichte, hrsg. von Peter Blickle, München 2002, S. 195–222, s. S. 201.

Luthers deutschsprachige Bibel vermochte darüber hinaus, den zahlreichen Lesern, die die antiken Sprachen nicht beherrschten, auch die reformierte Version des Gottesworts nahezubringen[26]. Reich mit Holzschnitten illustriert, knüpfte sie an die spätmittelalterliche Fassung der »Biblia Pauperum«[27]an und vermittelte die Inhalte selbst dem seinerzeit großen Kreis der Leseunkundigen. Wie die Flugschriften fanden auch die Ausgaben der Lutherbibel reißenden Absatz, obwohl sie ihres Umfangs wegen wesentlich teurer war[28]. Reichten die Mittel für den Erwerb der Bücher nicht aus, ließen sich die Darstellungen der neuen Ideen doch wenigstens einzeln erwerben - auch der Handel mit druckgraphischen Blättern florierte. Mit aller Umsicht hatten die Erneuerer für die systematische Verbreitung der Lehre gesorgt.

Als ungefährlich im Sinne des Bilderverbots galten zudem die Porträts und Wappen der den Protestanten wohlgesinnten Landesfürsten und der Reformatoren selbst, sie dienten - systemimmanent durchaus erwünscht - der fürstlichen Selbstdarstellung und der reformatorischen Eigenwerbung. Ob es Luther allerdings zur Freude gereichte, dass ihn Hans Baldung Grien 1521 auf einem seiner Stiche[29] als erleuchteten Prediger mit einem Nimbus darstellte, ist zu bezweifeln. Vermutlich schätzte er weniger die Geste der Verherrlichung seiner Person, mit der sich seine Anhänger wohl bekennen und bedanken wollten, als die gelungene Provokation des gegnerischen Lagers.

Sogar den erwähnten Kirchenbildern räumten die gemäßigteren Reformatoren einen Platz ein, »denn wo sie aus dem hertzen sind, thun sie fur den augen keynen schaden«[30]. Auch hier stand nicht die Frage der grundsätzlichen Zulässigkeit der Abbildungen im Vordergrund, sondern die Absicht, in ihrer Aussage das Verständnis der evangelischen

26 Harasimowicz, Scriptura (wie Anm. 14) S. 267; Reinitzer, Heimo: Biblia deutsch. Luthers Bibelübersetzung und ihre Tradition. Ausstellung in der Zeughaushalle der Herzog August Bibliothek, 7. Mai-13. Nov. 1983. Wolfenbüttel 1983, S. 109-129; Volz, Hans: Martin Luthers deutsche Bibel. Entstehung und Geschichte der Lutherbibel. Hamburg 1978.

27 Eichenberger, Walter; Wendland, Henning: Deutsche Bibeln vor Luther. Die Buchkunst der achtzehn deutschen Bibeln zwischen 1466 und 1522. Hamburg 1977, S. 7.

28 Brückmann, Bibelverbreitung (wie Anm. 3) S. 6.

29 Enthalten in: Luther, Martin: Acta res gestae. Straßburg 1521. Verzeichnet in: Kunst der Reformationszeit. Staatliche Museen zu Berlin. Ausstellung im Alten Museum vom 16. Aug. bis 13. Nov. 1983. Berlin 1983, Exponat Nr. B 77, S. 135.

30 WA, Bd. 18 (1908) S. 67, Z. 12-13.

Theologie zu vertiefen. Die Bilder zeigten biblische Themen und folgten so zwar der konventionellen christlichen Ikonographie, erfuhren aber mit neuen Beschriftungen oder in einer abgewandelten Anordnung eine eigenständige, von Luther und Melanchthon vorgegebene antiillusionistische Interpretation, die jegliches ekstatische, verführerische und magische Element katholischer Sakralkunst ausschloss. Damit entstanden keine Kopien emotional bewegender Kult-, sondern Erinnerungs- und Gedenkbilder, die den Gläubigen als Gedächtnisstütze und Medium der Information an das Wort und die Taten Gottes erinnern und ›vor‹-bildlich (und ideologisch) beeinflussen sollten[31]. Als Wandgemälde und Tafelbilder, auf Epitaphien, Altartriptychen und -predellen, später ebenfalls umgesetzt im Schnitzwerk der Kanzeln und in den Reliefs steinerner Taufbecken unterstützten sie im Kirchenraum illustrierend die theoretischen Ausführungen der Predigt und griffen die Botschaft der Reformation dogmatisch auf.

Oft präsentierten sich die Landesherren und die verehrten Prediger mit ihrer aktuellen Gemeinde – in der Tradition der Stifterbilder, aber auch in der Rolle der biblischen Personen – als Teilnehmer des Geschehens auf den Kirchen- und Altargemälden[32]; ihre realistischen Abbildungen zeugten weder von blasphemischer Gesinnung, noch erhoben sie Anspruch auf Anbetung oder Glorifizierung. Vielmehr belegten sie die Aktualität der Bibel und verliehen der Legitimierung der neuen Kirchenordnung[33] Ausdruck. Als Gegenstand der Polemik gegen die Papstkirche demonstrierten diese Bildnisse die zunehmende Macht der evangelischen Theologen und die Bedeutungslosigkeit der herkömmlichen Kirchenbilder im Sinne ihrer Werkgerechtigkeit[34]. Nicht zuletzt lieferten die Befürworter der Reforma-

31 Kopp-Schmidt, Ikonographie (wie Anm. 24) S. 151.

32 Vgl. z. B. Cranachaltar, Stadtpfarrkirche St. Peter und Paul, Weimar. Abgebildet in: Ernst Ullmann: Von der Macht der Bilder – Kunst und Reformation. In: Sitzungsberichte der Sächsischen Akademie der Wissenschaften zu Leipzig. Phil.-hist. Kl. 126 (1985) Abb. 13, s. a. S. 18; Lucas Cranachs Sakramentsaltar, Stadt- und Pfarrkirche St. Marien, Wittenberg. Dazu s. Schulze, Ingrid: Lucas Cranach d. J. und die protestantische Bildkunst in Sachsen und Thüringen. Weimar 2004, S. 43–51; Cranachs Tafelbilder St. Johanniskirche, Dessau. Dazu s. Rabenau, Konrad von: Bildnisse von Philipp Melanchthon und Fürst Georg von Anhalt auf den Büchern der Reformationszeit. In: Dessauer Kalender (1997) S. 2–19.

33 Ullmann, Macht (wie Anm. 32) S. 19.

34 Belting, Hans: Macht und Ohnmacht der Bilder. In: Macht und Ohnmacht der Bilder (wie Anm. 25) S. 11–63, s. S. 16–17.

tion auf diese Weise in persona eine authentische Reportage über ihr Bekenntnis und ihren Mut, Christus, dem Ursprung des Glaubens, nahe zu sein[35].

I. c. Biblische Grundlagen und die Thematik protestantischer Bilder

Luthers Augenmerk lag eindeutig auf der Abbildung des Gottesworts. Das Bildprogramm musste identifizierbar folgende Inhalte der evangelischen Theologie und ihrer Glaubensgrundsätze transportieren:

Ausgehend vom heilsgeschichtlichen Verständnis des frühen Christentums und der Kirchenväter beruht das protestantische Hauptdogma, die Lehre von Gesetz und Evangelium, auf dem Zusammenhang der beiden Testamente. Demnach vertritt das Alte Testament das Bündnis, das Gott mit dem Volk Israel am Berg Sinai einging und das Neue Testament den Bund, den Gott mit allen Menschen durch den Tod Christi am Kreuz schloss. Folglich steht das Alte Testament für das von Gott vorgegebene Gesetz und das Neue für das Evangelium, das in protestantischer Auslegung die Rechtfertigung des Menschen ausschließlich durch die Gnade Gottes und den Glauben vermittelt.

Die Unterscheidung fand Luther wohl selbst erklärungsbedürftig und fasste sie im Vorwort zum Alten Testament[36] zusammen. Er verstand dieses als Gesetzbuch, das lehrt, was man tun oder lassen soll, die Wahl des Handelns vorschreibt und daneben Beispiele aufzeigt, wie der Mensch die Gesetze gehalten oder übertreten hat. Das Neue Testament galt dem Reformator als ›Evangeli oder gnadebuch‹, dem die Erfüllung der Vorschriften zu entnehmen ist. Aber wie er im Neuen Testament neben der Gnadenlehre noch Gesetze und Verbote vorfand, verwies er auch auf Verheißungen und Gnadensprüche in den Texten des Alten Testaments.

35 Rabenau, Bildnisse (wie Anm. 32) S. 2.

36 Biblia das ist die gantze heilige Schrifft deudsch. Faksimile-Ausgabe der ersten vollständigen Lutherbibel von 1534 in zwei Bänden, nach dem in der Universitätsbibliothek Leipzig befindlichen Original. 2 Bde., 2. Aufl., Leipzig 1935. Reprint Leipzig 1983. Zitiert nach: Kern, Margit: Tugend versus Gnade. Protestantische Bildprogramme in Nürnberg, Pirna, Regensburg und Ulm. Berlin 2002 (= Berliner Schriften zur Kunst, Bd. 16). Zugl.: Berlin Freie Universität. Diss. 1998. Darin: Gesetz und Gnade. Luthers Rechtfertigungslehre, S. 80–97, s. S. 83, Anm. 28.

Entsprechend der protestantischen Bibelinterpretation ist die Situation der Menschen nach der Erbsünde und dem darauf folgenden Gnadenverlust ausweglos. Weil sie sich in ihrer Unvollkommenheit den Zorn Gottes zugezogen haben, wird ihnen das Evangelium auf Erden nicht vollständig zuteil. Sie müssen die Konsequenz der Strafe im Verlust der Gnade ertragen und bleiben deshalb zeitlebens Sünder. Rechtfertigung vor Gott vermögen sie im Gegensatz zur katholischen Lehre nicht in der Ausführung guter Werke zu erwerben. Zurückgehend auf die Augustinische Lehre erfahren die Menschen sie aus reformatorischer Sicht dennoch und ohne jede aktive Eigenleistung. Nach dem protestantischen Theorem: ›Sola gratia, sola fide, sola scriptura, solus Christus‹ werden sie allein durch Gottes Gnade gerettet und erlangen einzig durch das Geschenk des Glaubens Rechtfertigung. Dabei bleibt die Autorität über die Gläubigen keinem anderen als Christus vorbehalten und ausschließlich die Schrift gilt als Grundlage des christlichen Glaubens. Um Christi Willen wird dem Menschen aus göttlicher Barmherzigkeit die Sünde im Endgericht nicht angerechnet: ›Simul justus et peccator‹ gilt er als Sünder, gleichzeitig aber auch durch den Tod Christi vor Gott als gerechtfertigt.

Die biblischen Synonyme des Gesetzes sah Luther z. B. in den alttestamentlichen Szenen des Sündenfalls und der Übergabe der Gesetzestafeln an Moses, dem Mittler im alten Bund. Dagegen standen Ereignisse wie die Kreuzigung, Taufe und Auferstehung für das Evangelium des Neuen Testaments. Erst das Neben- und Miteinander der Einzeldarstellungen verschiedener Geschehnisse konnte die für die Lehre grundlegenden und in der Predigt hervorgehobenen Texte erläutern und die verwickelte Komplexität der protestantischen Dialektik zum Verständnis der Gemeinde aufklären und umsetzen. In besonderem Maße dokumentierten Altargemälde in Form der so genannten Rechtfertigungsbilder[37] die Summe der für das Heilsgeschehen relevanten Ereignisse. Sie verknüpften in der Auslegung des evangelischen Dogmas die antithetisch strukturierten biblischen Allegorien, d. h. die überlieferten Bilder von Gottes Zorn und Strafe im Kontext zu Gnade und Erlösung, in simultaner Wiedergabe ohne Rücksicht auf Zeit und Ort der tatsächlichen Begebenheiten.

37 Die Varianten der weit verbreiteten Bilder gehen auf den nach ihrem Aufbewahrungsort benannten Gothaer oder Prager Typ zurück.

I. d. Humanistische Einflüsse

Sowohl in der Ausführung der Szenen, als auch in der Wahl der Motive spiegelte die reformatorische Ikonographie den Zeitgeist der Renaissance und übernahm neben den protestantisch interpretierten biblischen Themen ebenfalls humanistische Elemente. In der Wiederbelebung des klassischen Altertums und der Rückbesinnung auf seine Quellen hatten die Gelehrten zu einer neuen antischolastischen Grundhaltung gefunden. Wie gewöhnlich beeinflusste die Avantgarde das Schaffen der Künstler. Maler und Bildhauer widmeten sich dem Studium antiker Werke und Formen; sie griffen Figuren und Geschehnisse aus der altgriechischen wie auch -römischen Mythologie in ihren Arbeiten auf. Antike Helden, Tugenden und (im antithetischen Sinn zu verstehende) Laster versinnbildlichten allegorisch die menschlichen Fähig- und Fertigkeiten, auf das Sittlich-Gute hinzuwirken[38]. Vor allem die in weiblicher Gestalt auftretenden Virtutes sollten den Betrachter mit ihrer Schönheit zu moralischem Idealverhalten im religiösen, ökonomischen und politischen Bereich verleiten. Seit der Antike waren die vier Kardinaltugenden, Prudentia, Justitia, Fortitudo und Temperantia überliefert; der Kirchenlehrer Ambrosius (340–397) hatte den vier klassischen Allegorien in Bezug auf den Brief des Paulus an die Korinther[39] noch die drei theologischen angeschlossen, Fides, Spes und Caritas. Den übernommenen Katalog der vier weltlichen und drei biblischen Virtutes mit ihren tradierten Untertugenden hielten dann die humanistischen Gelehrten in der Epoche der Renaissance als Maßregel menschlichen Verhaltens für ungenügend besetzt, etliche wie z. B. die Cognitio und die Suavitas wurden neu hinzugenommen[40] und erweiterten das breite Spektrum an symbolisierten wünschenswerten Eigenschaften.

Das Streben, die menschliche Unvollkommenheit durch einen tugendhaften Lebenswandel zu verbessern und dadurch Verdienste zu erlangen, widersprach explizit Luthers Theologie, die von der »Schuld und

38 Bautz, Michaela: Virtutes. Studien zu Funktion und Ikonographie der Tugenden im Mittelalter und im 16. Jahrhundert. Berlin 1999. Zugl.: Stuttgart, Univ., Diss., 1999, S. 5.

39 Rabenau, Konrad von: Die Tugendrollen der deutschen Einbandkunst des 16. Jahrhunderts und die vergessene Tugend Suavitas. In: Einbandforschung 16 (2005) S. 35–49, s. S. 35.

40 Ebd.

Ohnmacht«[41]des Menschen ausging und ihm die Freiheit des Willens absprach, dem Urteil Gottes über das menschliche Handeln gerecht zu werden. Luther unterstellte vor allem den Personifikationen des Intellekts (insbesondere Prudentia), dass sie die Seele gefährden[42] und zur Überheblichkeit führen könnten: »Die Tugenden der Heiden sind nichts als eine Täuschung, es sei denn du wolltest behaupten, dass Christus vergeblich für unsere Sünde gestorben ist.«[43]Melanchthon dagegen befürwortete und rehabilitierte sie als Verkörperung sittlicher Vorschriften im sozialen Zusammenleben und entwickelte sogar eine Tugendlehre[44]. Nach seiner Meinung war die Erfüllung ethischer Normen und Gesetze im göttlichen Willen zur Erhaltung der Welt verankert, ohne gleichzeitig mit einem Erlösungsanspruch verknüpft zu sein[45]. Außerdem wollte er wohl auch »das neue Leben des gerechtfertigten Sünders beschreiben und normieren«[46].

Allenthalben beliebt und verbreitet entsprachen die Tugenden dem Trend und Geschmack der Zeit und waren schließlich im öffentlichen wie kirchlichen Bereich nicht mehr wegzudenken. Sofern sie nicht auf menschliche Leistungen, sondern auf die Wirkung von Gottes Gnade zurückzuführen waren[47] und in einer neuen Auslegung das Verständnis zentraler Glaubensgrundsätze förderten, wusste sich wohl auch Luther mit ihnen zu arrangieren. Nur zögernd – und durchaus nicht in allen Anwendungsbereichen – vollzog sich dementsprechend in der künstlerischen Darstellung ein Wandel ihrer Bedeutung, bis sie schließlich den protestantischen Ansprüchen genügten. Patientia ergänzte den Kanon der

41 Rabenau, Konrad von: Reformation und Humanismus im Spiegel der Wittenberger Bucheinbände. In: Von der Macht der Bilder. Beiträge des C.I.H.A.-Kolloquiums »Kunst und Reformation«, hrsg. im Auftrage des Rektors der Karl-Marx-Universität Leipzig, Leipzig 1983, S. 319–328, s. S. 323.

42 Kern, Tugend (wie Anm. 36) S. 106.

43 »Nihil ergo sum gentium virtutes nisi fallaciae, nisi otiose Christum pro peccatis nostris traditum contendas.« [WA, Bd. 2 (1884) S. 458, Z. 17–18]. Übers. zitiert nach: Luther Deutsch. Die Werke Martin Luthers in neuer Auswahl für die Gegenwart, hrsg. von Kurt Aland, 10 Bde., Stuttgart 1959–1969. Ergänzungsbd., S. 338. Zitiert nach Kern, Tugend (wie Anm. 36) S. 13.

44 Rabenau, Reformation (wie Anm. 41) S. 324.

45 Kern, Tugend (wie Anm. 36) S. 216.

46 Rabenau, Reformation (wie Anm. 41) S. 324 und Rabenau, Tugendrollen (wie Anm. 39) S. 41.

47 Kern, Tugend (wie Anm. 36) S. 345.

drei christlichen Virtutes um Geduld und Standhaftigkeit[48], gelegentlich überließ ihr Prudentia, die Klugheit, im Sinne von Luthers Vernunftkritik den angestammten Platz unter den vier Kardinaltugenden. Die Tugend des Glaubens rangierte in ihrer Relevanz vor der der Liebe und machte ihr die seit der Scholastik eingenommene Vorrangstellung streitig[49]: Fides versprach mit Patientia und Spes das Heil im Glauben, Erdulden und Hoffen. Justitia, die von den Humanisten hochgeschätzte Tugend der Gerechtigkeit, avancierte sogar zum Synonym für die Rechtfertigung am Jüngsten Tag[50].

Insbesondere in den Räumlichkeiten protestantischer Kirchen fanden sich die Abbildungen der Tugenden in dieser abgewandelten, endgültig reformatorisch formulierten Version. Sie veranschaulichten die Entwicklungen im Konfessionalisierungsprozess, blieben aber Randerscheinungen. Parallel dazu behielten sie immer noch ihre Bedeutsamkeit als humanistische Tugenden, obwohl später das Selbstverständnis ihrer Verbreitung die Grenzen zwischen humanistischer und reformatorischer ideologischer Interpretation verschwimmen ließ.

Im öffentlichen Bereich, an den Portalen der Rathäuser oder als Schmuck der Brunnen traten die Allegorien der sittlichen Normen überwiegend in ihren tradierten Rollen auf, erinnerten an die bürgerlichen Pflichten und vermittelten nach außen hin den hohen moralischen Standard der Gemeinschaft. Vor allem die Obrigkeit schmückte sich gern mit den allegorischen Darstellungen als Exempla des guten Regiments und setzte sie nicht zuletzt als disziplinierendes Mahnmal ein, um Unruhen oder Aufruhr zu verhindern[51]. Wenn er sich auch für die humanistische Idee nicht erwärmen konnte, dürften die heidnischen Tugenden in ihrer sozialethischen Auslegung sogar von Luther akzeptiert worden sein[52], hatte er doch regelmäßig seine Anhänger zum Gehorsam gegen die Obrigkeit aufgerufen.

Zu den antiken Figuren, die ihre Renaissance auch im Dienste der Reformation erlebten, gehörten außerdem Schicksalsmächte, wie das Glück und

48 Rabenau, Tugendrollen (wie Anm. 39) S. 35.
49 Kern, Tugend (wie Anm. 36) S. 125.
50 Ebd., S. 128.
51 Ebd., S. 234.
52 Rabenau, Tugendrollen (wie Anm. 39) Anm. 52.

die Liebe, Göttergestalten und die Personifizierungen der Gestirne. Allegorien der Artes Liberales[53] und die Musen verkörperten Bildungs- und Wissenschaftsgebiete und die Künste, besonders Rhetorica und Musica fanden mit Sicherheit das Wohlwollen Luthers, dem ambitionierten Prediger und Förderer der Kirchenmusik.

Die als vorbildlich geltenden Könige und Heroen des klassischen Altertums symbolisierten in der reformatorischen Bilderwelt den Mut und die Entschlossenheit der Protestanten; so steht Herkules für den Erneuerer, der gleich dem antiken Helden ›den Stall des Augias ausmistete‹, d. h. im übertragenen Sinne die christliche Kirche von den päpstlichen Irrlehren zu reinigen bemüht war[54]. Nachdem die Reformatoren im Rahmen dieser Säuberungsaktion die Mehrzahl der für heilig erachteten Personen vornehmlich in ihrer Rolle als Fürbitter und Vermittler strikt abgeschafft hatten, mussten die Darstellungen der Tugenden und antiken Personen schließlich auch als Lückenbüßer für die verschmähten Heiligenbilder herhalten.

I. e. Künstlerische Bildfindung

Nachweislich überließen die Reformatoren die Konzeption des Bildprogramms nicht den Künstlern[55], Luther gab ihnen die Motive zu den Illustrationen der Erstausgabe seiner Bibel vor und Melanchthon erwähnte in Briefen, dass er seine Vorstellungen anhand selbst gefertigter Entwürfe realisieren ließ[56]. Besonders Lucas Cranach der Ältere, mit Luther eng befreundet und bestens mit Melanchthon bekannt, schuf zahlreiche Werke in Zusammenarbeit mit den Reformatoren. Noch vor dem Auftreten Luthers hatten Albrecht Dürer (1471–1528) und Mathias Grünewald (1475 oder 1480–1528) die Erneuerung vorausgeahnt und in ihren Bildern konkretisiert. Sie vermittelten ein neues, in

53 Dazu s.: Rothe, Susanne: Figürliche Darstellungen auf deutschen Renaissanceeinbänden im Bestand der Universitätsbibliothek der Freien Universität Berlin unter besonderer Berücksichtigung der allegorischen Figuren. Hausarbeit zur Prüfung für den höheren Bibliotheksdienst. Köln 1990, S. 120–123.

54 Rabenau, Bildnisse (wie Anm. 32) S. 4.

55 Kopp-Schmidt, Ikonographie (wie Anm. 24) S. 152.

56 Dornik-Eger, Hanna: Reformatorische Ikonographie auf deutschen Büchern der Renaissance. In: Alte und moderne Kunst 12 (1967) S. 22–27, s. S. 22.

seiner Persönlichkeit gesteigertes Menschenbild[57]. Dürer aber blieb der Lehre Luthers nur im ideellen Sinne verbunden. Als wichtigste Interpreten des protestantischen Bildkonzepts stellten Lucas Cranach der Ältere, später auch sein Sohn, ihre Arbeit tatsächlich in den Dienst der Reformatoren[58].

Im Gegensatz zu Dürers Werk fanden die rationalen, polemisierenden und programmatisch werbenden Bilder[59] mit ihren trockenen Legenden bei der Kunstkritik wenig Anklang. Verglichen mit katholischen Kirchenbildern wirkten sie langweilig, denn »nur auf der Seite der Innerlichkeit, der aufrichtigen Gefühlstiefe und der moralischen Redlichkeit des selbstverantwortlichen Individuums lagen die Positiva reformatorischer Kunst«[60]. Dass die protestantische Ikonographie künstlerische Kreativität offenbar vermissen ließ[61] und nicht den ästhetischen Gesetzen der Kunstkritik folgte, schmälert ihre Relevanz keineswegs. Sie wurde dem konzeptionellen Anspruch, als Zeugnis, dem Gedenken und als Zeichen zu dienen, seinerzeit durchaus gerecht. Heute reflektiert sie die durch den religiösen und gesellschaftlichen Umbruch verursachten bahnbrechenden Veränderungen in der Epoche der Renaissance und nimmt in ihrem engen Zusammenhang von geistigen Strömungen und künstlerischem Schaffen einen ganz besonderen Rang in der Kunst- und Kirchengeschichte ein.

---

57 Ebd.

58 Ebd.

59 Weimer, Christoph: Luther, Cranach und die Bilder. Gesetz und Evangelium – Schlüssel zum reformatorischen Bildgebrauch. Stuttgart 1999, S. 81.

60 Feist, Peter, H.: Die Bedeutung der Reformation für die deutsche Kunstgeschichte seit dem 16. Jahrhundert. In: Von der Macht der Bilder (wie Anm. 41) S. 472–480, s. S. 473.

61 Badstübner, Ernst: Gesetz und Gnade in der Ikonographie der protestantischen Bildkunst. In: Gesetz und Gnade. Cranach, Luther und die Bilder. Ausstellung im Cranachjahr 1994. Eisenach, Museum der Wartburg, 4. Mai–31. Juli und Torgau, Schloss Hartenfels, 25. Aug. – 6. Nov. Eisenach 1994, S. 33–40; s. S. 39–40.

II. Reformatorische Ikonographie auf den Deckeln der Bücher

a. Einbandtechnik und -gerätschaft

Nicht nur die Kunstwerke im Kirchenbereich und das Papier der Bücher und Flugschriften boten sich als Träger und Verbreiter der unverwechselbaren Bilderwelt aus Humanismus und Reformation an. Bald übernahmen Handwerker die Abbildungen zum Schmuck ihrer Erzeugnisse für den alltäglichen Gebrauch. Als Dekoration für Ofenkacheln und Truhen, an Fassaden und auf Wandgemälden brachte die neue Ikonographie die protestantische und humanistische Gesinnung zum Ausdruck. Glaube und Lehre sollten den häuslichen Bereich durchdringen; die religiöse Verpflichtung des Gottesdienstes beschränkte sich nicht allein auf den Kirchenraum.
Allmählich hielt ein Großteil des Bildprogramms auch Einzug in die Werkstätten der Buchbinder und Formschneider. Seit etwa 1525 verdrängten Werkzeuge mit figürlichen Motiven den herkömmlichen Einbandschmuck.

Das breite Angebot an deutschsprachigen reformatorischen Schriften hatte einen zunehmenden Bedarf auch an Einbänden entstehen lassen. Meist gelangten die Bücher in losen Lagen in den Handel, der Käufer gab dem Meister seiner Wahl die Einbandart und den Buchschmuck passend zu seiner Bibliothek oder dem Etat angemessen vor. Geschäftstüchtige Buchbinder richteten Betriebe ein, um die Bestellungen einer ständig wachsenden und wechselnden Laufkundschaft zu erledigen. Neben den ungebundenen Einzelschriften hatten sie oftmals Sammlungen reformatorischer Kleinliteratur zu einem Konvolut zusammenzubinden. Gleichzeitig galt es die Buchführer vor Ort zu bedienen, die größere Posten von externen Auflagen gekauft hatten und sie – wie auch ihre eigenen Erzeugnisse – eingebunden gewinnbringender verkaufen wollten. Aufgrund dieser Aufträge konnten die Verleger den Wünschen ihrer Kunden entsprechend erheblichen Einfluss auf das Stempelmaterial der Werkstätten nehmen[62]. Gelegentlich übernahmen sie das Einbinden auch selbst.

62 Schunke, Ilse: Studien zum Bilderschmuck der deutschen Renaissance-Einbände, Wiesbaden 1959 (= Beiträge zum Buch- und Bibliothekswesen, Bd. 8) S. 35–36.

Die Buchbinder fertigten in der Regel solide Einbände an[63], deren Deckel sie bevorzugt mit Schweins-, seltener mit Kalbleder überzogen. Im Allgemeinen verwandten sie lieber schwere Holzdeckel als die moderneren aus Pappe und bestückten folglich ihre Arbeiten überwiegend noch mit Messingschließen, als andernorts schon elegante Seidenbänder für den Verschluss der Bände sorgten.

Während sich zeitgleich in Italien und Frankreich bereits der von den arabischen Ländern ausgehende, aus kleinen vergoldeten Einzelstempeln zusammengesetzte ›welsche‹ Einbandstil entwickelt hatte, der oftmals auf feinem Ziegenleder, dem Maroquin, zur Anwendung kam, frönten die Buchbinder im deutschsprachigen Bereich weiterhin überwiegend dem aus Rollen- und Plattenstempeln zusammengesetzten Schmuck. Er hatte sich zur zügigen Bearbeitung eines kontinuierlich steigenden Auftragsvolumens seit geraumer Zeit bewährt. Manche der Meister beherrschten zwar die neue Dekorationstechnik[64], doch blieb die moderne repräsentative Gestaltung der Buchdeckel über lange Zeit allenfalls den Büchern der Fürsten und wohlhabenden Bibliophilen vorbehalten. Hierzulande hielten die Buchbinder meist an der traditionellen Blindprägung auf Schweinsleder fest, nicht zuletzt, weil es für die ›welschen‹ Einbände mit Einzelstempeln neuer, in vielen Betrieben nicht vorhandener Werkzeuge bedurft hätte.

Bücher für die anspruchsvollere Kundschaft erhielten nicht selten einen Einband aus dem dunkleren Kalbleder, auf dem dann die reformatorisch orientierten Rollen und Platten vergoldet besser zur Geltung kamen. Seit etwa 1560 lässt sich an einer durch Plattenhäufungen und Bemalungen übersteigerten Ausdrucksweise der Einfluss auch des ›welschen Stils‹ auf die blindgeprägten Rollen- und Platteneinbände ablesen[65], dennoch blieb die ursprüngliche Dekorationsform von der Renaissance bis in die Epoche

63 Rabenau, Konrad von: Einbandkunst in der Reformationszeit. In: Kunst der Reformationszeit (wie Anm. 29) S. 344–346.

64 In vollendeter Form beherrschte der Buchbinder Jakob Krause (1526/27–1585) sowohl die deutsche als auch die welsche Einbandart und Technik des Dekors. Dazu s. Rabenau, Konrad von: Deutsche Bucheinbände der Renaissance um Jakob Krause, Hofbuchbinder des Kurfürsten August I. von Sachsen, Text- und Bildband. Brüssel 1994; Schunke, Ilse: Die Einbände der Palatina in der Vatikanischen Bibliothek, Bd. 1. Città del Vaticano 1962 (= Studi e testi, 216) S. 214–218.

65 Rabenau, Konrad von: Der Einband der Stilperiode der Reformationszeit. Leitsätze für das Einbandseminar im September 2003 in Graz. Unveröff. Typoskript, S. 1, Nr. 1, e.

des Barock aktuell und auch darüber hinaus noch lange erhalten. Die konservative Bindetechnik, bis ins 18. Jahrhundert Bestandteil der Meisterprüfungen des Buchbinderhandwerks, fand in Deutschland noch Liebhaber, als sich auch dort schon fortschrittlichere Fertigungsarten und Materialien durchsetzen konnten. Während der spätesten Phase ihres Vorkommens dienten die Rollen- und Platteneinbände nur noch zum Schutz der theologischen Literatur in protestantischen Gebieten[66].

Ausgehend von der Gestaltung mittelalterlicher Bücher kam auf den Einbänden mit reformatorischem Bilderschmuck meist noch das Streicheisen zum Einsatz, um die eingelederten Buchdeckel zu unterteilen. Die gezogenen Linien richteten sich nach den Möglichkeiten der Dekorationstechnik mit Rollen- und Plattenstempeln; in der Regel markierten sie ein von mehreren Rahmen umgebenes Mittelfeld. Auf den so vorgegebenen angefeuchteten Feldern prägten die Meister entweder die einfach oder beidseitig mit einem Motiv versehenen, auf 80 – 90° erhitzten Platten mittels einer Presse im Zentrum der Deckel ab, oder sie füllten die leeren Flächen mit ebenfalls erwärmten Rollenstempeln. Diese bestanden aus einer beweglich an einem Griff befestigten zylinderförmigen Walze, mit der die Buchbinder das Muster in nur einem Arbeitsgang in beliebiger Länge auf die Fläche übertragen konnten[67]. Je nach Format der Deckel begleiteten leere Querriegel, die Raum für Einzelstempel, die Initialen des Buchbesitzers oder das Bindejahr boten, die Rahmen. Oft blieben ein Respektrahmen an den Außenkanten oder Streifen zwischen den Rollen unverziert. Sie verliehen der Einbandgestaltung eine perspektivische Wirkung und lockerten das Rollen- und Plattengefüge optisch auf.

II. b. Motive auf den Einbandstempeln

Außer den Buchbindern bewiesen auch die meisten der Stecher nach Meinung mancher Kritiker mit ihren Arbeiten mehr handwerkliches Geschick denn künstlerisches Ausdrucksvermögen. Tatsächlich übernahmen zahl-

66 Ebd., S. 1, Nr. 1, f und g.
67 Rabenau, Einbandkunst (wie Anm. 29) S. 344–346. Dazu s. auch: Rothe, Darstellungen (wie Anm. 53) S. 4–7.

reiche Meister ungehemmt die reformatorische Bilderwelt ihrer Rollen und Platten von Vorlagen wie Einblattdrucken, Titeleinfassungen, Porträts oder Tafeln. Die Motive wählten sie nicht willkürlich aus; wie die Künstler verließen sie sich auf die Darstellung bestimmter Geschehnisse und Personen, die als hinreichend bekannte, sich stets wiederholende ›Zeichen‹ die biblische Botschaft in der Interpretation der Reformatoren aufschlüsselten und erinnerten. Oft erläuterten Beschriftungen das Geschehen und die Bedeutung der Figuren oder Ereignisse auf den Werkzeugen. Im Allgemeinen genügte es, die Bilder als ›Symbole‹ in Auswahl zu übernehmen; über Gemälde und Drucke verbreitet, war der Bildinhalt identifizierbar und musste nicht mehr vollständig zur Ausführung kommen. Daneben wies der protestantisch orientierte Schmuck der Buchdeckel als Ausdruck des gegenwärtigen Kunstempfindens inhaltlich wie stilistisch die Bandbreite humanistischer Elemente auf. Bevorzugt schnitten die Stecher ihre Motive nach Cranach'schem Vorbild, auch der Einfluss etlicher weiterer Künstler wie z. B. Jörg Pencz (1500/02–1550), Sebald und Barthel Beham (1500–1550; 1502–1540) und sogar Albrecht Dürer (1471–1528) ist nicht zu übersehen.

Die Rollen fanden ihre Vorläufer wohl in der Renaissance-Ornamentik der Nürnberger, Augsburger und Baseler Stecher[68], folgten aber nicht deren kontinuierlichen Dekorationen, sondern wiesen meist Zyklen einzelner Bilder auf. An ihnen ließen sich der Kanon der Tugenden, antike Szenen wie das Parisurteil, die Reihe relevanter Reformatoren und Fürsten und vor allem die Ereignisse des Heilsgeschehens in der Aussage der Rechtfertigungsbilder sehr gut ablesen[69], die dann auch zum Thema zahlloser Werkzeuge wurden. Seit den 20er Jahren des 16. Jahrhunderts verbreiteten sich die Rollen mit protestantischen Leitgedanken von Wittenberg, der Wiege der Reformation, über den gesamten deutschsprachigen Raum. Vorbilder lieferten vermutlich Werkzeuge aus Krakau, Breslau und Königsberg[70]. Einige der Stempel zeigen ergänzende, heilsgeschichtlich relevante Motive, die auf den Rechtfertigungsbildern noch nicht vorkamen[71]. Ein Teil der

68 Ebd. (Rabenau) S. 345. Dazu s. auch: Schunke, Studien (wie Anm. 62). Darin: Urs Graf und der frühe Rollenschnitt, S. 3–13.

69 Dornik-Eger, Ikonographie (wie Anm. 56) S. 24.

70 Rabenau, Einbandkunst (wie Anm. 29) S. 346.

71 Rabenau, Reformation (wie Anm. 41) S. 322.

Rollen, die den Bildinhalt dieser Altargemälde bereits aufwiesen, ist dagegen vor deren Entstehung geschnitten worden und belegt, dass man bereits seit Beginn der Reformation bemüht war, die für die Lehre maßgeblichen biblischen Themen in einen Zusammenhang zu bringen[72]. Offenkundig haben einige Entwürfe der Stecher auch die Werke der Künstler geprägt[73].

Die erklärenden, meist lateinischen Beschriftungen in Versalien betonten den lehrhaften Charakter des Buchschmucks. Selbst die religiös ausgerichtete Dekoration der Bücher wollten die Protestanten nicht als Objekt der Anbetung und Verherrlichung missverstanden wissen. Der Buchschmuck war »zutiefst verankert in einem Verantwortungsgefühl, das man den neuen humanistischen Ideen wie vor allem der religiösen Entscheidung entgegengebracht hat«[74].

Daneben schien es den Buchbesitzern sehr gefallen zu haben, schon über die lateinischen Texte auf den Buchdeckeln ihre fundierte humanistische Bildung zum Ausdruck zu bringen. Wurde der Einbandschmuck auch nicht überall zur Demonstration der protestantischen Gesinnung herangezogen, besserte er offenbar doch das Prestige auf. Wie die oft mangelhafte Orthographie der formelhaften Bildlegenden beweist, beherrschten die Stecher nicht immer die antiken Sprachen und haben die Beschriftungen nachgeschnitten, ohne ihren Wortlaut zu verstehen. Dabei ordneten sie die Erläuterungen aber meistens den jeweils richtigen Bildern zu, d. h., der Zusammenhang von Motiv und Text dürfte seinerzeit jedermann geläufig gewesen sein.

Zunächst blieben die Bilder auf den Einbänden – hauptsächlich die der Rollen – ungerahmt, im Laufe ihrer stilistischen Entwicklung umgrenzten die Stecher sie mit raffinierten architektonischen Elementen, die den Bildern räumliche Tiefe verliehen. Die perspektivische Gestaltung von Brüstungen, Balkonen und Baldachinen vermittelte dem Betrachter die Sicht aus der Vogel- oder Froschperspektive[75].

Während die weiblichen Wesen aus der Antike in der Kunst des Mittelalters meist in zeitgenössischer Kleidung dargestellt wurden, präsentierten

72 Ebd.

73 Ebd., S. 323.

74 Schunke, Einführung in die Einbandbestimmung. Dresden 1977, S. 22.

75 Schunke, Studien (wie Anm. 62). Darin: Der Einfluss der Buchillustration auf den Rollenschnitt, S. 34–49, s. S. 38. Dazu s. auch: Rabenau, Tugendrollen (wie Anm. 39) S. 40.

die Maler der Renaissance sie bevorzugt in antikischen Gewändern, die mehr enthüllten denn verbargen[76]. Den Stechern der Werkzeuge für den Buchschmuck sagte diese Tracht wohl weniger zu, sie übernahmen die mittelalterliche Tradition und staffierten die Frauengestalten auf Rollen- wie Plattenstempeln zeitgemäß, nämlich überwiegend nach der höfischen Mode des 16. Jahrhunderts aus[77]. So findet sich die Weiblichkeit auf den Büchern zwar selten nur in Schleier, dafür aber, wie z. B. die Lukretia hier später beweist, hin und wieder recht nachlässig in die modischen Gewänder gehüllt. Möglicherweise war man bestrebt, das Geschehen auf den Werkzeugen mit der modernen Gestaltung zu aktualisieren, es in die Gegenwart zu übersetzen und ihm damit die gebührende ›zeitlose‹ Relevanz zu verleihen; vielleicht zollten die Stecher und Formschneider auch nur dem aktuellen Schönheitsideal Tribut. Für einige der männlichen Figuren wie Christus und die Erzengel, Evangelisten und Apostel schien eine zwingende Kleiderordnung festgelegt worden zu sein, sie tragen Gewänder, die für das biblische Zeitalter als maßgeblich galten. Die Stammeltern der Menschheit begnügten sich vor dem Sündenfall mit einem Feigenblatt, nach Vorgabe der Genesis gestraft, erschienen sie bekleidet.

Unter den Rollenstempeln gab es zahlreiche, die Medaillons mit den Köpfen der antiken Dichter, Kaiser, mythologischen Gestalten und Helden, der biblischen Könige, vor allem der Reformatoren und der Fürsten aus der Epoche der Renaissance aufwiesen. Die Vorlagen stammten aus Antiquitäten- und Münzbüchern, selbst die Porträts auf aktuellen Zahlungsmitteln und Gedenkmünzen wurden kopiert. Bei den Gelehrten des 16. Jahrhunderts waren die Numismatik und das Sammeln von Gemmen sehr beliebt. Während sich die auf den Plattenstempeln und Bilderfolgen agierenden Figuren auch ohne erläuternde Unterschriften anhand ihrer Attribute oder Handlungen zu erkennen geben, bereitet die Zuordnung der unbeschrifteten Medaillonporträts Schwierigkeiten. Begleitende Wappen, Haartrachten und Kopfbedeckungen wie Kronen, Kränze, Hauben und Helme, Barette und Doktorhüte, insbesondere der verbindende thematische Zusammenhang der Figuren untereinander erleichtern die Identifizierung.

76 Bautz, Virtutes (wie Anm. 38) S. 169.
77 Rothe, Darstellungen (wie Anm. 53) S. 121.

Rollen mit ausschließlich dekorativem Schmuck vervollständigten das sich ergänzende oder kontrapunktisch eingesetzte Repertoire an figürlichen Stempeln.

»Der Einband trägt sein Gesicht für sich allein« und »bewahrt sich dadurch gegenüber dem Buch eine größere Vielgestaltigkeit und Eigenart.«[78]Im Vergleich mit dem modernen Verlagseinband illustrierte der Stempelschmuck der Reformation nicht den Inhalt der Bücher. Zwar findet sich die Darstellung der Justitia häufiger auf juristischen Werken, beabsichtigte Bezüge zum Text sind im 16. Jahrhundert jedoch selten zuverlässig festzustellen. Wohl aber wirkten sich konfessionelle Strömungen auf die Wahl der Motive aus. So räumte z. B. der Meister Andreas Vicker dem Bildnis Melanchthons mit der Position auf dem Vorderdeckel ein Privileg ein, das sonst Martin Luther als Hauptfigur der Reformation vorbehalten blieb. Nach Luthers Tod hatten Melanchthon, später auch seine Mitstreiter, weitgehend die Linie der kirchenpolitischen Reformation geprägt und konnten eine breite Anhängerschaft gewinnen[79], die wegen ihrer konzessionsbereiten Einstellung im Glaubenskampf in Konflikte mit den radikalen Gnesiolutheranern geriet. Gemäß den Philippisten stand Melanchthon die Führungsrolle in der Reformation und damit auch der wichtigere Platz auf der Vorderseite der Bücher zu. Zwei entsprechende Arbeiten Vickers, die Texte aus der Feder des Reformators umschließen, verwahren die Universitätsbibliotheken Leipzig[80] und Köln[81].

II. c. Wert des Einbandschmucks für die historische Forschung

Über ihren religions- und kirchenhistorischen Kontext hinaus leisten die Rollen- und Plattenstempel aus der Reformationszeit wertvolle Beiträge zur Kultur- Kunst- und Regionalgeschichte, zur Genealogie wie zur

78 Schunke, Einführung (wie Anm. 74) S. 6–7.

79 Dazu s. Rabenau, Bildnisse (wie Anm. 32) S. 5.

80 Karpp-Jacottet, Sylvie: Melanchthon-Bildnisse auf Einbänden des 16. Jahrhunderts. In: Philipp Melanchthon und Leipzig. Beiträge und Katalog einer Ausstellung. Leipzig 1997, S. 146–152, s. Abb. S. 146 (= Kat.-Nr. 11).

81 Digitale Einbandsammlung (wie Anm. 13), Leipziger Rollen- und Platteneinband. Joachim Camerarius: De Philippi Melanchthonis ortu, totius vitae curriculo morte. Leipzig 1566.

buchhistorischen Forschung. Die Werkzeuge und ihre Verwendung vermögen die Geisteshaltung, das handwerkliche Know-how, die künstlerische Entwicklung und sogar die finanzielle Situation der Handwerker zu dokumentieren. Die Stempelabdrucke verraten, ob ein Stecher sich den Bilderthemen stilistisch auf eine eher volkstümliche oder höfisch elegante Weise näherte, und wie kunstvoll er die Abbildungen gestalterisch in Szene setzen konnte. Vor allem bei den Rollen ging es darum, die Bilder auf einer oftmals winzigen Fläche unterzubringen. Die beste Papiervorlage nutzte wenig, wenn der Meister sie nicht auf die wesentlichen Details und Linien zu reduzieren verstand. Auf den Büchern zeigt sich, ob er die Motive so geschickt auf das Metall der Stempel zu übertragen wusste, dass sie als erhabene Reliefs auf dem Leder des Einbands ansehnlich zur Geltung kamen. Eine feine detaillierte Arbeit bezeugt Talent und Geduld, auch attestiert sie ein hervorragendes Sehvermögen. Die Beschriftungen lassen auf das Bildungsniveau der Stecher schließen.

Abnutzungserscheinungen und langjähriger Gebrauch der einzelnen Stempel wie auch die Verbreitung der von einer Hand geschnittenen Werkzeuge belegen die Beliebtheit bestimmter Formschneider und ihrer Erzeugnisse bei Buchbesitzern und Buchbindern. Darüber hinaus erlaubt das karge oder umfangreich verfügbare Stempelmaterial einer Werkstatt den Einblick in die wirtschaftlichen Verhältnisse einer Buchbinderei.

Oftmals verewigten die Stecher sich oder die Buchbinder mit Hausmarken oder den abgekürzten Namen auf den Werkzeugen. Üblicherweise werden dabei die Monogramme den Stechern, die Initialen den Buchbindern zugeschrieben; manche der Handwerker sind deshalb heute anhand überlieferter Akten zu identifizieren. Zahlreiche Meister sind den Forschern sehr entgegengekommen, als sie die Platten und Rollen mit dem Fertigungsjahr der Stempel versahen, datierte Werkzeuge geben Auskunft über den Produktionszeitraum der Stecher und Anhaltspunkte zur Schaffensperiode der Buchbinder. Die Dauer des buchbinderischen Wirkens lässt sich im Übrigen anhand der Kauf- oder Bindevermerke und der meist auf den Riegeln abgeprägten Fertigungsjahre im Vergleich mehrerer Bände einschätzen. Liefern Einband, Vorsatzpapiere oder handschriftliche Einträge keine Informationen zum Zeitpunkt des Entstehens, versteht sich das Erscheinungsjahr des

Drucks wenigstens als ›Terminus post quem‹, d. h. als Datum, nach dem das Buch eingebunden worden sein muss. Stilistik und Vorkommen des Stempelmaterials tragen dazu bei, den Entstehungsort der Einbände zu ermitteln und sogar den Weg und Werdegang manch eines Metallarbeiters oder Einbandschaffenden zu verfolgen. So brachte z. B. der Geselle des Kölner Buchbinders R. V. eine Rolle nach Bremen in die Werkstatt des Meisters mit der Totenuhr-Rolle ein[82]. Initialen sesshafter Buchbinder in weit entfernten Städten deuten dagegen darauf hin, dass ein Buchführer seine Produkte in der Heimatstadt einbinden ließ und andernorts feilbot. Meist aber gelangten die Stempel durch Verkauf und Tausch oder als Geschenk und Mitgift in fremde Hände, auch wurden die kostbaren Utensilien über mehrere Generationen vererbt. Überlieferte Inventarverzeichnisse weisen nach, dass manche Buchbinder auftragsgemäß in fürstlichen Werkstätten arbeiteten und den Erhalt und die Vollständigkeit der wertvollen Gerätschaft zu quittieren hatten.

Die Stecher verkauften ihre Ware in der Regel wohl auf den großen Messen in Frankfurt und Leipzig oder in anderen bedeutenden Handelsstädten. Ilse Schunke vermutet, dass der Meister mit den Initialen NP sogar weite Reisen zum Vertrieb seiner Erzeugnisse unternahm. Vielfach hatten die Metallarbeiter Stempel auf Vorrat angefertigt und konnten sie auf Wunsch ihrer Kunden nachträglich um deren Initialen ergänzen[83]. Dieses Vorgehen erklärt das gleichzeitige Vorkommen bezeichneter wie unbezeichneter identischer Stücke an mehreren Orten. Dass die Werkzeuge als Dutzendware angefertigt, nachgeschnitten oder mittels Klischees nachgegossen und kopiert wurden, erschwert die Zuordnung.

Die Auswahl der Motive unterlag regionalen Gepflogenheiten und steht nicht selten in Zusammenhang mit der Landes- und Kirchengeschichte[84] des Herkunftsgebiets, deshalb ist im Werkzeug- und Einbandvergleich auch von Interesse, welchen Bildinhalten Stecher wie Buchbinder eine Vorrangstellung einräumten, und warum sie oder ihre Kunden diese bevorzugten. Sogar

82 Schunke, Rollen- und Platteneinband (wie Anm. 9) S. 328–329; Arnim, Manfred v.: Europäische Einbandkunst aus sechs Jahrhunderten. Beispiele aus der Bibliothek Otto Schäfer. Schweinfurt 1992, S. 48.

83 Loubier, Hans: Der Bucheinband von seinen Anfängen bis zum Ende des 18. Jahrhunderts. Leipzig 1926 (= Monographien des Kunstgewerbes, Bd. XXI/XXII) S. 206.

84 Rabenau, Reformation (wie Anm. 41) S. 323.

ein unterschiedliches Kompositionsschema der Stempel konnte die Aussage der Bilder auf den Rollen und auf den Einbänden betonen oder aber ihr Gewicht ideologisch verlagern. Von den füllenden, rein dekorativen Stempeln abgesehen, entsteht der Eindruck, dass die Buchbinder bei der Verwendung ihrer erzählenden Rollen und Platten wenig dem Zufall überließen.

Auf den Deckeln der Bände mit reformatorischen Stempeln unterstützen außerdem sowohl Wappen, Marken und Supralibros, als auch Initialen und Bindejahre in den Riegeln neben dem übrigen Stempelmaterial die Recherchen nach den Besitzern, oft in Verbindung mit den Einträgen auf Titelblättern und Vorsatzpapieren, den Marginalien und Wasserzeichen sowie der Makulatur. Auch vermitteln sie im Zusammenhang mit weiteren Indizien Erkenntnisse zur Geschichte bestehender und zur Rekonstruktion zerstreuter Bibliotheken.

Seit Ende des 18. Jahrhunderts fanden die Werkzeuge der Buchbinder das Interesse der Wissenschaftler und Bibliophilen. Galt der Einband zunächst nur als schmückendes Beiwerk, richtete sich die Aufmerksamkeit der Forscher zunehmend auch auf seinen Quellenwert. Zahlreiche, noch im 19., in der Hauptsache aber 20. Jahrhundert erschienene Veröffentlichungen und Ausstellungskataloge geben Aufschluss über das Vorkommen der Stempel in den einzelnen Bibliotheksbeständen und Sammlungen. Das Nachschlagewerk des Einbandforschers Konrad Haebler, die Studien von Ilse Schunke und neuerdings auch das kontinuierlich wachsende elektronische Verzeichnis der Staatsbibliothek zu Berlin erlauben den überregionalen Nachweis der reformatorisch beeinflussten Rollen und Platten[85]. Als maßgebliche Quelle für den vorliegenden Aufsatz konnte ich insbesondere auf die grundlegenden Arbeiten von Dr. Konrad von Rabenau, Schöneiche und Leipzig, zurückgreifen[86]. Schließlich sei der leider in Vergessenheit

85 Haebler, Konrad: Rollen- und Plattenstempel des XVI. Jahrhunderts, Bd. 1–2. Leipzig 1928–29 (= Sammlung bibliothekswissenschaftlicher Arbeiten, H. 41–42); Schunke, Rollen- und Platteneinband (wie Anm. 9); Schunke, Studien (wie Anm. 62). Weitere Quellen in: Rabenau, Konrad von: Paul Schwenkes Beitrag zur Methodik der Einbandforschung und seine Wirkung auf die Erforschung der deutschen Einbände des 15. und 16. Jahrhunderts. In: Bibliothek und Wissenschaft 38 (2005) S. 99–141.

86 Für sein Interesse an meinen Ausführungen und auch für alle Anregungen und Korrekturen danke ich ihm herzlich.

geratene Theologe Johann Salomo Semler[87] erwähnt, der 1782 mit seinen »Sammlungen« eine Lanze für die evangelische Bilderwelt auf den Buchcinbänden brach. Es ist zwar zu befürchten, dass ihm das Prinzip der Rollen noch nicht geläufig war: »Man findet nemlich recht häufig blos das Ober- oder Untertheil einer solchen Form, die man sonst volkommen und ganz kent (...) aber die schmalern und kleinern meisten Formen sehe ich für solche an, die man Stükweis gebrauchen konte, eben wenn der Raum für die ganze Figur felete«[88], dafür liefert der Autor neben der Auflistung zahlreicher bezeichneter Stücke interessante Gedanken zur Schönheit der Werkzeuge und zur Kunst der Stecher und Buchbinder.

II. d. Künstlerische Relevanz

»Zu keiner Zeit ist das Verhältnis von Mensch und Buch ein so inniges gewesen wie in der Renaissance«[89]und selten blieben Werkzeuge und Bindetechniken über einen so ausgedehnten Zeitraum aktuell. Auf den ersten Blick wirken die sich augenscheinlich regelmäßig wiederholenden Rollen und Platten stereotyp, auch die fehlerhaften Beschriftungen bieten Anlass zur Kritik. Außerdem ließ die Anwendung der Rollen im Gegensatz zur Prägung mit kleinen Einzelstempeln keine gefälligen Ecklösungen zu, weil sich die Bilder in den Winkeln überschnitten. Schließlich hat es die späteren Bibliophilen gestört, dass die Rollenstempel, die nur für den senkrechten Gebrauch geschnitten waren, konsequent für den gesamten Rahmen zum Einsatz kamen, sodass figürliche Motive in den waagerechten Leisten »auf die Seite gelegt«[90]wurden.

Entstanden die Arbeiten alle der Not gehorchend, weil die schlechte wirtschaftliche Lage während der Kriege so nachhaltig die kunsthandwerkliche Entwicklung verhinderte? Hielten Handwerker und Buchbesitzer aus ignoranter Borniertheit an den altmodischen Formen fest? Der

87 Sammlungen zur Geschichte der Formschneidekunst in Teutschland, hrsg. v. Johann Salomo Semler, Leipzig 1782.

88 Ebd., Vorwort, § 5 und § 11.

89 Schunke, Einführung (wie Anm. 74) S. 18.

90 Loubier, Bucheinband (wie Anm. 83) S. 199–200.

einschlägigen Literatur ist zu entnehmen, dass die Buchbinder seit der Verbreitung der reformatorischen Schriften, um der Masse der Bestellungen überhaupt gerecht zu werden (und mit möglichst geringem Aufwand möglichst hohe Verdienste zu erzielen), für komplizierte Bandwerkverschlingungen und minuziös zelebrierte Stempelkompositionen keine Muße fanden. Unter Zeitdruck standen dann scheinbar auch die Stecher, die ihre Motive von Vorlagen kopierten und keine eigenständigen Ideen lieferten; stets umgibt die Einbände der Vorwurf mangelhafter künstlerischer Leistung und banaler, zur Formelhaftigkeit erstarrter Dekoration. Es ist zu hinterfragen, ob die Qualität der Quantität zum Opfer fiel, ob die reformatorische Bilderwelt auf den Büchern eine Profanierung erlebte und sich der Einbandschmuck deshalb auf eine rein dekorative Wirkung reduziert hatte.

Dass die Schriften in der Tradition der spätgotischen Klostereinbände nur solide ›Gebrauchseinbände‹ erhielten, will nicht zu dem oben erwähnten Zitat über das seinerzeit ›innige Verhältnis‹ des Menschen zu seinen Büchern passen. Bücher wurden zur Information, zum Studium und zur religiösen Erbauung herangezogen. Sie vermittelten Bildung und Wissen und waren den Lesern nicht nur der hohen Preise wegen teuer. Demnach sollten die Eigentümer Wert auf eine angemessene Gestaltung ihres kostbaren Besitzes gelegt haben. Um die künstlerische Individualität der Stecher und Buchbinder zu beurteilen, ist es sinnvoll, von den wirklich gelungenen Arbeiten auszugehen, weil, wie in allen Bereichen der Kunst und des Kunsthandwerks, die Güte der Ausführung vom Können der Meister und den Ansprüchen (und Mitteln) der Auftraggeber abhängt.

Bisher unbekannte Schmuckformen transportierten die Ideen von Reformation und Humanismus. Das Bestreben, an den einschneidenden Neuerungen möglichst zügig auch visuell teilzuhaben, ließ die Relevanz des schöpferischen Akts in den Hintergrund treten. »Die fast doktrinäre Verwertung zeitgenössischer und antiker Vorlagen«, d. h. das Kopieren fremder Werke war nicht als unrechtmäßig verpönt, es erfuhr sogar z. B. mittels gesondert gedruckter Bildbeilagen zu den Büchern und in allgemein zugänglichen Sammlungen von Entwürfen Akzeptanz und obrigkeitliche Förderung. »Kunst und Kunsthandwerk fühlten sich der gleichen ikonographischen Atmosphäre verpflichet« und befruchteten sich gegenseitig[91].

91 Schunke, Studien (wie Anm. 62) S. 1–2.

Die Stempelbilder auf den Einbänden erschienen meist im positiven Relief erhaben auf dem Leder, eigneten sich deshalb nicht für die Vergoldung und kamen wenig prunkvoll daher. Semler kommentierte: »Die ersten [im positiven Abdruck blindgeprägten] fallen vielmehr in die Augen; die Formen haben auch alsdann vielmehr Kunst des Meisters vor Augen, als die niedergedrukten [für die Vergoldung versenkt, also negativ geprägten] Theile des Leders annemen und zeigen konten«[92].

Dass der zurückhaltende Einbandschmuck allgemein bevorzugt wurde, darf man wohl nicht auf das fehlende Interesse an der Gestaltung der Bücher, sondern eher auf das reformbedingte Bestreben zurückführen, übertriebene Prachtentfaltung zu vermeiden. Programmatisch, aber nie reißerisch und plakativ warben die Motive für die Sache der Erneuerung; wie die protestantisch orientierten Kirchenbilder und Dekorationen im häuslichen Bereich zeugen meist auch die religiös ausgerichteten Verzierungen auf den Büchern vom Bekenntnis ihrer Besitzer. Gleichzeitig vermittelte der Bucheinband hochgeschätzte profane Werte, denn er trug mit der Oberflächenprägung nach Art der Münzen und Gemmen der Sammelleidenschaft der Intellektuellen Rechnung.

Ohne den Inhalt der Bücher zu reflektieren, stimmten die Einbandmotive auf die sorgfältige Auseinandersetzung mit dem Text ein. Wie die Schriften bedurften die Bilder auf den Einbänden aller Aufmerksamkeit, um sämtliche Details zu erfassen, die neben ihrem offensichtlichen Sinngehalt auch eine bei den humanistischen Gelehrten und den Vertretern der religiösen Erneuerung überaus beliebte versteckte Symbolik aufwiesen. Im Vergleich zum ›welschen‹ ornamentalen Einbanddekor ist nicht zu unterschätzen, dass die figürlichen Motive zu einer Zeit, die noch nicht von medialen Eindrücken überfrachtet war, etwas zu erzählen hatten und sich ›begreifbar‹ mitgeteilt haben.

Für die Kunstfertigkeit und Kreativität der Meister sprechen sowohl die sorgfältige Komposition und der feine Schnitt der Motive auf den Stempeln als auch die durchdachte und geschmackvolle Kombination der unterschiedlichen Gerätschaften auf den Büchern. Individuell richtete sich der unaufdringliche Schmuck nach dem Format der Deckel und fand in der Zusammenstellung der Werkzeuge und ihrer Platzierung eine Vielzahl

92 Semler, Sammlungen (wie Anm. 87) Vorwort, § 10.

eigenständiger Ausdrucksmöglichkeiten. Bei näherem Hinsehen wird deutlich, dass keiner der Einbände mit dem anderen identisch ist.

Schließlich bewies sich die innige Beziehung zu den Büchern in der konservativen Einbandform: Schwere Holzdeckel verliehen den kostbaren Texten im wörtlichen Sinne Gewicht; massive Metallschließen boten wirksameren Schutz als seidene Bänder. Zugute kamen diese Technik und die Materialien nicht nur den schweren Folianten, auch kleinformatige Schriften erhielten unverwüstliche Einbände, die sie über Jahrhunderte vor dem Verschleiß sicherten.

Offensichtlich verwendete man den beliebten Einbandschmuck nicht allerorten im Bewusstsein seiner eindeutig protestantischen Herkunft. Die Verbreitung der Werkzeuge auch in katholischen Gebieten (mit Ausnahme der dort weniger geschätzten Reformatorenporträts) muss nicht unbedingt den Verlust ihrer Aussage bedeuten, sondern veranschaulicht – von der offenkundigen Popularität der Originalschnitte versierter Meister bis zu den mehr oder weniger gelungenen Kopien – die Möglichkeit eines breiten Interpretationsspektrums und das konfessionsübergreifende Bedürfnis nach Erneuerung und Reformen.

Wie eingangs erwähnt gingen bei den vorliegenden Büchern manche Provenienznachweise verloren. Auch die Einbandstempel lassen oft genug Initialen und Datierungen vermissen, oder sie finden sich in einschlägigen Nachschlagewerken nicht verzeichnet. So bleibt vieles offen. Gerade deshalb besteht in der Veröffentlichung der Werkzeuge die Chance und Herausforderung, die Einbände über Stempel- und Herkunftsvergleiche in weiteren Bibliotheken zu lokalisieren und zu datieren. Für die Einbandforschung sind vor allem die unbekannten Stempel relevant; die Beschreibung der bekannten Buchbinder und ihrer Werkzeuge dürfte dagegen für den interessierten Laien von Reiz sein. Beide Versionen sollen im Folgenden vorgestellt werden.

Die Ordnung der beschriebenen Bücher richtet sich nicht nach der chronologischen Reihenfolge ihres Erscheinens, auch bieten die folgenden Arbeiten keinen bestandsanalytischen Überblick auf die Einbände der evangelischen Bibliotheken. Sie belegen vielmehr als typische Vertreter ihrer Spezies in Auswahl einige eingangs beschriebene

Charakteristika der reformatorischen Ikonographie auf den Buchdeckeln. Umfangreiches Abbildungsmaterial zu den Beispielen liefert die Kölner Digitale Einbandsammlung *(wie Anm. 13)*.

III. Beispiele

1. Rolleneinband, Lauingen, Jobst Kalhart, nach 1576

Kirchenordnung Wie es inn Des Durchleuchtigen Hochgebornen Fürsten vnd [und] Herrn Herren Wolffgangs Pfaltzgrauen] Bey Rhein Hertzogen in Baiern Grauens [Gravens] zu Veldentz vnnd Sponhaim (...) gehalten worden. Enth. außerdem: Articul Christlicher lehre / Durch D. Martin Luther geschriben. [Martin Luther]. Kirchengesanng Teutsch vnd Lateinisch Dauon in Newburgischer vnd Zweybruckischer gleichförmiger Kirchenordnung meldung geschicht Nürnberg, gedruckt (...) durch Dieterich Gerlatz[93], 1570[94] Recto wie verso legte der Buchbinder den Schwerpunkt des Einbandschmucks mit einer Salvator-Rolle[95] (216 x 22 mm) auf den zweiten Rahmen. Die Bilderfolge zeigt Christus, David, Paulus und Johannes mit den entsprechenden Unterschriften: Data Est Mih[i] / Omnes Pote[stas in coelo et in terra] - De Frvctv Ve / Ntris Tvi [ponam super sedem tuam] - Apparvit Be / Nignita[s] Et [humanitas Salvatoris nostri dei] - Ecce Angnvs / Dei Qvi Tolli[t peccata mundi][96].

Christus hält als Salvator Mundi in der linken Hand das Symbol seiner Weltherrschaft, einen Reichsapfel, die Rechte hat er segnend erhoben. Auf ihn, den Heilsbringer und Erlöser der Welt, verweisen David, Paulus und Johannes der Täufer.

David, als israelitischer König mit Gott verbündet, vertritt - hier psalmodierend - das Gesetz des Alten Testaments. Er zählte zu den wichtigsten Vorbildern christlicher Fürsten, weil er ihr Selbstverständnis

93 Franck, Jakob: Dietrich Gerlach. In: Allgemeine deutsche Biographie. 2., unveränd. Nachdr. der Leipziger Ausg. Bd. 9, Leipzig 1878, Berlin 1968, S. 8-9. Korr.: Bd. 22, Leipzig 1885, Berlin 1970, S. 793.

94 VD16 P 2276.

95 Haebler, Rollen- und Plattenstempel (wie Anm. 85) Bd. I, S. 241,3 (I. K.)

96 A: Mt 28,18; B: Ps 132,11; C: Tit 3,4; D: Joh 1,29.

personifizierte, sich in der Auseinandersetzung tapfer und im Frieden weise zu zeigen. Mit dem Harfenspiel und in der Absicht, einen Tempel mit der Bundeslade zu errichten, bewies er seine Frömmigkeit. Humanisten wie Reformatoren schätzten ihn vor allem wegen seiner Psalmen, die typologisch mit dem Neuen Testament korrespondieren. Sie prägen als Realprophetie das Evangelium vor und stimmten nach Luthers Auffassung sogar soweit damit überein, dass er einige darunter teilweise nicht David, sondern Christus selbst in den Mund legte[97]. Auch schrieb der musikbegeisterte Reformator in Anlehnung an Ps 46 das wohl bekannteste evangelische Kirchenlied »Ein feste Burg ist unser Gott«; Heinrich Heine erklärte es zur ›Marseillaisehymne der Reformation‹.

Paulus, der im Jahr 64 vermutlich mit einem Schwert hingerichtet wurde, trägt diese Waffe nun als Attribut und verficht mit ihr den Glauben. Im Römerbrief des Paulus fand Luther die Grundlage seiner Theologie bestätigt, dass nämlich der Mensch aus dem Glauben gerecht wird (Gal 2,15–21)[98]. Auch sah er in den Ausführungen des Apostels die reformierte typologische Lehre belegt, die, entgegen der herkömmlichen, ausschließlich auf der Grundlage von Biblizität und Christozentrik beruhte[99]. Der Verkündigungstext des letzten Bildes weist Johannes den Täufer aus[100]. Mit seinem Attribut, einem Buch, fasst der asketische ›unermüdliche Rufer in der Wüste‹ das Alte Testament in seiner Botschaft zusammen und deutet gleichzeitig auf den Träger des neuen Bundes hin. Vermutlich steht die Schwertsymbolik (Paulus) für die Vita Activa, ein tätiges, an der Umwelt teilnehmendes Leben, während sich der Sinnbildgehalt des Buches auf die Vita Contemplativa, das Leben in der Abwendung von den weltlichen Dingen und der Hinwendung zu Gott richtet[101].

97 Ohly, Friedrich: Gesetz und Evangelium. Zur Typologie bei Luther und Lucas Cranach. Münster 1985, S. 6.

98 Michel, Paul: Übergangsformen zwischen Typologie und anderen Gestalten des Textbezugs. Darin: Gesetz als Grund der Gnade beim Apostel Paulus. In: Bildhafte Rede in Mittelalter und früher Neuzeit, hrsg. v. Wolfgang Harms und Herfried Vögel, Tübingen 1992, S. 43–75, s. S. 52–54; Bultmann, Rudolf: Theologie des Neuen Testaments. Tübingen 1953 (= Neue theologische Grundrisse). Darin: Die Theologie des Paulus, S. 255–266.

99 Goppelt, Leonhard: Apokalyptik und Typologie bei Paulus. In: Theologische Literaturzeitung 89 (1964) Sp. 321–344.

100 Weis, Elisabeth: Johannes der Täufer. In: Lexikon der christlichen Ikonographie, hrsg. von Wolfgang Braunfels, Bd. 7, Rom, Freiburg, Basel, Wien 1974, Sp. 168.

101 Dornik-Eger, Ikonographie (wie Anm. 56) S. 24.

317 x 204 mm. Helles Schweinsleder über Holzdeckeln, auf 4 Bünde geheftet. Blindprägung. Deckelkanten in den Mitten abgeschrägt. 2 zum Vorderdeckel greifende Schließen, 8 Eckbeschläge mit floralen Motiven und runden Buckeln. Gestochenes grün/weißes Kapitalband. Deckel mit schmal/breit/schmalen Linien und 3 Rollen kassettiert. Im Außenrahmen Kranzrolle, im Mittelfeld dieselbe vertikal doppelt geführt. Recto leere Querriegel. Signatur: EVA 5002

Eine der zahlreichen unbezeichneten Reformatorenrollen[102] (188 x 14 mm) umschließt die Einbandmitte: Mart[in Luther] - Ioha[nnes Hus] - Eras[mus von Rotterdam] - Phil[ipp Melanchthon]. Symmetrisch angeordnetes Laubwerk umgibt die Medaillons mit den Porträts der Erneuerer, unter denen sich auf kleinen Schildern die Beschriftungen finden. Als Vorläufer der Reformation erscheint Johannes Hus direkt neben ihrer Leitfigur. Auch Philipp Melanchthon nimmt als Freund und Mitstreiter seinen Platz nahe beim Reformator ein, zwischen Hus und Melanchthon aber hält Erasmus von Rotterdam zu Luther angemessene Distanz. Dieser hatte zunächst die Unterstützung des bedeutenden Humanisten im Glaubenskampf erhofft, der in manchen Punkten seiner Kritik, z. B. in der Frage der Ablässe, mit ihm übereinstimmte. Nachdem sich Erasmus zu einer Stellungnahme genötigt sah, hatte er zu Luthers Missfallen die These formuliert, dass dem Menschen der freie Wille von Gott gegeben sei. Der Reformator fühlte sich provoziert, denn er ging von der Schuld und Erbsünde des Menschen aus und konnte diese Theorie nicht akzeptieren. Mit spitzer Feder lieferten sich die beiden Gelehrten ein Wortgefecht[103], das sich über mehrere Jahre hinziehen sollte. Es gipfelte darin, dass Luther den Erasmus der Heuchelei und des Atheismus bezichtigte, und ihm dieser vice versa Maßlosigkeit und Unberechenbarkeit vorwarf. Erasmus liberale Einstellung stand trotz der Konvergenzen letztlich in scharfem Kontrast zu Luthers Lehre, insbesondere zu der Art, wie er sie vertrat. Der Humanist suchte seine Reformen mit bescheidenem Anstand zu realisieren[104] und distanzierte sich deutlich von jeglichem konfessionellen Gezänk; zuwider war ihm vor allem der Aufruhr, für den der Reformator gesorgt hatte. Vielleicht ist es Erasmus und Luthers gemeinsamen Freund, Melanchthon, zu verdanken, dass er dennoch einen Platz in der Reformatorenfolge auf den Rollenstempeln einnahm[105]. Der ›Praeceptor

102 Haebler, Rollen- und Plattenstempel (wie Anm. 85) Bd. I, S. 474 (B. W.)

103 Auslösend waren die von Erasmus 1524 veröffentlichte Abhandlung »De libero arbitrio« (Vom freien Willen) und Luthers Gegenschrift »De servo arbitrio« (Vom geknechteten Willen), die 1525 erschien.

104 Erasmus von Rotterdam, Briefe, verdeutscht und hrsg. v. Walther Köhler, erw. Neuausg. v. Andreas Flitner, Bremen 1956 (= Sammlung Dieterich, Bd. 2) S. 245–247. Zitiert nach: Halkin, Léon E.: Erasmus von Rotterdam. Eine Biographie. Zürich 1989, S. 171.

105 Rabenau, Einbandkunst (wie Anm. 29) S. 346.

Germaniae‹, selbst Philologe und Philosoph, hielt das Bewusstsein für die ursprüngliche Koalition zwischen Humanisten und Reformation aufrecht. Möglicherweise beruhte die Präsenz des Erasmus auch auf der strategischen Überlegung, mit den Werkzeugen außer den Überzeugten auch die Sympathisanten zu erreichen, sie in den Geltungsbereich des Protestantismus einzubeziehen und damit einem größeren Kreis genüge zu tun[106].

Von den Vorsatzpapieren des Buches ist nur das hintere mit einem Wasserzeichen aus Dillingen, 1571[107], erhalten geblieben. Dort hatte Gebhard Truchsess von Waldburg studiert, der spätere Erzbischof von Köln (Bischof von 1577–1583). Die von Melanchthon abgesegnete und 1557 verkündete Kirchenordnung[108] des fanatischen Protestanten Wolfgang von Zweibrücken, Pfalzgraf bei Rhein (1526–1569), hätte den Bischof, der zur Zeit ihres Erscheinens noch streng katholisch war, nach seinem Gesinnungswandel sicher interessiert[109]. Der fehlenden vorderen Vorsatzpapiere wegen lässt sich aber nicht mehr nachvollziehen, ob das Buch aus seinem Umfeld stammte, und wie es nach Köln gelangte, bevor es in die Bibliothek des Kölner Synodalarchivs überging. Dort wurden die Titelei und die fehlenden ersten acht Seiten durch Kopien vervollständigt.

Die Reformatorenrolle stammt von dem Lauinger Buchbinder Balthasar Wernher (*um 1525), der wohl in beschei-

---

106 Schunke, Studien (wie Anm. 62) S. 47–48.

107 Wasserzeichenkartei Piccard. Digitale Publikation der Wasserzeichensammlung Piccard im Hauptstaatsarchiv Stuttgart. Ebd., 2006 [online] Wasserzeichen: Buchstabe P, gebrochen, zweikonturig, mit Beizeichen, darüber Wappenschild mit Tier, Nr. 115459, 59 x 22 mm, Dillingen 1571 http://www.piccard-online.de

108 Ney, Julius: Pfalzgraf Wolfgang, Herzog von Zweibrücken und Neuburg. Leipzig 1912 (= Schriften des Vereins für Reformationsgeschichte. Bd. 29, H. 106) S. 33–54.

109 Kohl, Wilhelm: Waldburg, Gebhard Truchseß v., Kurfürst u. Erzbischof von Köln (1547–1601). In: Biographisch-Bibliographisches Kirchenlexikon, hrsg. v. Traugott Bautz, Bd. XIII, Herzberg 1998, Sp. 189–191. [online] http://www.bautz.de/bbkl/w/waldburg_g.shtml

denem Umfang auch mit Büchern handelte. An seinem Haus hatte er die werbewirksame Inschrift ›Religantur et planantur Libri‹ angebracht. Dagegen gehörte die Salvatorrolle dem aus Ulm stammenden Buchbinder Jobst (Jodokus) Kalhart (1550–1635). Nachdem Wernher um die Jahreswende 1575/76 oder zu Beginn des Jahres 1576 gestorben war, heiratete Kalhart dessen Witwe Sabina und übernahm die Werkstatt.[110] Er fertigte den Einband für die Kirchenordnung an und verwendete dabei neben dem eigenen auch das Werkzeug aus dem Nachlass seines Vorgängers.

III. 2. Rollen und Platteneinband, Süddeutschland(?), um 1600

Bartholomaeus Platina: Historia de vitis ac gestis Pontificum Romanorum. Beigef.: Panvinio, Onufrio: De vitis ac gestis summorum pontificum. Coloniae Vbiorvm, Ex Officina Mater. Cholini, sumptibus Gosuini Cholini[111], 1600[112]

In der vorderen Deckelmitte verlieh der unbekannte Meister der Taufszene[113](81 x 50 mm) mit der Unterschrift: Hic Est Filivs Mevs Dilec / Tvs In Qvo Mihi Complacvi[114] zentrale Bedeutsamkeit. Ein von Pilastern gestützter Rundbogen wölbt sich über dem Geschehen und lenkt den Blick des Betrachters auf Johannes, der Jesus im Jordan tauft. Gottvater als bärtiger, mit Mitra und Weltkugel (Reichsapfel) ausgestatteter Greis thront, die Handlung mit seiner Anwesenheit autorisierend und bestätigend, in einer Wolkenglorie mit Putten. Unter ihm symbolisiert eine Taube den Heiligen

110 Seitz, Reinhard H.: Zur Biographie der Lauinger Buchbinder der zweiten Hälfte des 16. und des beginnenden 17. Jahrhunderts. In: Archiv für Geschichte des Buchwesens 4 (1963) Sp. 777–790; Schmidt, Adolf: Zur Geschichte der deutschen Buchbinder im 16. Jahrhundert. In: Beiträge (wie Anm. 9) S. 1–109, s. S. 6; Geldner, Ferdinand: Pfalzgraf Philipp Ludwig von Neuburg (1547–1614), ein bibliophiler Fürst, und die Lauinger Buchbinder. In: Festschrift Ernst Kyriss. Stuttgart 1961, S. 287–316.

111 Benzing, Josef: Die Buchdrucker des 16. und 17. Jahrhunderts im deutschen Sprachgebiet. 2., verb. u. erg. Aufl. Wiesbaden 1982 (= Beiträge zum Buch- und Bibliothekswesen, Bd. 12) S. 247: Goswin Cholinus (1588–1610).

112 VD 16 P 3269.

113 Beleg der Platten Taufe/Verkündigung nach schriftlicher Auskunft von Dr. Konrad von Rabenau: Sárospatak (Ungarn) A 540 Mainz 1601.

114 Mt 3,17.

Geist. Als alttestamentliches Simultanbild der Taufe wird der Durchzug der Juden durch das Rote Meer verstanden, häufig kommt er als schmückendes Motiv auf den Taufbecken vor. Die Reinigung von der Sünde durch das Taufwasser greift metaphorisch die Befreiung der Juden aus der Sklaverei der Ägypter auf.

In der protestantischen Kirche fand ein Sakrament erst dann seine Berechtigung, wenn es durch ein ausdrückliches Verheißungswort und ein erkennbares Zeichen biblisch zu belegen war. Das traf nach evangelischer Auffassung nur auf die Taufe und das Abendmahl zu. Demnach erkannten die Reformatoren von den traditionellen sieben Sakramenten fünf, die Ehe, die Salbung, die Firmung, die Weihe und die Beichte[115] nur als Ritus an, »da sie weder ein eigenes sichtbares Element, noch die göttliche Institution von Christus oder den Aposteln haben«[116]. Nicht ohne Grund blieb der Taufszene die Sonderstellung auf dem Vorderdeckel vorbehalten – der durch Gott und den heiligen Geist bestätigte Beginn des Amtes Christi war den Reformatoren wichtiger als die Szene der Empfängnis (82 x 48 mm), die folgerichtig den hinteren Buchdeckel schmückt. Diesmal umgibt das architektonische Rahmenwerk, ein Bogen mit Stützpfeilern, das Interieur einer Räumlichkeit, die von einem Kreuzgratgewölbe überspannt wird. Fenster, Blumenschmuck, Bodenfliesen und kostbar verziertes Mobiliar sorgen für ein freundliches Ambiente, in dem Gabriel der Maria die Geburt Christi verkündet. Unterhalb des Rundbogens erscheint die Taube, die hier als Zeichen des Geistes auf Maria niederfährt. Den alttestamentlichen Bezug zum neutestamentlichen Ereignis legitimieren die der Platte beigefügten Worte des Propheten Jesaja: Ecce Virgo Concipes [= concipiet] in / Vtro Et Paries Filii [pariet filio][117].

Zwischen den beiden schlichten Rollenwerkzeugen, die das Geschehen begleiten, nimmt eine dritte Rolle (157 x 12 mm) direkten Bezug. Die betende Spes versinnbildlicht die Hoffnung, als Attribut ist ihr ein Kreuz beigegeben.

115 Die Beichte hatte Luther zunächst als Sakrament befürwortet, weil er im Evangelium des Johannes (20,22) einen Verheißungshinweis sah, reklamierte aber später, dass ihr ein Zeichen fehle.

116 Marheineke, Philipp: Christliche Symbolik oder komparative Darstellung des katholischen, lutherischen und reformierten Lehrbegriffes. Braunschweig, Leipzig 1897, S. 213.

117 Jes 7,14 und Mt 1,23.

Nach reformatorischem Verständnis ist die erwartungsvolle Zuversicht nicht darauf gerichtet, Erlösung zu erlangen, vielmehr ermuntert sie die Gläubigen im Kampf gegen Anfechtungen und Zweifel. Caritas hält fürsorglich ein Kind auf dem Arm und überträgt bildlich die christliche Liebe. Gemäß der protestantischen Lehre verdeutlicht diese Tugend das Verrichten guter Werke aus dem Selbstverständnis menschlicher Veranlagung. Mit Kreuz und Kelch allegorisiert Fides den Glauben, durch ihn allein wird der Mensch nach einem der drei evangelischen Glaubensgrundsätze (sola fide) vor Gott gerecht. Die theologischen Virtutes[118] treten nicht zuverlässig nur in ihrer tradierten Gruppierung auf; oft gesellt sich eine der Kardinaltugenden zu ihnen, und manchmal erscheinen sie auch mit weiteren biblischen, mythologischen oder historischen Figuren. In diesem Fall wird das Trio der christlichen Allegorien von einer der klassischen Herrschertugenden, Fortitudo, begleitet. Die Tapferkeit, die nach scholastischer Interpretation auch die Bereitschaft zu Verwundungen, Tod und Martyrium veranschaulicht, unterstützt Fides, indem sie - bezogen auf das Bekenntnis im Sakrament der Taufe - mit ihrem Attribut, einem abgebrochenen Säulenstumpf, die Stärke im Glauben demonstriert. Fortitudo allegorisierte darüber hinaus die den Protestanten im Glaubenskampf unverzichtbare Furchtlosigkeit. Die Bezeichnungen auf dem Werkzeug benennen: Spes - Fortit[udo] - Caritas - Fides.

Mit den im Wechsel abgebildeten Köpfen eines Türken und eines Heiden umgibt eine Medaillonrolle[119] (140 x 10 mm) das Mittelfeld. In der Bayerischen Staatsbibliothek findet sich dieses Werkzeug auf einem Einband für einen weiteren Druck aus Mainz. Das Wasserzeichen des im Jahre 1600 belegten hinteren Vorsatzpapiers im vorliegenden Band belegt Piccard allerdings für Dinkelsbühl[120].

Laut dem ältesten Besitzeintrag ›Liber carthusiae Cellae Salutis in Dueckelhausen‹ gehörte das bei Cholinus erschienene Buch der ehemaligen Kartause Tückelhausen, ›Zelle des Heils‹, bei Ochsenfurt. Seit Mitte des 12. Jahrhunderts in Prämonstratenserbesitz, war das Kloster 1351 an die

118 Belegt im Bibelzitat 1. Kor. 13,13. Zitiert nach Rabenau, Tugendrollen (wie Anm. 39) S. 35.

119 Haebler, Rollen- und Plattenstempel (wie Anm. 85) Bd. II, S. 232, 69.

120 Wasserzeichenkartei Piccard (wie Anm. 107) Fabeltier, Einhorn im Wappenschild ohne Beizeichen, Nr. 125103, 61 x 49 mm, Dinkelsbühl 1600.

252 x 175 mm. Helles Schweinsleder über Holzdeckeln, auf 4 Bünde geheftet. Blindprägung. Deckelkanten in den Mitten abgeschrägt. 2 Riemenschließen mit Haken, 1 Schließenlager defekt. Kapitale naturfarben. Reste von hellem Rückentitelschild mit roter Prägung. Recto wie verso gebündelte Blindlinien und drei Rollen um zentrale Platte geführt. Außenrahmen: Rankenrolle mit Lindenblättern. Querriegel mit floralen Einzelstempeln. Signatur: EVA 9

Kartäuser übergegangen, die es 450 Jahre führten. In Kriegszeiten hatte die Kartause unter Verwüstungen, Brandschatzung und den plündernden Truppen Gustav Adolfs zu leiden; die Chronik berichtet von Verlusten auch in der reich mit Handschriften und Drucken ausgestatteten Bibliothek. 1803, nach der Auflösung des Kartäuserkonvents infolge der Säkularisation, übernahm die Universitätsbibliothek Würzburg die meisten der dort vorhandenen Bücher[121]. Das vorliegende Konvolut gelangte wohl im 19. Jahrhundert in die Hände des Dr. C. H. Fuchs, dessen Exlibris, ein Aeskulapstab mit Schale, ihn als Apotheker ausweist. 1959 kam der Band in das Synodalarchiv des Kirchenkreises Köln.

121 Zur Klostergeschichte s.: Die Kartäuser, hrsg. v. Marijan Zadnikar, Köln 1983, S. 329–330; Backmund, Norbert: Die Originalurkunden des Prämonstratenserklosters Tückelhausen. In: Würzburger Diözesan-Geschichtsblätter 28 (1966) S. 5–24; Soder von Güldenstubbe, Erik: Notate zu Archivalien und zur Bibliothek der Kartause Tückelhausen. In: Akten des II. internationalen Kongresses für Kartäuserforschung. Ittingen 1993, S. 123–137; Rackowitz, Robert: Ehemalige Kartause ›Cella Salutis‹ Tückelhausen. Ochsenfurt/Tückelhausen 1982, S. 14 und S. 26; Hogg, James: Die Kartause Tückelhausen. In: Kartäuser in Franken, hrsg. von Michael Koller, Würzburg 1996, S. 101–108.

Der Einband mit den reformatorischen Werkzeugen umschließt Texte, die bei Katholiken, und, wegen ihrer offenkundigen Kritik an den kirchlichen Moralvorstellungen, auch bei Protestanten große Beachtung fanden. Als erster Autor behandelte der Historiker Bartholomaeus de Sacci, genannt Platina[122] (1421–1481) die allgemeine Kirchengeschichte nicht nur aus der Sicht der Geistlichen, sondern nach alternativen, humanistischen Sprach- und Wertvorstellungen. 1580 wurde das Werk auf den Index gesetzt. Onofrio Panvinio[123] (1530–1568) gab Platinas Kirchengeschichte mit Kommentaren und Anmerkungen neu heraus. Auch seine Schriften fielen 1569 der Zensur zum Opfer, weil er seinen Vorläufer an Quellenkritik noch weit übertraf. Der Großteil der in der Vatikanischen Bibliothek aufbewahrten Manuskripte Panvinios ist bis heute nicht veröffentlicht worden.

III. 3. Rolleneinband, Wittenberg oder Leipzig(?), 1561

Martin Luther: Der Siebend Teil der bücher (...) Wittemberg, gedruckt durch Thomam Klug[124] 1561[125]

Größte Sorgfalt widmete der Stecher den aufwändig gestalteten Bildern der Leben-Jesu-Rolle[126] (229 x 22 mm), die dem schlicht mit einer Kranzrolle verzierten Außenrahmen folgt. Ohne die Chronologie der Begebenheiten nachzuvollziehen, komponierte der Meister simultan die zentralen Ereignisse des Neuen Testaments, Kreuzigung, Taufe, Verkündigung und Auferstehung, mit den Texten: Ecce Angnvs / Dei Qui Toll [tollit peccatum mundi] (55) – Hic Est Filiv[s] / Mevs Dilect[us in quo mihi bene complacui] – Ecce Virgo / Concipiet [et pariet filio] – Mor[ien]s Ero Mor[s] / Tva O Mors[127]. Er versah die Abbildungen mit vielen Einzelheiten, die entsprechend detailliert meist nur auf den wesentlich größeren Plattenstempeln Platz gefunden haben.

122 Bauer, Stefan: Bartolomeo Platina. In: BBKL (wie Anm. 109) Bd. XXII, Herzberg 2003, Sp. 1098–1103 und Krümmel, Achim, Bartolomeo Platina, ebd., Bd. VIII, 1994, Sp. 1154–1155.

123 Zumkeller, Adolar: Onufrio Panvinio, ebd., Bd. VI, 1993, Sp. 1486–1489.

124 Benzing, Buchdrucker (wie Anm. 111) S. 501: Thomas Klug (1551–1563).

125 VD16 L 3352.

126 Haebler, Rollen- und Plattenstempel (wie Anm. 85) Bd. II, S. 31, 1.

127 A: Joh 1,29, B: Mt 3,17; C: Jes 7,14 und Mt 1,23; D: Hos 13,14.

Als Synonym von Gnade und Erlösung im Mittelpunkt des protestantischen künstlerischen Interesses, beinhaltet die Kreuzigungsszene (52 x 21 mm) verschiedene typologische Elemente der Rechtfertigungsbilder in Ausrichtung auf das Evangelium. Links vom Kreuz, auf dessen Balken der Kreuzestitel ›INRI‹ zu erkennen ist, sitzt, die Hände bittend erhoben, der sündige Adam des Alten Testaments. Nach Paulus, Römerbrief, 5,12–21, vertritt er den Prototyp des Menschen schlechthin und repräsentiert als ›erster‹ Adam den ›Gipfel der irdischen Schöpfung‹, aber auch den biblischen alten Bund. Mit seinem Ungehorsam hatte er den Tod in die Welt gebracht. Christus, sein Nachfolger, ist dagegen der Vertreter des neuen Bundes und als ›zweiter‹ Adam antithetisch zum Stammvater der Menschheit zu verstehen; durch den Kreuzestod Christi wird der alte Adam zum Leben erweckt und seine Tat gesühnt[128]. Hinter diesem ist Johannes der Täufer abgebildet, der Christus in seiner Menschwerdung ankündigt und »als Schlüsselfigur [und Verbindungsglied zwischen alt- und neutestamentlicher Welt] den Menschen vom Gesetz abzieht und hin zur Gnade in Christus weist«[129]. Obwohl die Gebärde biblisch nicht zu belegen ist, fand die Bildfigur des Freundes und Vorläufers Christi Luthers ausdrückliches Gefallen[130]. Er selbst erkannte seine Berufung als ›Johannessendung‹[131], weil er, wie der Prophet der Wahrheit und Gerechtigkeit, die Aufmerksamkeit auf Christus lenkte und zu ihm führte. Wegen des Zeigegestus fühlten sich die evangelischen Pfarrer in ihrer Rolle als Prediger bestätigt, deren Aufgabe im Gegensatz zu den altgläubigen Priestern nicht im Vermitteln zwischen Gott und den Menschen, sondern im Hinweisen auf die heilsbringende Lehre bestand. Links hinter Johannes erhebt sich der Pfahl mit der ehernen Schlange, die Moses auf Gottes Geheiß hin gießen ließ, als sich sein Volk gegen Jahwe auflehnte und dafür mit Schlangenbissen bestraft wurde[132]. Genesung

128 Goppelt, Leonhard: Typos. Die typologische Deutung des Alten Testaments im Neuen. Darin: Christus der Antityp Adams. Nachdruck der Ausgabe Gütersloh 1939. Darmstadt 1966, S. 155–156.

129 Ohly, Gesetz (wie Anm. 97) S. 19.

130 Weimer, Luther (wie Anm. 59) S. 114–129.

131 Melanchthon, Philipp: Opera omnia. In: Corpus Reformatorum. Vol. VI, Halle 1839, Sp. 160–161. Zitiert nach: Thulin, Oskar: Johannes der Täufer im geistlichen Schauspiel des Mittelalters und der Reformationszeit. Leipzig 1930 (= Studien über christliche Denkmäler, N. F. 19) S. 145.

132 4Mos 21,4–9, vgl. Joh 3,14.

338 x 208 mm. Helles Schweinsleder über Holzdeckeln, Heftung auf 4 Bünde, Blindprägung. Deckelkanten mittig abgeschrägt. 2 Schließen. Eckbeschläge mit Bandwerkdekor und runden Buckeln. Kapitalband naturfarben. Deckel mit Linien (schmal/breit/schmal) und Rollen in 3 Rahmen um kleines Rechteck unterteilt. Mittelfeld mit einer doppelten und einer einfachen Kranzrolle im vertikalen Verlauf. Kranzrolle im Außenrahmen. Einzelstempel in Querriegeln: Stern, Lindenblatt und Vogel, im unteren recto Bindejahr 1561. Signatur: EVA 5012-7

brachte den Gebissenen im Vertrauen auf Gottes Wort der Blick auf das erhöhte Reptil, das in diesem Zusammenhang den Antitypus zur Schlange der Versuchung und der Sünde darstellt. Der Pfosten in der Form des griechischen Buchstaben Tau findet seine neutestamentliche Paralleldarstellung im Christuskreuz. Beide Konstruktionen stammen der Legende nach von einem Baum, der auf dem Grab Adams gepflanzt worden war. Als Heilmittel gegen den menschlichen Ungehorsam (und dem daraus folgenden Gnadenverlust) präfiguriert das alttestamentliche Bild der ehernen Schlange folgerichtig die Szene der Kreuzigung und findet darin Antwort und Überwindung[133]; der Corpus übernimmt die Funktion der Schlange aus Erz[134]. Kreuz- wie Schlangensymbol galten den Reformatoren als Exempel und kardinales Signum, dass die göttliche Gnade allein durch den Glauben und nicht über das Verrichten guter Werke zu erlangen sei. Luther nahm das Kreuz, Melanchthon die eherne Schlange im Wappen-Zeichen auf. Eine dritte männliche Person mit hohem Hut und im kurzen Rock steht rechts vom Kreuz. Den Rechtfertigungsbildern im Prager Typus gemäß, stellt sie den Propheten Jesaja dar, der auf den Gekreuzigten

133 Ohly, Gesetz (wie Anm. 97) S. 3.

134 Joh 3,14.

zeigt und dem Adam zusammen mit Johannes die gemeinsame Botschaft vermittelt[135]. Auf einem Stein im Vordergrund des Bildes sind wohl nicht die Initialen S. S., sondern die letzten beiden Ziffern des Fertigungsjahrs der Rolle, 1555, verzeichnet.

Der Handlung folgen auf dem Werkzeug die meisterhaft geschnittenen Bilder der Verkündigung und der Taufe, die wiederum im Kleinformat alle Details der großen, für den Einband Nr. III. 2 beschriebenen Platten aufweisen. In der protestantischen Version schließt sich die Szene der Auferstehung an. Christus, das Kreuzpanier in der Hand, steigt triumphierend aus dem Grab. Tod und Teufel sinnbildlich überwindend, zertritt er dabei eine Schlange (als Symbol des Bösen), die sich neben einem Gerippe zusammenrollt. Die beigefügte Prophezeiung des Hosea belegt die Begebenheit präfigurativ.

Das Mittelfeld ist von einer seltenen Medaillonrolle (171 x 11 mm) eingefasst. Vier Köpfe im Blattwerk wechseln sich mit kleinen Schildern ab, auf denen die Bezeichnungen der Trinität stehen: Gote – Vate[r] – Heil[iger Geist] – Son [Sohn][136]. Bemerkenswert daran ist das Missgeschick des sonst geübten Stechers, das Wort ›Gote‹ im korrekten Schriftductus von links nach rechts zu schneiden, sodass es auf dem Leder abgeprägt verkehrt herum, von rechts nach links zu lesen ist. Eine Rolle mit demselben Text fand Haebler[137] bei Semler und wies sie dem Leipziger Buchbinder Oswald Schöninger zu. Er erwähnte allerdings nicht, dass in Semlers Beschreibung auf der Rolle außer dem Wort ›Gote‹ auch die Bezeichnung ›Son‹ spiegelverkehrt vorkam. Möglicherweise ist das vorliegende Werkzeug ein Vorläufer oder die Kopie von Schöningers Rolle und im Umkreis seiner Werkstatt zu suchen. Das Wasserzeichen des hinteren Spiegels belegte Piccard für Wittenberg im Jahr 1557[138]. Dort besaßen laut Haebler mehrere Buchbinder Rollenstempel mit den Szenen aus dem Leben Jesu, die der oben beschriebenen sehr ähnlich sind.

135 Ohly, Gesetz (wie Anm. 97) S. 21; vgl. Abb. 9 und 10.

136 Dazu s. a. Schunke, Studien (wie Anm. 62) S. 48.

137 Vgl. Haebler, Rollen- und Plattenstempel (wie Anm. 85) Bd. I, 424, 3. Semler, Sammlungen (wie Anm. 87) S. 62–63, Nr. 69.

138 Wasserzeichenkartei Piccard (wie Anm. 107) Krone mit zweikonturigem Bügel, mit Perlen, darüber zwei konturiges Kreuz mit Beizeichen innerhalb Stirnreif (Posthorn), Nr. 53873, 104 x 36 mm, Wittenberg 1557.

Dreizehn Jahre nach Luthers Tod konnte in Wittenberg die erste Ausgabe der 1539 bis 1559 erschienenen, neunzehnbändigen Reihe seiner Werke fertig gestellt werden. Die deutschen Schriften erschienen in zwölf, die lateinischen in sieben Bänden. Durch den Druck der zahlreichen reformatorischen Einzelschriften geübt, teilten sich mehrere Wittenberger Drucker die Herausgabe, die meisten Teilbände aber entstanden bei Hans Lufft. Je nach Bedarf wurden bis 1603 die einzelnen Bände in verschiedenen Offizinen mehr oder minder oft aufgelegt[139]. Für die Drucklegung sorgten Luthers Mitarbeiter und Schüler Georg Rörer (1492–1557), Kaspar Cruciger (1504–1548) und Georg Major[140] (1502–1574); auch Christoph Walther[141] (ca. 1515–1574), der als Korrektor bei Lufft arbeitete, hatte Anteil an der Verfertigung der Ausgabe.

Luther hatte sich hartnäckig gegen die Gesamtausgabe gesträubt, deren erste Bände dann doch noch zu seinen Lebzeiten herauskamen. Den Schriften seiner Mitarbeiter maß er weitaus höheren Wert als den eigenen bei, die er, wenn es die Situation erforderte, spontan einzusetzen pflegte und kurz nach ihrem Erscheinen schon für überflüssig und nicht mehr aktuell befand. Heimlich befürchtete er wohl auch, man könne ihn auf frühere Aussagen festlegen, in denen er, der jeweiligen Sachlage angemessen, durchaus unterschiedliche Meinungen vertreten hatte (vgl. Kap. I, a: Luthers Standpunkt zu den Bildern). Auch hegte er Bedenken, über der Lektüre seiner Schriften könnten die Leser das Studium der Bibel vergessen. Selbstkritisch bemerkte er gerade zu seinen ersten Werken, er sei dem Papst damals viel zu freundlich entgegengetreten[142]. Schließlich beanstandete er auch den im Vergleich zu den einzelnen Veröffentlichungen hohen Preis der umfangreichen Bände.

---

139 Volz, Hans: Lutherausgaben. In: Die Religion in Geschichte und Gegenwart, 2., elektronische Ausgabe der dritten Aufl., Berlin 2004 (= RGG Bd. 4, S. 520–523, s. S. 521) [online]: http://www.digitalebibliothek.de/band12.htm dazu s. auch: Volz, Hans: Die ersten Sammelausgaben von Lutherschriften und ihre Drucker 1518–1520. In: Gutenberg-Jahrbuch 35 (1960) S. 185–204, s. S. 190.

140 Eder, Manfred: Georg Rörer. In: BBKL (wie Anm. 109) Bd. VIII, Herzberg 1994, Sp. 523–526; Bautz, Friedrich Wilhelm: Caspar Cruciger, der Ältere, ebd., Bd. I, Hamm 1990, Sp. 1171; Ulrichs, Karl Friedrich: Georg Major, ebd., Bd. XIV, Herzberg 1998, Sp. 1224–1227.

141 Wolgast, Eike: Die Wittenberger Luther-Ausgabe. Zur Überlieferungsgeschichte der Werke Luthers im 16. Jahrhundert. In: Archiv für Geschichte des Buchwesens 11 (1971) Sp. 1–336, s. Sp. 33–35.

142 WA, Bd. 10, Abt. 3 (1905) S. 176, Z. 15–17. Zitiert nach: Wolgast, Luther-Ausgabe (wie Anm. 141) Sp. 15, s. Anm. 121.

Das Buch stammt aus dem Besitz der Evangelischen Gemeinde Köln, deren Stempel das Kirchensiegel mit der Devise ›Lasset einander lieb haben‹ präsentiert. Darüber hinaus hat es keine Provenienzen aufzuweisen.

III. 4. Rolleneinbände, Wittenberg oder Leipzig(?), 1556/60

Martin Luther: Der Sechste Teil der bücher (...) Wittemberg, gedruckt durch Peter Seitz[143] 1559. Der Achte Teil (...) Wittemberg, gedruckt durch Hans Lufft 1556[144]

Für beide Einbände wandte der Meister recto wie verso ein nahezu identisches Dekorationsschema an. Es dominiert eine Rechtfertigungsrolle[145] (207 x 22 mm), auf der die Kreuzigungsszene die Illustration des Titelblatts wohl zufällig aufgreift und den Bilderzyklus einleitet. Auf der rechten Seite des Kreuzes kniet Luther, der Gesetzesgeber und ›neue Moses‹, auf der linken Friedrich III. von Sachsen (1463–1525) betend neben dem Kreuz nieder. Sie bringen damit zum Ausdruck, dass auch sie, wie alle Menschen, durch den Kreuzestod Christi an der göttlichen Gnade teilhaben. Mit diplomatischer Hinhaltetaktik hatte der für seine Weisheit bekannte und tolerante Kurfürst Luther vor der Kirchengerichtsbarkeit wirksam beschützt und der neuen Lehre den Weg geebnet, obwohl er selbst zeitlebens bekennender Katholik blieb. Das nächste Bild zeigt als Allegorie des Glaubens und des Gehorsams Isaaks Opferung, ein Motiv, das auf den Rechtfertigungsbildern noch nicht vorkam und sinnbildlich wie chronologisch als Präfiguration des Kreuzesopfers Christi zu verstehen ist[146]; über der Szene schwebt ein Engel. Es folgt die Abbildung des Sündenfalls, der ebenfalls typologisch Bezug zur Kreuzigung nimmt: Unter dem Baum der Erkenntnis (des Guten und des Bösen) nimmt Adam den von Eva dargebotenen Apfel, die Schlange windet sich im Geäst. Durch die Handlung wandelt sich der Charakter des Baummotivs von der Erkenntnis- zur Todessymbolik, der das Kreuz der ersten Szene

143 Benzing, Buchdrucker (wie Anm. 111) S. 502: Peter Seitz d. J. (1557–1593); S. 499: Hans Lufft (1523–1584).

144 Bd. 6: VD16 L 3346; Bd. 8: VD16 L 3328.

145 Haebler, Rollen- und Plattenstempel (wie Anm. 85) Bd. II, S. 139, 1.

146 Rabenau, Reformation (wie Anm. 41) S. 322.

als Baum des Lebens antithetisch gegenübersteht[147]. Mit der Auferstehung Christi, die in etwa der Darstellung auf dem Einband Nr. III, 3 entspricht, schließt die Bilderfolge auf dem Werkzeug ab, das in der Tradition der Rechtfertigungsbilder außer den zeitlichen Ebenen des Alten und des Neuen Testaments mit Luther und dem Fürsten auch noch das Heute, Hier und Jetzt (der Reformationszeit) mit einbezieht. Die Beschriftungen der Rollenbilder erläutern: Satisfactio - Fides - Peccatvm - Ivstifiatio[148]. Ein mit floralen Füllstempeln versehener (Vol. 6), bzw. leerer (Vol. 8) Rahmen wahrt auf beiden Bänden den Abstand zu einer Reformatorenrolle[149] (122 x 114 mm). Direkt in den Medaillons sind die Erneuerer namentlich erwähnt: Phili[pp]/ Melan[chthon] - Martin / Lv[ther] - Ioanne[s] / Hv[s] - Erasmus / Ro[tterdam]. Gebundenes Laubwerk, darin eine Vase, füllt die restlichen leeren Flächen.

Wegen der ähnlichen Aufteilung der Buchdeckel und der gemeinsamen Dekorationsform stammen die Einbände unter Nr. III, 3 und 4 möglicherweise aus derselben Buchbinderei. Die identischen Schließen geben zumindest den Anhaltspunkt für eine gemeinsame Fertigungsregion. Als Kriterium für eine bestimmte Werkstatt kommen sie allerdings nicht infrage, da die Klausuren als Dutzendware und nicht selten in mehreren Betrieben verwendet wurden. Die ebenfalls übernommenen Teilbände 1, 5 und 9 hatten einen anderen Vorbesitzer, der sie einem Buchbinder mit den Initialen K. B.[150]anvertraute. Bis auf den Stempel der Kölnischen Bibelgesellschaft im sechsten Band enthalten die Bücher keine Provenienznachweise.

147 Ebd.

148 Ebd.

149 Haebler, Rollen- und Plattenstempel (wie Anm. 85) Bd. II, S. 167,1.

150 Die Bände 1. 1556 (VD16 L 3327), 5. 1556 (VD16 L 3329) und 9. 1558 (VD16 L 3341) erschienen bei Krafft, Rhau und Lufft. Sie sind in Kalbleder gebunden und teilvergoldet. Neben einer Antikenrolle mit vier Köpfen weisen die möglicherweise in Norddeutschland gefertigten Einbände eine signierte Rolle (17 x 166 mm) auf: Salvator: Data E[st mihi omnes potestas in coelo et in terra] - Paulus: Aparvi [apparuit benignitas et humanitas Salvatoris nostri dei]- David: De Frvc[u ventris tui ponam super sedem tui] - Johannes: Ecce Ag[nus dei qui tollit peccata mundi] K B. (Mt 28,18; Tit 3,4; Ps 132,11 und Joh 1,29) Belege nach schriftlicher Auskunft von Dr. Konrad von Rabenau: R. Salvator: Flensburg B 195- Bern 1557; Slg. Floerke III 92 A (UB Rostock oder LB Schwerin).

III. 5. Rollen- und Platteneinbände, Wittenberg, mit den Werkzeugen der Meister Christoph Georg oder Caspar Genseler, Nachfolgewerkstatt, wohl 1661 und 1662

Martin Luther: Der Erste Teil aller Bücher und Schrifften (...) Angeb.: Der Ander Teil (...) Gedruckt zu Altenburg in Meissen in der Fürstlich Sächsischen Officin [Johann Michael][151]1661
Außerdem: Der Sechste Theil (...), ebd., 1662; der Siebend Theil (...), ebd., 1662. Angeb.: Der Achte Teil, Ebd., 1661[152]

Recto prägte der Buchbinder das Porträt (77 x 45 mm) Karls V. (1500–1558) im Zentrum der Deckel ab. Auf den Säulenköpfen lassen sich die spanischen Wappen, über dem Kaiser der habsburgische Doppeladler identifizieren. Ein Spruchband hinter dem Monarchen vermittelt die kaiserliche Devise: Carolus (...) Plus Ultra (Rest unleserlich), die sich darin bestätigte, dass in seinem weitläufigen Reich ›die Sonne nicht mehr unterging‹. Gerüstet steht er – Schwert und Reichsapfel in den Händen – in Halbfigur zwischen zwei Säulen. Carole Mortales Dvbitant / Homo Sisne Devsve Svnt S / Ceptra Hominis Sed Tva Facta[153] erläutert die begleitende Unterschrift.

Entsprechend präsentiert sich auf den hinteren Buchdeckeln, das Schwert in der Rechten und wiederum von Säulen flankiert, Kurfürst Johann Friedrich von Sachsen (1503–1554). Seine Wappen, die Kurschwerter und der besetzte Rautenkranz, nehmen auf den Kapitellen die gebührend erhöhte Position ein. Der Stecher versah die Platte (77 x 45 mm) mit der einzeiligen Legende: Iohan[nes] Fride[ricus] Elec[tor] Dvx Saxon[iae][154]. Beide Bildnisse tragen die Initialen C. G.

Wahrscheinlich entstanden die Einbände gleich nach dem Erscheinen der Drucke, der 6 und 7.–8. Teilband 1662, das Konvolut mit den Bänden 1 und 2 ein Jahr früher. Auf seinen Deckeln sind die Platten von einer

---

151 Benzing, Buchdrucker (wie Anm. 111) S. 5. Johann Michael (1660–1668) war Pächter der Fürstlichen Druckerei.

152 Bd. 1: VD17 547:622476Y; Bd. 2: VD17 3:307862S; Bd. 6: VD17 3:610336E; Bd. 7: VD17 547:622484Q; Bd. 8: VD17 3:610340R

153 Haebler, Rollen- und Plattenstempel (wie Anm. 85) Bd. I, S. 137, II.

154 Ebd., vgl. S. 138, XI. Hier findet sich für den Buchbinder eine kleinere unbezeichnete Platte mit ähnlichem Text, die Schreibweise des Namens Iohan weicht ab (Joan).

Helles Schweinsleder über Holzdeckeln, auf vier Bünde geheftet. Blindprägung. Deckelkanten in den Mitten und zum Schnitt hin abgeschrägt. 2 Messingschließen. Teilbd. 6: 331 x 207 mm. Originales Rückenleder an Kopf und Schwanz ersetzt. Schließen wie Einband Nr. III, 3 = Teilbd. 7. Schließenbänder und 1 Schließenhaken ergänzt. Vorderes Vorsatzpapier und Lederkapital neu. Deckel mit breiten Linien und drei Rollen in vier Rahmen unterteilt. Außenrahmen: Kranzrolle; 3. Rahmen von außen und schmales Mittelfeld mit floralen Einzelstempeln. Hinteres Vorsatzpapier erhalten. Teilband 8: 316 x 203 mm. Neu eingeledert. Lederfragmente des Originaleinbands aufgeleimt. Schließen und Kapitalband neu. Dekorationsschema wie Teilband 6. Schmales Mittelfeld und 3. Rahmen leer. Außenrahmen: Kranzrolle. Signatur: EVA 5012-6; (-8)

unbezeichneten Rolle (90 x 135 mm) mit den Wappen Deutsches Reich, Kurschwerter und Sachsen eingefasst und sinnvoll ergänzt.

Haebler vermutete, dass die Werkstatt des C. G. mit einiger Sicherheit in Wittenberg zu suchen ist. Ob die Werkzeuge aber aus dem Inventar des Christoph Georg, der 1559 Meister geworden ist, oder aus dem des 1588 verstorbenen Caspar Genseler stammen, konnte er anhand der ihm vorliegenden Bände nicht nachvollziehen. Immerhin belegen die Fertigungsjahre sowohl dieser, als auch der Einbände unter Nr. III, 6 den langjährigen Gebrauch der wertvollen Werkzeuge noch von einem nachfolgenden Betrieb.

Die Darstellung zeitgenössischer Persönlichkeiten auf den Bildnis- und Wappenstempeln blieb nicht nur den Schützern und Anhängern der Reformation vorbehalten, auf etlichen Werkzeugen trat auch ihr Gegenspieler, Karl V. auf. Als Kaiser des Heiligen Römischen Reichs deutscher Nation war er König von Spanien, Neapel und Sizilien; außerdem herrschte er über Flandern, die Niederlande und große Gebiete in Nord- und Südamerika. Er verstand sich als ›Wahrer der wahren Kirche‹ und konnte eine Glaubensspaltung nicht hinnehmen. Der Kaiser hatte, mit anderweitigen Belangen beschäftigt, der Erneuerung anfangs wenig Bedeutung beigemessen und ein wirksames Eingreifen hinauszögert. Auch die Zugeständnisse, die er den protestantischen Fürsten machen musste, wenn er ihrer Hilfe im Kampf gegen die Türken und Franz I. bedurfte, verhinderten zunächst ein konsequentes Einschreiten. Dass er damit nach heutigen Erkenntnissen die Reformation in gewisser Weise vorangetrieben hatte, dürfte ihm bei den Evangelischen im 16. Jahrhundert noch keine Sympathien eingebracht haben, waren die vereinbarten Kompromisse doch nur bedingt akzeptabel. 1547 zerschlug der Kaiser schließlich die Allianz der protestantischen Fürsten, den Schmalkaldischen Bund.

Seine Präsenz, meist auf der Vorderseite der reformatorischen Einbände, bietet Anlass zu mancherlei Spekulation. Selten kennzeichneten die kaiserlichen und fürstlichen Konterfeis oder Wappen als Supralibros den Buchbesitz. Mit ihrer Verwendung ließ sich vielmehr trotz aller Meinungsverschiedenheiten die weiterhin bestehende Verbundenheit Sachsens zum deutschen Reich demonstrieren, auf die auch die Anhänger des Luthertums, vor allem aber die protestantisch gesinnten Fürsten selbst Wert legten. Immerhin sicherte die prinzipielle Treue zu Kaiser und Reich bei Aufkündigung der Kirchentreue ihre »dynastische Legitimität[155]«. Eine denkbare Erklärung für das Vorkommen der Motive wäre ebenfalls ein Wertewandel in der Interpretation der Bildnisse, den die Einbandforscherin Ilse Schunke vorgeschlagen hat. Sie vermutete die sächsischen Porträts in Verbindung mit ihrem Gegenspieler als »entpersönlicht« und interpretierte sie als »Wahrzeichen der religiösen Revolution«[156] in der Funktion verbildlichter Geschichtsschreibung. Vielleicht legte Luther selbst, der die Obrigkeit – wenn auch kritisch – akzeptierte, Wert auf diesen Einbandschmuck. Möglicherweise entsprach die Gegenüberstellung von Gegner und Verfechter der neuen Lehre aber auch dem üblichen Gebrauch der protestantischen Bilder in ihrem antithetischen Kontext.

Etwa hundert Jahre nach der Wittenberger Werkausgabe bemängelte der Altenburger Generalsuperintendent Johann Christfried Sagittarius (1617–1689), Professor für Geschichte und Poesie, die unzureichende Verbreitung der

155 Luther und die Folgen für die Kunst, hrsg. von Werner Hofmann, Hamburger Kunsthalle 11. Nov. 1983 – 8. Jan. 1984. München 1983. Darin: Protestantische Themen: Porträts, S. 204–209. s. S. 204–205.

156 Schunke, Studien (wie Anm. 62) S. 48.

335 x 200 mm. Helles Schweinsleder über Holzdeckeln, auf 5 Bünde geheftet. Blindprägung. Deckelkanten in den Mitten und zum Schnitt hin abgeschrägt. Kapitalband naturfarben. Rücken an Kopf und Schwanz mit Streicheisenlinien gestrichelt. Schnitt blau. Rotes Lederschild mit Rückentitel. Platten(-paar) im Zentrum. Bd. 1–2: 2 Schließen: gerautetes Rechteck und Blüten auf Schließenarmen. 4 Rahmen mit 3 Rollen. Repetierende Blüten im Außenrahmen, gefolgt von Kranzrolle und Medaillonrolle (vier Köpfe, Laubwerk). Wappenrolle um Mittelfeld. Querriegel leer. Bd. 6 u. 7–8: Schließenarme fehlen, -lager und -blättchen stimmen mit Schließen von Bd. 1–2 überein. Außenrahmen leer. Im 3. Rahmen Ranke mit schraffiertem Blattwerk. Anstatt Wappenrolle Medaillonrolle um Mittelfeld. Signatur: EVA 5010.

Schriften Luthers in den protestantischen Kirchen. Alsbald widmete er sich im Auftrag des Herzogs Friedrich Wilhelm von Sachsen (1603–1669) der Aufgabe, die gesammelten Werke erneut herauszugeben und intendierte dabei, die Ausgaben aus Wittenberg, Jena und Eisleben zu übertreffen. Das ehrgeizige Unterfangen wurde nicht von Erfolg gekrönt, die von 1661–1664 erschienene Edition erwies sich als die mangelhafteste der bisher veröffentlichten Sammlungen von Lutherschriften. Sie fand so wenig Anklang, dass »ein großer Teil der Auflage unbenutzt in einem Turm der Stadtmauer vermoderte«[157].

Aus dieser Quelle stammen die vorliegenden Bände, deren Papier sich in gutem Zustand befindet, wohl nicht. Der erste nachweisbare Besitzer, Isidorus Kepler, ein Professor (ab 1782 Rektor) aus Erfurt, schenkte sie und die drei folgenden Bücher 1767 dem 26. und letzten Abt[158] des oberschwäbischen Klosters Ochsenhausen, Romuald Weltin (1767–1803), der als Prälat des Heiligen Römischen Reiches die Gerichtsbarkeit über seine Untertanen hatte. Entsprechend heißt es im Schenkungsvermerk: Reverendissimus et illustrissimus Dominus S[ancti] R[omani] I[mperii] Praelati in

157 Wagenmann, Julius August: Johann Christfried Sagittarius. In: ADB (wie Anm. 93) 2., unveränd. Nachdr. der 1. Leipziger Ausg. Bd. 30 (1890) 1970, S. 170–171.

158 Libri sapientiae – libri vitae. Von nützlichen und erbaulichen Schriften. Schätze der ehemaligen Bibliothek der Benediktiner-Reichsabtei. Ochsenhausen 1993, S. 53.

Ochsenhausen me jussit ex Thuringia adire Bibliothecam per M. I[sidore] Kepler, professorem Erfordiensem 1767. Weiteren Einträgen zufolge sollten die Schriften als antiprotestantische Argumentationshilfe dienen.

Rechnungen belegen seit den ersten Jahrzehnten des 17. Jahrhunderts, dass die Mönche der Benediktiner-Reichsabtei Ochsenhausen systematisch Bücher, darunter auch protestantische Literatur sammelten. Besonders Abt Romuald verstand die Klöster als wahre Refugien der Wissenschaft. In den 1790er Jahren ließ er einen großen Bibliothekssaal errichten, mit kostbaren Kunstgegenständen und Deckengemälden ausstatten und investierte viel Geld in Neuerwerbungen. Noch im Jahre 1801 kaufte er Bücher für 359 Flores[159]. 1803 fiel die Abtei mit der Bibliothek an den Fürsten Franz Georg von Metternich-Winneburg; 1807 löste König Friedrich von Württemberg das Kloster auf. Als Franz Georg 1818 starb, veräußerte es sein Sohn Clemens Wenzel Lothar (ausschließlich der Bücher) 1825 für 1,2 Millionen Gulden an das Land Württemberg. Vom Buchbestand sortierte er 1826 8000 Werke für die eigene Bibliothek auf Schloss Königswart aus[160]. Etwa zwei Drittel der um die 70000 Bände umfassenden klösterlichen Bibliotheksbestände wurden eingestampft, versteigert oder nach Gewicht verramscht; die beiden beschriebenen Bände kamen in die Katte-Zollchow'sche Bibliothek. Traurige Berühmtheit erlangte die Familie durch Hans Hermann von Katte (1704–1730), der – an den Fluchtplänen seines Freundes, des preußischen Kronprinzen Friedrich beteiligt – auf Befehl des Königs Friedrich Wilhelm I. hingerichtet wurde. Ein Zweig der Familie von Katte hatte im brandenburgischen Zollchow ihren Stammsitz, noch heute finden sich die Bücher der Bibliothek vereinzelt im antiquarischen Angebot; die vorliegenden erhielt 1963 das Synodalarchiv des Kirchenkreises Köln.

159 Ochsenhausen. Von der Benediktinerabtei zur oberschwäbischen Landstadt, hrsg. v. Max Herold, Weißenhorn 1994, S. 306–308, s. S. 314.

160 Rappmann, Roland; Amelung, Peter: Die Klosterbibliothek und ihre Schätze. In: Herold, Max: Reichsabtei Ochsenhausen: Geschichte und Kunst. Ochsenhausen 1984. S. 117–124.

III. 6. Rollen- und Platteneinbände, Sachsen, Nachfolger des Meisters H. F., 1664/65

Martin Luther: Der Dritte Teil aller Bücher und Schrifften (...) Angeb.: der Vierde Teil (...) Gedruckt zu Altenburg in Meissen in der Fürstl. Sächsischen Officin [Johann Michael] 1661 Außerdem: Der Fünfte Theil (...), ebd., 1662; Hauptregister (...), ebd., 1664[161]

Wirksam bringt der rahmende Einbandschmuck das Deckelzentrum zur Geltung. Es zeigt eine unbezeichnete Platte[162] (88 x 52 mm) von barocker Pracht, auf der die Tugenden Fides und Spes von einem Spruchband umgeben dargestellt sind. Der umlaufende Text heißt: Impetrat Alma Fides / Christo Qvam Dante Salvtem Expectare So / Ror Spes Animosa Solet. Auf der linken Seite sitzt Fides und schaut auf ihr Attribut, ein Kruzifix; die Ergänzung des Corpus auf dem sonst als Beizeichen üblichen einfachen Kreuz deutet auf die protestantische Orientierung der Symbolik, nämlich auf das alleingültige Opfer Christi hin[163]. Eine Bibel in ihrer anderen Hand dokumentiert die reformatorische Betonung des Gottesworts. Rechts im Bild hat Spes die Hände zum Gebet gefaltet und richtet den Blick zum Himmel, wo Christus segnend auf der Wolkenglorie thront. Zwischen den Tugenden entwächst einer hohen blumengefüllten Vase der Kelch, über dem eine Hostie mit eingeprägtem Kreuz schwebt. Letztere lässt noch die traditionelle Interpretation erkennen; die Protestanten verzichteten in der Regel auf die Darstellung der in der katholischen Kirche verehrten eucharistischen Gabe[164]. Doch auch in der reformatorischen Auslegung sind die Frauengestalten »verbunden durch das Sakrament, durch Gnade und Gnadenopfer Christi«[165]. Zur Ergänzung der beiden christlichen Virtutes wählte der Stecher nicht die Caritas, sondern den Kanon der vier Kardinaltugenden aus und brachte ihn in den Ecken des Plattenstempels unter. Im Uhrzeigersinn finden sich Prudentia, Temperantia, Fortitudo und Justitia.

161 Bd. 3: VD17 547:622497U; Bd. 4: VD17 3:610 332Z; Bd. 5: VD17 3:610334Q; Hauptreg. = Bd. 10: VD17: 3:610344W.

162 Haebler, Rollen- und Plattenstempel (wie Anm. 85) Bd. I, S. 115, VIII.

163 Bautz, Virtutes (wie Anm. 38) S. 109.

164 Ebd.

165 Dornik-Eger, Ikonographie (wie Anm. 56) S. 24.

Die Klugheit betrachtet sich in einem Spiegel und kontrolliert sich damit in ihrem Handeln selbst. Seit der Antike hatte Prudentia, deren Qualität sich nie im findigen Taktieren, sondern im vernünftigen und gewissenhaften Handeln bewies, die führende Rolle unter den weltlichen Tugenden übernommen. Auch nach der thomistischen Moraltheologie konnten Gerechtigkeit, Tapferkeit und Mäßigung ohne Klugheit ihr Ziel nicht erreichen[166]. Auf dem Stempel schließt sich Temperantia der Prudentia an. Die Allegorie der Mäßigkeit mahnt den Betrachter, Ausschweifungen zu unterlassen und erinnert mit ihrem Memento-Mori-Symbol, der Sanduhr, an die Vergänglichkeit. An ihrer Seite hat Fortitudo, die Tapferkeit, ihre Säule fest im Griff, das Sinnbild für Stärke und Standhaftigkeit. Die Gerechtigkeit vervollständigt das Quartett; Justitia richtet mit dem Schwert und wiegt auf der Waage jedem das Seine ab. Bei den Humanisten und Reformatoren hatte sie die Vorrangstellung Prudentias eingenommen, mit der vor allem Luther haderte. Schriftbänder umspielen die vier Gestalten und verzeichnen Prvdencia - Tempe[rantia] - Fort[itudo] - Ivstici[a]. Sehr verhalten klingt im zweiten Rahmen das Thema der Platte auf einer unbeschrifteten Rolle (121 x 70 mm) mit den Figuren Justitia und Prudentia, Fortitudo und Fides nach.

Die Provenienz der Werkstatt ist laut Haebler ungeklärt[167]; er fand die Platte auf Einbänden vor, die mit den bezeichneten Rollen eines Buchbinders H. F. verziert waren. Meister mit diesen Initialen wirkten in Nürnberg und Wittenberg. In Anbetracht der stilistisch verwandten Teilbände Nr. 1-2, 6 und 7-8 derselben Ausgabe unter Nr. III, 5 und der ihnen gemeinsamen Provenienzen und Schließen sollen die vorliegenden Arbeiten unter Vorbehalt für Wittenberg bestimmt werden, wo die Nachfolger der Buchbinder Hans Faust, Hans Filbel oder Hans Funck für die Einbände gesorgt haben könnten. Die Gleichförmigkeit der Arbeiten spricht außerdem dafür, dass sie nicht einzeln in den Erscheinungsjahren der Drucke, sondern gleichzeitig gefertigt wurden.

Auch diese Teilbände der Altenburger Lutherausgabe gehörten zum Buchgeschenk (s. Nr. III, 5) des Isidor Kepler an das Kloster Ochsenhausen. Auf der Rückseite eines Titelblattes hatte der katholische Gelehrte mit

---

166 Pieper, Josef: Das Viergespann. Klugheit, Gerechtigkeit, Tapferkeit und Maß. München 1964, S. 43.

167 Haebler, Rollen- und Plattenstempel (wie Anm. 85) Bd. I, S. 116–117.

315 x 200 mm. Helles Schweinsleder über Holzdeckeln (Bde. 1 u. 2), Pappdeckeln (Bd. 3–4), auf vier Bünde geheftet. Blindprägung. Ehemals 2 Bandschließen. Kapitalband blau/weiß. Schnittsignatur. Wasserschäden. Jan. 2006 im Auftrag der USB entpilzt. Vorsatzpapier der Bände 1und 2 nach früherer Reparatur erhalten, des 3–4. Bandes erneuert. Deckel recto wie verso von Rolle (schmal/breit/schmal) in 2 Rahmen um Mittelfeld zwischen Querriegeln unterteilt. Im Zentrum Rautenband. Einzelstempel: heraldische Lilie in entstandenen Dreiecken, Staude mit verflochtener Krause im vom Rautenband umgebenen Zentrum, Blüten und Lindenblatt in den Riegeln, recto unten Bindejahr 1569. Im Außenrahmen Kranzrolle. Signatur: EVA 5006.

eigener Hand vermerkt: Altenburgenses frustra glomorabilis enses, Ecclesia est victrix, omnia monstra ruunt. M. Isidorus Kepler de Dingelstadio S. Theol. Doctor, m[anu] p[ropria]. Die Bücher gelangten später ebenfalls in die Katte-Zollchow'sche Bibliothek und dann in das Synodalarchiv des Kirchenkreises Köln.

III. 7. Pfälzer Rolleneinbände mit Werkzeug des NP-Stechers, 1569 (Abb. Seite 138)

Huldrich Zwingli: Opera. D. Huldrych Zvinglii, uigilantissimi Tigurinae ecclesiae Antistitis (...) Hrsg. v. Rudolf Gwalther, T. 1; 2 und 3–4. Zürich, Christoph Froschauer d. Ä.[168]. T. 1: 1545; T. 2 und T. 3–4: 1544. [169]

In ausgewogener Zusammenstellung greift die relevante Rolle des Einbands die Lehre von Gesetz und Evangelium auf und präsentiert je zwei Gestalten des Alten und des Neuen Testaments: Salvator: Ego Svm / Lvx Mvn[di] – Moses: Lex P[er] Mo / Se[n] Data [est] – Jesaja: [et factus est]

168 Kelchner, Ernst: Christoph Froschauer (etwa 1490–1564). In: ADB (wie Anm. 93) 2., unveränd. Nachdr. der 1. Leipziger Ausg., Bd. 8 (1878) 1968, S. 148–149.

169 T. 1: VD16 Z 761; T. 2: VD16 Z 758; T. 3: VD16 Z 759; T. 4: VD16 Z 760.

335 x 200 mm. Helles Schweinsleder über Holzdeckeln, auf 5 Bünde geheftet. Blindprägung. Deckelkanten in den Mitten und zum Schnitt hin abgeschrägt. Schließen wie Einbände unter Nr. III, 5. Kapitalband blau/weiß. Schnitt rot. Wasserzeichen: Wappen mit gekröntem Herz, dahinter gekreuzte Pfeile (nicht identifiziert). Rotes Lederschild mit Rückentitel. Zickzackmuster von Streicheisenlinien an Kopf und Schwanz des Rückens. 4 Rollen um zentrale Platte. Außenrahmen und zwei Riegel leer. Im 3. Rahmen von außen Kranzrolle. Mittelfeld umgeben von Bogenfries, in und über den Bögen Blüten. Signatur: EVA 5010.

Princi[patus super humerum] / Eivs 1565 – Paulus: Apparv / It Beni[gnitas et humanitas Salvatoris nostri dei][170] (182 x 17 mm).

Im Vergleich mit der Salvatorrolle auf dem Einband Nr. III, 1 bildete der Stecher hier Moses und Jesaja anstelle von Johannes und David ab. Moses, der Mittler zwischen Gott und dem Volk Israel, zeigt die Gesetzestafeln, auf denen hebräische Schriftzeichen zu erkennen sind. Er erhielt sie am Berg Sinai zur Bestätigung des Bundes, den er mit Gott geschlossen hatte und symbolisiert – wie auch der israelitische König David – als Gesetzesgeber für sein Volk das Alte Testament in der protestantischen Interpretation. Jesaja hält sein Attribut, ein Spruchband mit seinen Worten: Pver Natvs [est nobis] (Jesaja 9,5). Der Text der Prophezeiung, die Johannes später aktualisiert, wird in der Bildunterschrift fortgesetzt (Jesaja 9,6). In ihren Verheißungen und deren Erfüllung präfigurieren die Propheten die Apostel – Jesaja findet demgemäß seinen Bezug zu Paulus. Diesem wiederum steht auch Moses als Antitypus gegenüber, er geleitete die Israeliten aus

170 A: Joh 8,12; B: Joh 1,17; C: Jes 9,6; D: Tit 3,4.

der Wüste, wie der Apostel später das neue Gottesvolk aus der Welt der Ungläubigen führte. Luther sieht Paulus außerdem in Daniel vorgebildet.

Abweichend von der üblichen Rollenführung um ein zentrales Rechteck verläuft eine Tugenden-Rolle (etwa 152 x 13 mm) als Rautenband um das Zentrum der Deckel. Auf den Rollenabschnitten erscheinen Ivdit – Prvden[tia] – Ivstic[ia] und die mit 15NP57 bezeichnete Suavitas. Judith betrachtet mit Genugtuung das Haupt des Holofernes, das diesem abhanden kam, als die Mutige ihre Stadt vor den Truppen des babylonischen Königs Nebukadnezar rettete. Sie hatte den obersten Hauptmann listenreich verführt und ermordet. Hier springt Judith für Fortitudo ein und symbolisiert zusammen mit Justitia und Prudentia die sittlichen Werte der Tapferkeit, Gerechtigkeit und Selbsterkenntnis. Bedeutung und Herkunft der Suavitas mit einer Blume als Kennzeichen sind bis heute nicht gesichert. Wahrscheinlich verhalf Melanchthon ihr, der Süßigkeit, zu besonderer Popularität. Sie personifiziert möglicherweise einen Aspekt der Sophrosyne[171], der Besonnenheit, die mit ihren Attributen, einem Strauss aus Rosen und Disteln, den attraktiven, aber dornenreichen Weg des geduldigen Studiums allegorisiert[172]. Demnach wäre die Suavitas eine Untertugend der Temperantia, der Mäßigkeit, die im Quartett der Kardinaltugenden für Selbstbeherrschung, aber auch für Zucht und Erziehung steht. Suavitas veranschaulicht wohl die Freude am Lernen. Nach Christoforo Giarda (1595–1649) verkörperte sie sogar einen positiven Aspekt der Virtutes schlechthin[173]. Bei dieser Rollenversion stecken die sonst eher bieder gekleideten Allegorien, »denen nur eben ein leiser Einschlag von Lüsternheit eine pikantere Note verlieh«[174], in recht offenherzigen zeitgenössischen Gewändern.

Die beiden in der einschlägigen Literatur noch unbekannten Werkzeuge tragen dieselbe Handschrift. Neben der Tugendenrolle mit den Initialen vollzieht auch die unbezeichnete, 1565 datierte Rechtfertigungsrolle die typische volkstümliche Darstellungsweise und die weichen Übergänge der Schnitte des berühmten Stechers nach, der sich auf vielen seiner

171 Sophrosyne (griech.) = ordnende Verständigkeit. Vgl. Pieper, Viergespann (wie Anm. 166) S. 203.

172 Dazu s. Rabenau, Tugendrollen (wie Anm. 39) S. 42.

173 Ebd.

174 Schunke, Studien (wie Anm. 62). Darin: Das Werk des Meisters NP, S. 88–141, s. S. 95.

Stempel mit dem Monogramm NP zu erkennen gibt. Deutlich lässt sich das hohe handwerkliche Niveau des Meisters, der unter den zeitgenössischen Formschneidern eine herausragende Stellung einnahm, an den Werkzeugen ablesen. Weil er mit der Wahl der Motive und in der Konzeption seiner Rollen perfekt die Bedürfnisse der Einbandschaffenden zu erfüllen vermochte, vermuten manche Einbandforscher, dass NP vor seiner Karriere als Buchbinder gearbeitet hat. Mit besonderer Sensibilität und großem Geschick setzte er die Bilder der gedruckten Papiervorlagen für die Prägung auf dem Einbandleder um. Obwohl er sich am vorherrschenden Stil der Wittenberger Stecher orientierte, blieben seine Arbeiten »wie seine künstlerische Persönlichkeit, von einer geschlossenen, selbständigen und genialen Eigenart«[175]. Die bemerkenswert lebendige originelle Darstellungsweise zeichnet sein gesamtes Lebenswerk aus – auf den vielen Rollen mit sich ständig wiederholenden, identischen Bilderzyklen verstand er jedes Detail individuell zu gestalten. Im Gegensatz zu den sächsischen Meistern schnitt er die Stempel, vor allem die Medaillon-Rollen nicht immer mit den typischen breiten, schilderartigen Unterschriften, sondern viel eleganter, oft nur mit winzigsten Lettern im Bild[176].

Seine Herkunft ist bislang unbekannt, lediglich die vereinzelt mit Texten in niederrheinischem Dialekt versehenen Werkzeuge lassen auf die Heimat des fleißigen Handwerkers schließen. Zwischen den Jahren 1549 und 1569 schuf er neben den zahlreichen unbezeichneten etwa 130 heute noch bekannte signierte Rollen, für deren Vertrieb er wohl weite Reisen unternahm. Die Fundorte seiner Arbeiten belegen ein weites Absatzgebiet; vom Niederrhein bis Oberdeutschland kommen die allenthalben beliebten Rollen, ausnahmsweise auch Platten vor. Sogar in Köln machte der Meister NP gute Geschäfte, bei 15 Buchbindern fanden sich 22 seiner Stempel.

Christoph Froschauer, der Drucker, betätigte sich zwar auch als Buchbinder, die vorliegenden Einbände aber sind nicht in Zürich, sondern,

175 Ebd., S. 91.

176 Ebd., S. 88–141. Dazu s. auch: Haebler, Konrad: Neues vom Meister NP. In: Zeitschrift für Bücherfreunde N.F. 16 (1924) S. 130–138 und Abb. S. 122; Husung, Max Josef: Zur Praxis und Psychologie der älteren Buchbinder. II. Der Rollenstempel, 2. Der Meister mit dem Monogramm NP. In: Zeitschrift für Bücherfreunde (N.F. 12) 1920, S. 73–75 (Abb.) und S. 78–89; Kluyver, E. R.: Stempels van NP op Groningsche Banden. In: Het Boek (11) 1922 S. 1–8 u. Abb.

gestaltet nach Manier der Heidelberger Hofbuchbinder[177], in der Pfalz entstanden. Das Wasserzeichen, ein Ochsenkopf ohne Gesichtsmerkmale und Beizeichen[178] (40 x 25 mm) weist nach Speyer. Ob der NP-Stecher während seiner Reisen auch die Pfalz besuchte, ist nicht überliefert, nachweislich verkaufte er seine Stempel jedoch auf den Messen, wo sie der unbekannte Buchbinder wohl erworben hat.

Auf dem Vorsatzpapier des Buches vermerkte der Erstbesitzer, Paulus Olhemius, dass er die drei Bände 1569 für je zwei Flores in Landau gekauft hat. Für die Einbände bezahlte er je 5 Batzen (= 15 Batzen = 1 fl. = 1 Gulden). Die Summe von insgesamt 7 Gulden entsprach seinerzeit einer durchschnittlich in vierzehn Städten ermittelten Kaufkraft von 263,79g Silber und damit einem Gegenwert von 661kg Roggen, für die z. B. ein Steinbrucharbeiter in Würzburg um 1600 über 22 Wochen arbeiten musste[179]. Ursprünglich aus dem Rheinland stammend wirkte Olhemius (†1613) von 1573 an als calvinistischer Pfarrer in Feudenheim bis er 1577 suspendiert wurde, weil sich in der Pfalz (von 1577–1583) die lutherische Lehre durchgesetzt hatte. 1580 ging er nach Köln ins Exil und nahm seine Zwingli-Ausgabe mit, die er dort vermutlich verschenkte oder verkaufen musste. Die vielschichtig strukturierte konfessionelle Landschaft der katholischen Rheinmetropole bot auch den Anhängern der beim Augsburger Religionsfrieden nicht anerkannten Glaubensgemeinschaften heimlichen Unterschlupf. 1580–1584 predigte Olhemius in der Kölner reformierten Gemeinde[180], dann zog es ihn wieder in die Pfalz, wo sich die Lage seit

177 Rabenau, Kornrad von: Die Einbände der Heidelberger Hofbuchbinderei für die Grafen von Erbach. In: Bewahren und Erforschen. Festgabe für Kurt Hans Staub zum 70. Geburtstag, hrsg. v. Wolfgang Schmitz, Michelstadt 2003, S. 160–196, s. S. 165 (Typ C) und Abb. 19; Rabenau, Einbandseminar (wie Anm. 65) S. 3 (Dekorationsschema mit Rhombus kommt in Heidelberg, Jena und Wolfenbüttel vor); Quarg, Gunter: Heidelbergaenunc Coloniae. Palatina-Bände der Universitäts- und Stadtbibliothek Köln. Köln 1998 (= Kleine Schriften der Universitäts- und Stadtbibliothek Köln, Bd. 4) S. 25, Abb. Nr. 4.

178 Wasserzeichenkartei Piccard (wie Anm. 107) vgl. Nr. 56059, Speyer 1558.

179 Die Berechnungen stützen sich auf den freundlichen Hinweis des Wirtschafts- und Sozialhistorikers Bernhard Bleske. Dazu s. a.: Abel, Wilhelm: Agrarkrise und Agrarkonjunktur. 3., neubearb. Aufl., Hamburg, Berlin 1978, S. 308–309.

180 Protokolle der hochdeutsch-reformierten Gemeinde in Köln von 1599–1794, bearb. v. Ursula Schmitz, Bd. 4, Köln 1990 (= Inventare nichtstaatlicher Archive, Bd. 33) S. 32; Konsistorial-Beschlüsse (wie Anm. 4) S. 180f. Dazu vgl. a.: Beitrag von Dr. Ulrich Volp in diesem Band, Kap. 1.2.

1583 entspannt hatte. Dort war er von 1587–1597 als Pfarrer in Lorbach und Osthofen tätig[181]. 1809 fügte der erste vom vereinigten Kölner Kirchenrat (Lutheraner und Reformierte) 1802 berufene Prediger, der evangelisch-reformierte Pfarrer Johannes Friedlieb Wilsing[182] (1774–1824), die ›Opera‹ der evangelischen Kirchen- und Schulbibliothek Köln hinzu; später wurden sie der Gemeindebibliothek einverleibt.

III. 8. Rollen- und Platteneinband, Meister I. S., Magdeburg(?) 1582

Concordia, Christliche Wiederholete, einmütige Bekenntnus nachbenanter Churfürsten, Fürsten und Stende Augspurgischer Confession (...) Magdeburg, Joachim Walde[183], Erben, 1581 (ersch. 1582)[184]

Ein Meister I. S. aus Sachsen[185] hat 1582 den Einband für die wohl im gleichen Jahr erschienene Ausgabe der Augsburger Konfession angefertigt und verwendete zum Schmuck der Deckel die seinerzeit besonders beliebten Bildnisse der Justitia und der Lukretia. Als bevorzugte humanistische Tugend nimmt die Gerechtigkeit mit Waage und Schwert ihren angestammten Platz auf der Vorderseite ein. Eine rühmende Beschriftung ist ihr beigegeben: Ivsticie Qvisqvis Pi / Ctvram Lvmine Cernis [dic Deus est justus justaque facta probat][186]. Der hintere Buchdeckel zeigt die aus der altrömischen Geschichte bekannte Ehefrau des Lucius Collatinus, die sittsame und schöne

181 Nach freundlicher Auskunft von Dr. Franz Maier, Landesarchiv Speyer. Dazu s. a.: Territorialstaat und Calvinismus, hrsg. v. Meinrad Schaab, Stuttgart 1993 (= Veröffentlichungen der Kommission für geschichtliche Landeskunde in Baden-Württemberg, Reihe B, Forschungen, Bd. 127) S. 34–86.

182 Becker-Jákli, Barbara: Die Protestanten in Köln. Köln 1983. Zugl. Köln, Univ., Diss. 1981 (= Schriftenreihe des Vereins für Rheinische Kirchengeschichte, Bd. 75) S. 116; Das evangelische Rheinland, hrsg. v. Albert Rosenkranz, Bd. 1–2. Düsseldorf 1958 (= Schriftenreihe des Vereins für Rheinische Kirchengeschichte. Bd. 3 und 7) Bd. 2, S. 568. S. a.: Quarg; Schmitz, Reformation (wie Anm. 7) Kat.-Nr. 171 und 174.

183 Benzing, Buchdrucker (wie Anm. 111) S. 311: Joachim Walde 1562–1578, Erben lt. Benzing bis 1580.

184 VD16 ZV24680.

185 Vermutlich Magdeburg, nach EBDB ist die Provenienz nicht gesichert. Staatsbibliothek zu Berlin, Einbanddatenbank, Werkstatt w002204 [online]: http://www.hist-einband.de/ und Haebler, Rollen- und Plattenstempel (wie Anm. 85) Bd. I, S. 415–416.

186 Wohl in Anlehnung an Röm 3,26.

Lukretia. Ihre Vorzüge wurden von den Zeitgenossen hoch gelobt und hatten es wohl auch dem Sohn des siebten römischen Königs Lucius des Stolzen, Sextus Tarquinius, angetan. Als die Untadelige seine Annäherungsversuche abwies, vergewaltigte er sie. Außer sich über die Schmach forderte Lukretia Collatinus auf, ihre Schande zu rächen und beging Selbstmord. Der Vorfall soll zu einer Verschwörung gegen den König und damit zum politischen Wechsel von der Monarchie zur Römischen Republik geführt haben. Bis heute ist die Legende[187] historisch nicht belegt, blieb aber neben der fragwürdigen geschichtlichen Komponente bis ins 20. Jahrhundert in ihrer dramatischen Handlung ein beliebter Gegenstand dichterischen Schaffens. Die sittlich-lehrhaften, widerchristlichen (Suizid), sozialpolitischen und nicht zuletzt erotischen erzählerischen Elemente erfuhren dabei unterschiedliche Auslegungen[188]. In der Literatur der Renaissance überwog das moralische Anliegen, in der Kunst dagegen brachten die Maler und Stecher dem Selbstmord der Lukretia offensichtlich ein größeres Interesse entgegen, als ihrer Sittsamkeit oder dem Aufstand, den sie verursacht haben soll, rechtfertigte er doch die Abbildung ihrer wenig ordnungsgemäß gekleideten Gestalt.

Auf den Stempeln der Bucheinbände pflegt sich Lukretia mit unbewegter Miene zu erdolchen. Während Justitia auf dem Vorderdeckel strengen Blickes das Gesetz personifiziert, das im gemeinschaftlichen Leben für Struktur und Ordnung sorgt, darf sich rückseitig Lukretia so gelassen malträtieren, weil sie hier nicht die Dramatik ihres Schicksals, sondern den Wert einer Tugend transportiert – sie vermittelt die Gerechtigkeit, die sich selbst prüft und richtet[189]. Die Unterschrift kommentiert: Casta Tvlit Magnam / Forme Lvcretia Lav[dem facta tamen magnis est vulnere clara suo]. Marie Theres Fögen weist auf die Gemeinsamkeiten der beiden nach Cranach'scher Vorlage geschnittenen Frauengestalten hin; auf den Bucheinbänden der Renaissance ist ihre Ähnlichkeit Programm. »Die Zweiheit in der Einheit« der Figuren lässt Parallelität erkennen: So wäre es denkbar, »dass aus dem ungerechten Tod der Lukretia die Gerechtigkeit entstanden

187 Livius, Lib. I, 57–59.

188 Galinsky, Hans: Der Lucretia-Stoff in der Weltliteratur (= Sprache und Kultur der Germanisch-romanischen Völker, B: Germanistische Reihe, Bd. 3) S. 220–223. Zu Lukretia s. a.: Fögen, Marie Theres: Römische Rechtsgeschichten. 2. Aufl., Göttingen 2003, S. 34–59.

189 Rabenau, Tugendrollen (wie Anm. 39) S. 36.

ist, und dass aus dem Selbstmord der unreinen res publica die strahlende, optimistisch und drohend zugleich das Schwert erhebende res publica geboren wurde«[190].

Eine thematisch adäquate Rolle[191] umgibt das Mittelfeld. In der Bilderfolge tritt noch einmal die mit ihren Attributen ausgerüstete Justitia, diesmal gemeinsam mit den theologischen Tugenden auf: Charitas – Fides 1543 – Ivstitia – Spes I.S. Caritas widmet sich einem Kind, Fides hält den Kelch mit der Hostie und Spes stützt sich auf das wohl geläufigste Symbol der Hoffnung, einen Anker. Alle Gestalten auf dem Bucheinband tragen die höfische Kleidung der Renaissance.

Haebler beschrieb drei Meister mit den Initialen I. S. Den Produktionszeitraum der ursprünglichen Werkstatt des sächsischen Buchbinders, dem ein Teil der hier verwendeten Werkzeuge gehörte, vermutete er in der ersten Hälfte des 16. Jahrhunderts, stellte aber anhand des ihm bekannten Materials fest, dass es in seinem Umfeld noch einen vierten, späteren I. S. geben müsse. Von diesem Meister stammt der vorliegende Einband. Die bisher verzeichneten datierten Einbände, auf denen die beschriebene Rolle (164 x 16 mm) vorkommt, wurden 1544 (Haebler) 1553 (Datenbank zu Berlin) und 1582 (USB Köln) eingebunden. Mit den Bindejahren 1593 (Berlin) und 1582 (Köln) ist die Justitia-Platte (77 x 38 mm) belegt. Das Werkzeug mit der Lukretia (77 x 38 mm), wohl die Rückseite eines Plattenpaars, ist in der beschriebenen Ausführung in der Literatur bislang nicht nachgewiesen[192].

Vielleicht erbte der Buchbinder die Rolle von einem gleichnamigen Meister (Vater?) und benutzte sie zusammen mit seinen neu erworbenen Platten. Im Gegensatz zu den Rollenstempeln fallen auf diesen die Initialen kleiner aus und finden sich nicht im Bild, sondern über dem Plattentext.

Mit dem Ziel, die ›zwitrachten hinzulegen‹ hatte Karl V. 1530 den Reichstag in Augsburg einberufen. Im Auftrag des Kurfürsten Johann von Sachsen formulierten die Gelehrten Luther, Bugenhagen, Jonas und

190 Fögen, Rechtsgeschichten (wie Anm. 188) S. 51–54.

191 Staatsbibliothek zu Berlin, Einbanddatenbank (wie Anm. 185) Stempel r000896; Haebler, Rollen- und Plattenstempel (wie Anm. 85) Bd. I, S. 415, 2; Semler, Sammlungen (wie Anm. 87) S. 54, Nr. 54.

192 Beleg für beide Platten nach schriftlicher Auskunft von Dr. Konrad von Rabenau Halle, Franckesche Stiftungen 20 A 4.

Melanchthon zu diesem Anlass eine Verteidigung der Reformation. Im Gegenzug legte der katholische Theologe Eck 404 Artikel gegen die Erneuerung vor, sodass die protestantische Verteidigungsschrift nicht mehr ausreichte und noch auf dem Reichstag korrigiert werden musste. In erweiterter Form wurde die Confessio dann zwar verlesen, aber nicht angenommen. Daraufhin schlossen sich 1531 die protestantischen Fürsten zum Schmalkaldischen Bund zusammen, den Karl V. 1546/47 zerschlug. Sein Versuch, mit dem Augsburger Interim (1548) die Religionsfrage zu klären, scheiterte am protestantischen, aber auch katholischen Widerstand. Nach dem Fürstenaufstand von 1551/52 musste der Kaiser 1555 dem Augsburger Religionsfrieden zustimmen und die Grundsätze der Confessio Augustana akzeptieren. Nun standen Katholiken wie Lutheraner unter dem Schutz des Reiches. Ein jeder Fürst hatte die Religion seines Landes zu bestimmen, Andersgläubige durften in die Gebiete ihrer Wahl auswandern.

Als Erstbesitzer des hier in der Ausgabe von 1580 vorliegenden grundlegenden Glaubensbekenntnisses der protestantischen Reichsstände trug sich der Pastor Heinrich Oppermann aus Athenstedt (Sachsen-Anhalt) auf dem Titelblatt ein. Darüber notierte 1828 der westfälische Pfarrer und passionierte Sammler Heinrich Joseph Niesert aus Velen (1766–1841)[193]seinen Eigentumsvermerk[194]. 1956 kam der Magdeburger Druck in das Synodalarchiv des Kölner Kirchenkreises.

193 Nachlässe und Sammlungen, Verbands- und Vereins-, Familien- und Firmenarchive im Stadtarchiv Köln. Eine Übersicht von Hugo Stehkämper. Köln 1963 (= Mitteilungen aus dem Stadtarchiv Köln, H. 47) S. 149; Husung, Max Joseph: Joseph Niesert. In: Westfälische Studien. Alois Bömer zum 60. Geburtstag gewidmet. Leipzig 1928, S. 119–124.

194 Besitzeinträge: Sum in libros Henricj Oppermannj pastoris ecclae Chri qua est Athenstadij; Bibliothecae J. Niesert, past Velen 1828.

217 x 164 mm. Helles Schweinsleder über Holzdeckeln, Rücken durch 5 erhabene Bünde unterteilt, davon 3 doppelte echte und dazwischen 2 Scheinbünde. Blindprägung. Deckelkanten in den Mitten und zum Schnitt hin abgeschrägt. Lager und Blättchen von 2 zum Vorderdeckel greifenden Schließen vorhanden. Lederkapital naturfarben umstochen, Schnitt rot. Kleine Fehlstellen im Leder. 2006 im Auftrag der USB entpilzt. Nach früherer Reparatur Vorsatzpapier erneuert. Deckel mit schmal/breit/schmalen und einfachen Linien in zwei Rahmen um zentrales Plattenpaar unterteilt. Im unteren Querriegel recto das Bindejahr. Im Außenrahmen Kranzrolle. Signatur: EVA 178

III. 9. Rolleneinband mit Supralibros, Köln, Meister B. K., 1554/55

Statvta sev secreta provincialivm et dioecesanarvm synodorvm sanctae ecclesiae Coloniensis. Coloniae, ex Officina Haeredum Ioannis Quentel[195], 1554. Angeb.: Johann Gropper, Christliche und catholische Gegenberichtung eyns erwirdigen Dhomcapittels zu Cöllen, wieder das Buch der gnanter Reformationn. Coloniae, excudenat Iaspar Gennepaeus[196], 1544[197]

195 Ruppel, Aloys: Grosse Drucker von Gutenberg bis Bodoni. Darin: Die Drucker- und Verlegerfamilie Quentell in Köln. Mainz 1953 (= Kleiner Druck der Gutenberg-Gesellschaft, 54) S. 26–27; Hepding, Ludwig: Die Kölner Frühdruckerfamilie Quentel. In: Mitteilungen der Westdeutschen Gesellschaft für Familienkunde Bd. 24, Jg. 58, H. 7 (1970) S. 197–208. Die Erben des Johann Quentel (1546–1551) druckten von 1551–1557.

196 Schmitz, Überlieferung (wie Anm. 4) S. 383–393; Gattermann, Günter: Jaspar von Gennep. Bibliographie seiner Drucke als Beitrag zur bibliographischen Beschreibung von Druckwerken des 16.Jahrhunderts. Maschinenschr. Assessorarbeit am Bibliothekar- Lehrinstitut Köln. Köln 1957, S. 52–53; Paulus, Nikolaus: Caspar von Gennep (1530–1564). In: Der Katholik 75, 3. F., Bd. 11 (1895) S. 408–423.

197 Statuta: VD16 K 1725; Gropper: VD16 G 3400.

Wiederum vom NP-Stecher geschnitten, besetzten sechs Tugenden mit ihren üblichen Attributen in der Reihenfolge 15 Fides 50NP - Spes - B. Charitas K. - Jvsticia - Fortitvto - Paciencia (209 x 19 mm) den mittleren Rahmen[198]. Von den bisher vorgestellten weichen Caritas, die gleich zwei Kinder bemuttert, und Patientia mit ihrem Attribut, einem Lamm ab. Die Geduld wird von einem Teufel auf die Probe gestellt, der ihr versuchend von hinten über die Schulter späht. Geduld, Glauben, Hoffnung und Furchtlosigkeit galten als wesentliche Tugenden der Protestanten, Caritas demonstriert in diesem Zusammenhang die Nächstenliebe als selbstverständliche menschliche Veranlagung. Justitia gemahnt zur korrekten Handlungswahl, im Kontext ihrer Gefährtinnen zur Entscheidung für den rechten Glauben. Als Ergänzung des zentralen Eigentumstempels (40 x 33 mm) wurden die Allegorien hier zweifellos nicht in ihrer protestantischen Interpretation herangezogen, denn sie preisen die Qualitäten eines wohl katholischen Buchbesitzers, der mit einiger Sicherheit Mitglied des Kölner Rats war. Entsprechend zeigt das Supralibros das Zeichen der freien Reichsstadt Köln, einen Doppeladler mit Kaiserkrone.

Nachdem sich Ilse Schunke in den 1930er Jahren vor Ort den Kölner Rollen- und Platteneinbänden gewidmet hatte, sind wir über den Buchbinder B. K. gut informiert[199]. Von etwa 1546 bis nach 1580 wirkte er für den Stadtrat, den Erzbischof Gebhard von Mansfeld[200] und die Universität. In seiner langen Schaffenszeit hatte er das Dekorationsschema der Einbände mehrfach gewechselt, immer aber blieben seine Arbeiten in der gepflegten Tradition der Kölner Rollenbuchbinder. Nach der Auflistung von Schunke verwendete der Meister neben seinen Rollen eine einzige Platte, das Supralibros des Gebhard von Mansfeld (Erzbischof von 1558–1562). Aber wie auch beim vorliegenden Eigentumsstempel ist nicht sicher, dass es tatsächlich zum Inventar seiner Werkstatt gehörte, meist überließen die

198 Schunke, Rollen- und Platteneinband (wie Anm. 9) S. 385, Nr. 1; Haebler, Rollen- und Plattenstempel (wie Anm. 85) Bd. I, S. 212, 1; Husung, Praxis (wie Anm. 176) T. 2, Rollenstempel, T. 3, Monogramme, N.F. 14 (1922) S. 27–34; S. 51–59, s. S. 32; Schunke, Studien (wie Anm. 62) S. 123, Nr. 8a.

199 Schunke, Rollen- und Platteneinband (wie Anm. 9) S. 341–343, 351, 356, 385–388. Dazu s. auch Husung, Praxis (wie Anm. 176) T. 2, Rollenstempel, T. 3, Monogramme, N.F. 14 (1922) S. 27–34; S. 51–59, s. S. 31–32.

200 Quarg, Kettenbuch (wie Anm. 10) vgl. Einband Nr. 21, S. 60.

Auftraggeber ihre Besitzzeichen den Buchbindern nur zur Erledigung der Bindeaufträge.

Vermutlich verbarg sich hinter den Initialen auf der Rolle ein Servatius (Batius) Koch, der Diener des Peter Birckmann war und für diesen auf den Frankfurter Messen Bücher einkaufte. Wahrscheinlich ist er auch identisch mit einem der von Quentell beauftragten Buchbinder. Das Quentellsche Rechnungsbuch führt allein für das Jahr 1579 fünf Meister auf, die für den Kölner Drucker tätig waren, darunter einen Servatius Koch. Im Steuerbuch des St. Kolumba-Kirchspiels, eine der wenigen in Köln erhalten gebliebenen Quellen, die Buchbindernamen und -wohnungen, hier für das Jahr 1589 nachweisen, ist vermerkt, dass der rührige Geschäftsmann seine Werkstatt in der Römergasse führte, Hausbesitzer und von 1579–1589 Mitglied der Goldschmiede-Gaffel war[201].

Den vorliegenden Einband fertigte der Buchbinder zwar für einen Druck seines Dienstherrn Quentell, nicht aber in seinem Auftrag. Wahrscheinlich hatte er eine Sammelbestellung für den Kölner Stadtrat zu erledigen, der die neuesten Verordnungen regelmäßig als Pflichtlektüre an seine Mitglieder verteilte. Zusammengebunden mit einer bei Gennep erschienenen Schrift, fügt sich das Buch nahtlos in die Reihe der Arbeiten für die konservative Kundschaft des Meisters ein, interessierte aber in seinem Kontext zur Kölner Reformationsgeschichte auch die protestantischen Vorbesitzer.

Während der Periode des Konzils von Trient (1545–1563) schien es den Bischöfen der Römischen Kirche geboten, den zahlreichen evangelischen Kirchenordnungen nun auch eigene Sammlungen von Verordnungen und Beschlüssen entgegenzusetzen. Die vorliegende Gesetzessammlung umschließt eine Zusammenfassung der Statuten und Dekrete der Kölner Provinzial- und Bistumssynoden seit Konrad I. von Hochstaden (um 1205–1261), deren Druck 1554 wohl vom Erzbischof Adolph III. von Schaumburg veranlasst wurde. Angebunden ist eine 10 Jahre früher erschienene und für das Scheitern der Kölner Reformation maßgebliche Schrift Johannes Groppers (1503–1559). Seit 1538 hatte sich der Jurist und Theologe den reformatorischen Ideen in einigen Punkten angenähert und zeigte sich im

201 Schunke, Rollen- und Platteneinband (wie Anm. 9). Darin: Akten zum Kölner Bucheinband, S. 351.

Laufe der Religionsgespräche in Hagenau, Worms und Regensburg konzessionsbereit. Der ursprünglich entschieden katholisch gesinnte Erzbischof Hermann von Wied hatte sich währenddessen auf die Seite der Protestanten geschlagen und plante nun, seinen Erzstift zu reformieren. Er berief Martin Bucer (1491–1551) 1542 als Prediger nach Bonn und beauftragte ihn und Melanchthon, der seiner Einladung gefolgt war, mit dem Entwurf einer Kirchenordnung. Gropper hatte zunächst freundschaftliche Gespräche mit Bucer geführt, aber nach dessen Predigt im Bonner Münster wurden ihm die reformatorischen Bemühungen dann doch zuviel. Als Bucer und Melanchthon 1543 den Entwurf ihrer Reformationsordnung vorstellten, beeilte sich Gropper mit der vorliegenden Gegenberichterstattung. Gemeinsam mit dem Karmeliterprior Eberhard Billick (1499–1557) und dem Kartäuserprior Gerhard Kalckbrenner (1494–1566) machte er sich nun für die katholische Sache stark. Das Domkapitel brachte die Schrift Groppers heraus und widersprach dem Entwurf der konfessionellen Konkurrenz, der sich in Köln nie als Landesgesetz durchsetzen konnte[202].

Der Erstbesitzer hat sich nicht namentlich in das Buch eingetragen. Ein geschwärzter Besitzeintrag aus dem 17. Jahrhundert ließ sich dank einer von Dr. Doris Oltrogge, FH Köln, freundlicherweise vorgenommenen Farbfilterreflektographie teilweise wieder lesen. Unter den Ausstreichungen fanden sich zwei übereinander liegende Vermerke des Carolus und Johann (...) Bendorff, bei dem jüngeren handelt es sich möglicherweise um den Johann Jakob Kirberger ex Bendorff (bei Koblenz), der laut Kölner Matrikeln 1696 am Gymnasium Tricoronatum studiert hat. Der nächste Bucheigentümer, Caspar Joseph Leiver, ›Past. in Wiesbaum‹ (1688–1762), hatte am 19. Dezember 1711 in Köln die Priesterweihe empfangen, wirkte von 1712–1713 als Kaplan in Stadtkyll, von 1714–1744 als Pfarrer in Wiesbaum und wurde dann Landdechant des Eifeldekanats[203].

202 Benger, Anita: Groppers »Gegenberichtigung«, die Antwort des Kapitels auf den Reformationsentwurf. In: Der Kölner Seelsorger und Theologe Kardinal Johannes Gropper. Eine Ausstellung der Diözesan- und Dombibliothek Köln zum 500. Geburtstag Groppers. 25. 2. - 30. 4. 2003. Köln 2003 (= Libelli Rhenani, Bd. 4) S. 185.

203 Nach freundlicher Auskunft von Marita Kohl, Bistumsarchiv Trier.

III. 10. Rolleneinbände, Köln, Meister B. K., um 1565

Martin Luther: Der Ander Teil aller Bücher und Schrifften (...) Zum dritten mal gedruckt aller ding dem ersten und andern Druck gleich on was in der Ordnung der Tag und Monden dem ersten Druck nach geendert ist. Gedruckt zu Jena durch Donatum Richtzenhayn[204] vnd Thomam Rebart[205], 1563[206]. Der Dritte Teil (...), ebd., 1565[207]

Gemeinsam ist beiden Bänden eine doppelt geführte Kranzrolle[208] mit 10 Bögen (178 x 20 mm), auf deren Spitzen nach typisch kölnischer Manier Engelsköpfe anstatt der herkömmlichen Palmetten sitzen. Den zweiten Teil der Jenaer Lutherausgabe (Abb. S. 173) verzierte der Kölner Meister B. K. auf ungewöhnliche Weise: Sternförmig unterteilt eine bezeichnete Rolle[209] (190 x 17 mm) das Mittelfeld. Hintereinander erscheinen Maria, Judith, Justitia und Eva als erzählende Bilderfolge mit den Beschriftungen: Mater Dei B. K. – 1546 Jvdidt – Jvstici – Evaa. Bekanntlich waren Luther alle Instanzen zwischen Gott und dem Menschen ein Ärgernis, weil nach seiner Lehre Christus durch seinen Tod am Kreuz den Gläubigen die Rechtfertigung gesichert hatte. Auch sah der Reformator in der Praxis der Marienverehrung sein ablehnendes Urteil über die Werkgerechtigkeit bestätigt: Mit den angeblich wundertätigen Darstellungen der Gottesmutter, die z. B. mit Hilfe verdeckter Mechanismen zu gegebenem Anlass Tränen produzieren konnten, zog der Klerus dem Volk das Geld aus der Tasche. Gleichwohl fand auch Maria ihren Platz im protestantischen Bildprogramm, sofern sie dort nicht als Fürbitterin, sondern gleich den Menschen als Empfängerin der göttlichen Gnade auftrat. Sie galt als Vorbild der Hingabe und des Glaubens und stellt auf der Rolle durch ihre Erwählung die Beziehung zur Heilsgeschichte her. Ihr schließt sich Judith an, die mit dem Haupt des Holofernes Tapferkeit und Furchtlosigkeit beweist. Sie zeichnet Maria als Überwinderin des Bösen vor. Justitia ist in diesem Kontext als das richtende Gesetz zu interpretieren; den Anlass für ihr Eingreifen bieten Evas

204 Benzing, Buchdrucker (wie Anm. 111) S. 221: Donat Richtzenhan (1559–1600).

205 Ebd., S. 220: Thomas Rebart (1558–1570).

206 VD16 L 3355.

207 VD16 ZV 10102.

208 Schunke, Rollen- und Platteneinband (wie Anm. 9) S. 386, Nr. 4.

209 Ebd., S. 385,3; Haebler, Rollen- und Plattenstempel (wie Anm. 85) Bd. II, S. 325,3.

Ungehorsam und sündhafte menschliche Leidenschaft. Die Stammmutter der Menschen koinzidiert mit der gehorsamen Maria; beide Frauengestalten stehen typologisch in engem Zusammenhang mit den Figuren der Synagoge und der Ecclesia, den Personifizierungen des Juden- und des Christentums. Eva, laut Genesis aus Adams Rippe gebildet, steht für Synagoge und bildet den Gegenpart zu Ecclesia. Diese entstand aus der Seitenwunde Christi, die Synagoge in der Rolle des Longinus mit einem Lanzenstich geöffnet hatte[210]. Konkordant zum Alten und zum Neuen Testament finden Eva und Synagoge ihre Kongruenz in Maria und Ecclesia. Während die Muttergottes auf dem Werkzeug das Jesuskind im Arm hält, präsentiert die Stammmutter der Menschen als Attribut einen Schädel, der sinnbildlich an die Vergänglichkeit alles Irdischen erinnert und in der Maria-Eva-Antithese symbolisch die Rolle des Apfels übernimmt. Eva hatte der Schlange vertraut, von der sie die verbotene Frucht entgegennahm und den Menschen damit den Tod brachte – Maria vertraute auf Gott und empfing die ›Frucht ihres Leibes‹ zur Errettung der Menschheit[211]. Traditionell weist das biblische Palindrom Eva-Ave[212] auch sprachlich auf die heilsgeschichtliche Verbindung der beiden Frauengestalten hin.

Dieselbe Rolle verwandte der Meister als Einfassung für das Mittelfeld des dritten Bandes (Abb. S. 171) der Gesamtausgabe aus Jena. Im Zentrum der Deckel prägte er hier eine vertikal geführte Rechtfertigungsrolle[213] (Satisfactio-Typus, 198 x 23 mm) nach dem gewohnten Schema, Kruzifix, Abrahams Opfer, Sündenfall und Auferstehung ab. Satisfacio B. K. – Peccatvm – Jvstificacio lauten die begleitenden Texte; ohne Unterschrift blieb die Opferungsszene. Dieses Werkzeug bezieht sich wiederum auf Gnade und Glauben im Evangelium des Neuen und Gesetz und Strafe in der Botschaft des Alten Testaments. Die Protestanten verstanden die typologische Aussage des letzteren, negativ besetzten (Tod, Sünde, Strafe) auch als Lehre der Papstkirche, während das Neue Testament den reformierten Glauben

210 Ohly, Gesetz (wie Anm. 97) S. 56.

211 Guldan, Ernst: Eva und Maria. Eine Antithese als Bildmotiv. Graz, Köln 1966, S.136–143.

212 Mit den Worten ›Ave Maria‹ begrüßt der Engel Gabriel die Maria bei der Verkündigung (Lk 1,28).

213 Schunke, Rollen- und Platteneinband (wie Anm. 9) S. 385, 2; Husung, Praxis (wie Anm. 176) T. II, 3, N.F. 14 (1922) S. 27–34; S. 51–59, s. S. 31; Haebler, Rollen- und Plattenstempel (wie Anm. 85) Bd. I, 212,2.

und damit die Gnade und das Leben symbolisierte. Im Konfessionsstreit wurde die protestantische Typologie der biblischen Gleichnisse als Kampfmittel insbesondere in der Bildsatire eingesetzt[214].

Wohl bald nach der Entlassung aus kaiserlicher Haft, hatte sich der ehemalige Kurfürst Johann Friedrich von Sachsen zu einer Neuauflage der Wittenberger Ausgabe entschlossen, weil ihm die erste, in der Lutherstadt erschienene Edition der philippistischen Einflüsse wegen zutiefst suspekt war. Mit der Realisierung des Projekts beauftragte er 1553 Georg Rörer (1492–1557), der eng mit Luther zusammengearbeitet und nach dem Tod seiner ersten Frau, Johanna Bugenhagen, für einige Zeit in der Hausgemeinschaft des Reformators Aufnahme gefunden hatte. Luther wusste ihn als ›servus servorum in Typographie‹ sehr zu schätzen, hatte sich Rörer doch in den Jahren von 1522 bis 1546 den exakten Nachschriften seiner Tischreden, Predigten und Vorlesungen gewidmet. In Anbetracht seiner Kompetenz und Quellenkenntnisse musste Rörer nun auf Johann Friedrichs Geheiß nach Jena übersiedeln. Dort beriet er sich mit dem Weimarer Hofprediger Johann Aurifaber[215], der 1553 ein umfangreiches Programm für die chronologisch geordnete Neuauflage vorlegen konnte. Der ehemalige Kurfürst erlebte die Veröffentlichung nicht, er verstarb 1554. Seine Söhne, die thüringischen Herzöge, übernahmen die Betreuung und Zensur des Projekts. In den Jahren 1555 bis 1558 erschien die achtbändige Reihe der deutschen Schriften, die lateinischen kamen von 1556 bis 1558 in vier Teilbänden heraus. Damit war die Jenaer Ausgabe früher als die Wittenberger fertig, deren Vollendung sich zwanzig Jahre hinzog. Die letzten Bände aus Wittenberg enthalten dann auch die Schriftstücke und Briefe zur Reformation, um die das Jenaer Werk ergänzt worden war, umgekehrt hatte man in Jena vor der Drucklegung die Konkurrenzausgabe angekauft und vieles mit geringen Abweichungen kopiert[216]. Herausgeber und Autoren des 16. Jahunderts genossen noch keinen rechtlichen Schutz als Urheber.

214 Hoffmann, Konrad: Typologie, Exemplarik und reformatorische Bildsatire. In: Kontinuität und Umbruch. Beiträge zum Tübinger Kolloquium des Sonderforschungsbereichs 8 ›Spätmittelalter und Reformation‹. Stuttgart 1978 (= Spätmittelalter und Frühe Neuzeit, Bd. 2) S. 189–210, s. S. 191.

215 Bautz, Friedrich Wilhelm: Johann Aurifaber, genannt Vinariensis. In: BBKL (wie Anm. 109) Bd. I, Hamm 1990,Sp. 303–304.

216 Wolgast, Luther-Ausgabe (wie Anm. 141). Darin: Die Jenaer Ausgabe, S. 47–52.

In Verbindung mit der aufwendigen Einbandgestaltung weist der Text, aber auch die spätere Provenienz der beiden Bände, die Evangelische Gemeindebibliothek, auf einen protestantischen Vorbesitzer hin; außer einem geschwärzten Eigentumsvermerk enthalten die Bücher keine Einträge.

Schließlich ist bemerkenswert, dass der wohlhabende B. K., der bevorzugte Buchbinder des Kölner Rats, diesen Bindeauftrag ausführte, bei dem er mit Sanktionen hätte rechnen müssen, wäre es der Obrigkeit aufgefallen. Konnte er dem Gewinn nicht widerstehen, oder sympathisierte er möglicherweise selbst mit der neuen Lehre? Ob der Meister die Einbände für katholische oder protestantische Kunden fertigte, bleibt ebenfalls ungewiss. Zweifellos aber überlieferte er mit seinen Arbeiten eindrucksvolle Beispiele für den Einfluss des reformatorischen Bildprogramms auch auf die Einbandkunst im ›Heiligen Köln‹.

311 x 200 mm. Braunes Kalbleder über Holzdeckeln, auf 5 Bünde geheftet.
Teilvergoldet. Deckelkanten in den Mitten und zum Schnitt hin abgeschrägt. Lager und Blättchen von 2 zum Vorderdeckel greifenden Schließen erhalten. Schnitt rot, Kapitalband grün. Recto wie verso drei Streifenrahmen um kleines rechteckiges Mittelfeld. Leere Querriegel. Außenrahmen: Kranzrolle. Im Mittelfeld Supralibros. Einzelstempel im Innenrahmen, im Zentrum und in den Riegeln: Eicheln, Vierpass, Blüte an Zweig und Lindenblatt. Wachsreste von Siegel auf hinterem Buchdeckel. Signatur: EVA5009.

330 x 203 mm. Braunes Kalbleder über Holzdeckeln, auf 4 Bünde geheftet. Blindprägung. Deckelkanten zum Schnitt hin leicht abgeschrägt. 2 zum Vorderdeckel greifende Schließen. Bandzählung auf naturfarbenem Schnitt. Bd. 2: Schließenlager und 1 -blättchen erhalten. Kapitalband naturfarben. Rückenleder beschädigt. Recto wie verso: Deckeleinteilung mit schmal/breit/schmalen Linien. Kranzrolle im Außenrahmen. Bd. 3: Repariert. An Rücken und Kanten neues Leder untergearbeitet. Schließen identisch mit Band 2, Schließenblättchen und -bänder erneuert. Vorsatzpapiere und Kapitalband neu. Deckel in 2 Rahmen um schmales Mittelfeld unterteilt. Außenrahmen wie Band 2. Signatur: EVA 5013.

Luther, Werke, Teilband 2 Rolleneinband, Köln, Meister B. K., um 1565, zu III, 10

Die Einbandkunst der Moderne anhand einiger Beispiele aus der Einbandsammlung F. B. Schmetz

Vortrag anlässlich einer privaten Vorbesichtigung zur 105. Auktion in den Räumen des Auktionshauses Venator & Hanstein, am 10. März 2008

I. Auktionen und die Bucheinbände der Moderne im Hinblick auf die Forschung

Als bemerkenswerte Raritäten lassen die künstlerischen Handeinbände der Moderne nicht allein jedes Sammlerherz höher schlagen – die Liebhaberstücke wecken durchaus auch die Begehrlichkeit der Forscher, die in den historischen Bereichen von Kunst, Kultur, Handwerk und Buch zuhause sind. Nur wenige der Bände stehen ihnen in öffentlichen Museen und Bibliotheken für Studien zur Verfügung. Manche der Objekte befinden sich in Privatbesitz, ein Gutteil fiel den Weltkriegen zum Opfer. Die außerordentliche Seltenheit der schönen Arbeiten sorgt deshalb für einigen Verdruss. Mechthild Lobisch, Professorin für Malerei und Buch in Halle, bedauert, dass bis auf wenige Ausnahmen die Einbände einer ganzen Generation verschollen sind[1]. Erschwerend kommt hinzu, dass sich die Recherchen zur Geschichte der deutschen Einbandkunst dieser Epoche überwiegend auf veraltete Publikationen und Werkverzeichnisse stützen müssen, auch, dass die Identifizierung der dort ohne Abbildung beschriebenen Einbände Probleme bereitet.

So sieht man in der Einbandforschung den Verkauf relevanter Sammlungen mit gemischten Gefühlen, der Verlust der Kollektion als solcher ist

1 Mechthild Lobisch, Auf der Suche nach der deutschen Einbandkunst. In: Zwischen van de Velde und Bauhaus. Otto Dorfner und ein wichtiges Kapitel der Einbandkunst. Catalog of an exhibition held in Kirchheim unter Tech, July 11–Sept. 5, 1999; in Weimar Feb. 17–Apr. 19, 2000; and in Mariémont, Belgium, June 20–Sept. 15, 2000. Halle und Weimar 1999 (= Schriftenreihe Burg Giebichenstein Hochschule für Kunst und Design Halle, Nr. 1) S. 15–17, s. S. 15.

zweifellos betrüblich und lässt sich hier nicht schön reden; dafür aber bietet sich die einmalige Gelegenheit, verloren geglaubten Schätzen nachzuspüren und diese für die Nachwelt zu dokumentieren. Da der Ankauf der wertvollen Objekte (leider) nicht unbedingt zum Auftrag der Bibliotheken gehört – sie müssen die Lehrenden und Lernenden vornehmlich mit aktueller Literatur versorgen – und weil auch der Etat der Museen bekanntlich knapp bemessen ist, sind heute die Auktionskataloge der zum Verkauf stehenden Sammlungen eine überaus wichtige Quelle für die Einbandforschung. Vor allem der vorliegende Katalog zur Sammlung Schmetz wird nicht allein seiner sorgfältigen Gestaltung wegen in die Geschichte der Einbandkunst eingehen[2].

Unser herzlicher Dank gilt dem Auktionshaus Venator und Hanstein und natürlich seinem Geschäftsführer, Herrn Karl Heinz Knupfer. Ihrem Verständnis für unser Wirken und Ihrer Bereitschaft zur Kooperation verdanken wir wichtige Erkenntnisse: Das Werkverzeichnis des berühmtesten der vorgestellten deutschen Buchbinder, Ignatz Wiemeler, kann aufgrund Ihrer Arbeit um zwei Werke ergänzt werden – eine Sternstunde für die Einbandforschung. Regelmäßig weisen Sie anlässlich der Auktionen auch die Forscher auf historische und künstlerische Einbände hin. Die Erlaubnis, in Ihren Räumen Durchreibungen vorzunehmen oder, wie heute, eine einmalige Sammlung von Einbänden gebührend würdigen zu dürfen, bezeugt wieder einmal Ihre Großzügigkeit, in deren Genuss wir schon so oft kamen.

II. Die Sammlung Ferdinand B. Schmetz

Es bereitet mir ein besonders Vergnügen und es ist mir – das wollen Sie bitte nicht als Floskel verstehen – eine große Ehre, Ihnen Ferdinand Bernhard Schmetz (+1968), einmal nicht als Besitzer einer in vieler Hinsicht herausragenden Kollektion mit zahlreichen Glanzlichtern, sondern als Einbandsammler vorzustellen. Der Sohn beschreibt den 1897 geborenen Aachener Unternehmer als Schöngeist und begnadeten Techniker, dem Qualität

2 Venator und Hanstein. Sammlung F. B. Schmetz. Auktion 105. 14. März 2008. Köln, Venator & Hanstein, 2008.

über alles ging[3]. Nicht was man tut, sondern wie man es tut, war für ihn wesentlich, ein Leitmotiv, das auch die Einbandkollektion nachhaltig prägte.

Der so genannte Generalintendant des Buches, Gotthard de Beauclair (1907–1992), hielt Ferdinand Bernhard Schmetz für den feinsinnigsten und begeisterungsfähigsten der ihm bekannten Sammler. Enthusiasmus also, Talent und Anspruchsdenken in Kombination mit den nötigen Mitteln bewiesen sich im Hinblick auf die Kollektion als beste Voraussetzungen für die Bibliophilie, insbesondere für das Sammeln künstlerisch und technisch hochwertigster Einbände. Mit sicherer Hand, und wohl in der Absicht, mit der Sammlung der Einbände auch das geistige Umfeld und die Ursprünge des seinerzeit maßgeblichen buchbinderischen Wirkens nachzuvollziehen, ist es Schmetz gelungen, vom Wertvollsten, das vor allem die deutsche Einbandkunst nach der Renaissance zu bieten hatte, noch das Exquisiteste zusammenzutragen. Alle Einbandschaffenden von Rang und Namen sind vertreten, hinreichend bekannt aus der einschlägigen Literatur. Außer den Arbeiten der Lehrer hat der Sammler, offensichtlich ein Freund der Vollständigkeit in seinen Regalen, auch die der bekanntesten Schüler erworben. Weit über hundert Einbände namhafter Buchbinder habe ich gezählt.

III. Geschichte der Einbandkunst des 20. Jahrhunderts

1. Verlagsschaffen und Handeinband

Die Geschichte der wohl ungewöhnlichsten Periode der Einbandkunst sei hier einführend abgehandelt. Im 19. Jahrhundert war es im internationalen Vergleich um das deutsche Einbandschaffen eher schlecht bestellt. Obwohl es an tüchtigen Buchbindern nicht mangelte[4], führten doch zwei Faktoren zur Krise. Zum einen fehlte generell eine avantgardistische Entwicklung in der bildenden Kunst, deren Strömungen die Handwerker üblicherweise inspirieren.

3 P. N. Schmetz, Ferdinand Bernhard Schmetz. In: Ebd., S. 9–10.

4 Deutsche Buchkunst 1890 bis 1960. Bd. 1: Text von Georg Kurt Schauer, Hamburg 1963. Bd. 2: Abbildungen und Bibliographie, Hamburg 1963, Bd. 1, S. 201.

In der Epoche des Historismus beschränkte man sich darauf, die Kunststile vergangener Zeiten aufzugreifen und nachzuahmen, oder – schlimmer noch – altertümelnde stilistische Elemente mehrerer Richtungen zu einem pluralistischen Ideal zu vermengen. Zum anderen kam es durch den wirtschaftlichen Aufschwung der Gründerzeit zur Industrialisierung des Buchgewerbes und zur Massenproduktion von Einbänden in eben diesem historisierenden Stil. Die pompöse, aber repräsentative Ausstattung genügte den Ansprüchen eines breiten Bürgertums, das es zu Wohlstand gebracht hatte und diesen auch demonstrieren wollte. Zwar lehnten sich um 1900 die Vertreter des Jugendstils gegen den Historismus auf, missionierten aber mit der Gestaltung jedes ihrer Bücher offenkundig und aufdringlich für die pandynamische Weltanschauung. Endlich erkannte man, dass die Entwicklung der Einbandkunst stagnierte, und führte das auf die mangelnde Nachfrage nach der vormals und in den Nachbarländern immer noch üblichen Einzelanfertigung von Handeinbänden zurück.

Folgerichtig waren es zunächst nicht die Bibliophilen, sondern die Verleger, die den Einklang von Gehalt und Gestalt, nämlich von Einband, Text, Typographie und Illustration suchten, um damit Anklang bei ihren Lesern zu finden.

Sie beauftragten namhafte Künstler mit dem Entwurf von Einbänden und Buntpapieren und richteten innerhalb ihrer industriellen Betriebe kleine Handbuchbindereien ein. Diverse recht ansprechende Zeugnisse dieses verlegerischen Strebens sind in der Sammlung Schmetz enthalten.

Über den Sinn und Zweck seiner Handbuchbinderei befragt, antwortete der engagierte Leipziger Verleger Felix Hübel (1874–1922): „Andere halten sich Rennpferde, ich halte mir eine Handbuchbinderei[5]“.

Öffentliche wie private Kunstgewerbe- und Handwerkerschulen sorgten für die Ausbildung des Nachwuchses, heute würde man diese Einrichtungen

5 Helma Schaefer, Spurensuche zwischen Jugendstil und Bauhaus. In: Zwischen van de Velde und Bauhaus (wie Anm. 1) S. 42–69, s. S. 51. Dazu s. auch: Helma Schaefer, Leipziger Verlegereinbände des 19. Jahrhunderts als Gegenstand einbandkundlicher Forschung. In: Das Gewand des Buches. Historische Bucheinbände aus den Beständen der Universitätsbibliothek Leipzig und des Deutschen Buch- und Schriftmuseum der Deutschen Bücherei Leipzig. Beschrieben von Sylvie Karpp-Jacottet und Helma Schaefer. Beiträge von Reimar Riese, Konrad von Rabenau und Helma Schaefer. Hrsg. von Roland Jäger. Leipzig 2002 (= Schriften aus der Universitätsbibliothek Leipzig 6).

Hochschulen für Kunst und Design nennen. Unter der handwerklich wie künstlerisch kompetenten Leitung so namhafter Lehrerpersönlichkeiten wie Paul Adam (1849–1931), vermittelten sie die Voraussetzungen für qualitätsvolles Schaffen in Manufaktur und Industrie, das eine ermöglichte erst das andere. Doch weiterhin wurde der zu üppige Zierrat in und auf den Büchern, als überflüssig, als störend sogar empfunden. In der Intention, die überladene Pracht des Historismus und das Ekstatische des Jugend- und Sezessionsstils endgültig zu überwinden, also mit dem Ziel, die gewerbliche Arbeit zu veredeln[6], schlossen sich 1907 Künstler, Unternehmer, Architekten und Sachverständige zum Werkbund zusammen.

2. Kunstgewerbe, Werkkunst und Kunstwerk

Das Kunstgewerbe, für uns ein negativ belegter Begriff, (ich assoziiere Makrameeorgien und ähnliches textiles Gefrickel), galt seinerzeit als Garant für Qualität, Einbandausstellungen der nationalen Wertarbeit und Wettbewerbe in hehrer Konkurrenz weckten das internationale Interesse. 1912 vereinigten sich die schöpferisch tätigen Buchbinder in der Forderung nach Schlichtheit, Materialgerechtigkeit, Konstruktivität und Funktionalität zum Jakob-Krause-Bund. Hier galt es, Kunst und Technik sinnvoll zu verbinden wie auch wirtschaftliche und ideelle Interessen zu wahren. 1923 spaltete sich die heute noch aktive Vereinigung Meister der Einbandkunst ab.

Hätte nicht parallel zum Verlagsschaffen wieder die Nachfrage nach exklusiven und von Hand gebundenen Sammlerstücken bestanden, gäbe es hier und heute wohl keinen Anlass zum Feiern. Buchkünstler und Bibliophile verlangten nach Neuem und Formvollendeten. Dem englischen Vorbild folgend gründeten sie Privatpressen. Zahlreiche der dort herausgebrachten exklusiven Drucke gelangten in losen Bögen in den Handel, für andere wurde ein luxuriöser, von namhaften Meistern gefertigter Einband gleich mit angeboten und auch gern abgenommen. Die edlen, aufwändig hergestellten Drucke bedurften einer würdigen Hülle.

6 Deutsche Buchkunst 1890–1960 (wie Anm. 4) S. 202.

Bald sollte sich das Bemühen um Rationalismus und Perfektion auszahlen, denn die Einbandschaffenden brachten, unterstützt von Bibliophilen und ihren Mäzenen, in rasantem Fortschritt und über mehrere Jahrzehnte im wörtlichen Sinne einzigartige Meisterwerke hervor, Unikate, die deutlich den Einfluss der epochalen modernen Strömungen in der bildenden Kunst reflektieren, selbst Teil davon, in ihrer Schlichtheit und Perfektion aber von zeitloser Schönheit sind. Das Kunstgewerbe war in der Symbiose von Angewandter und freier Kunst zur Werkkunst, zum Kunstwerk avanciert.

Anfangs noch in einer abgespeckten, geschmackvolleren Variante vom Jugendstil berührt oder leise historisierend, greifen die Einbände allmählich die Strenge und Nüchternheit von Bauhaus und neuer Sachlichkeit auf. Vorreiter der neuen Bewegung waren Paul Kersten (1865–1943) in Berlin, Franz Weiße (1878–1952) in Hamburg und Otto Dorfner (1885–1955) in Weimar, dessen Arbeit man im Kollegenkreis für bahnbrechend und umstürzlerisch[7] hielt. Aus diesen drei Werkstätten gingen ganze Generationen von Lehrern und Meistern hervor[8], die wiederum die Verbindung von Mensch, Kunst und Handwerk suchten.

Erstaunliches geschah im Unterricht: Zu den Konzentrationsübungen im Vorkurs der Buchbinderklasse des Bauhauses gehörte unter der künstlerischen Leitung von Johannes Itten (1888–1967) z. B. „das beidhändige Zeichnen im Stehen, um den rechten Körperrhythmus für die gestalterische Arbeit zu finden[9]". Stufenloses Abstrahieren wurde an Naturvorbildern so lange geübt, bis jeder Studierende seinen individuellen Stil in der gegenstandslosen Kunst entwickelt hatte. Zufrieden stellte Paul Kersten 1914 anlässlich einer Ausstellung fest, die deutschen Einbände seien den französischen und englischen, weil moderner, doch deutlich überlegen[10].

Schon immer hatte die Fachwelt nach Frankreich und England geschielt, seit der Renaissance galt die Kunst besonders der französischen Meister

7 Helma Schaefer, Spurensuche zwischen Jugendstil und Bauhaus. In: Zwischen van de Velde und Bauhaus (wie Anm. 1) S. 42–69. s. S. 47.

8 Deutsche Buchkunst 1890 bis 1960 (wie Anm. 4) Bd. 1, S. 56.

9 Michael Siebenbrodt, Zur Entwicklung der Form- und Designmethodik in Weimar 1902–1925. In: Zwischen van de Velde und Bauhaus (wie Anm. 1) S. 26–39, s. S. 35.

10 Paul Kersten, Deutscher Einbandstil – französischer Einbandstil. In: Archiv für Buchbinderei (1929) S. 69. Zitiert nach: Mechthild Lobisch, Auf der Suche nach der deutschen Einbandkunst. In: Zwischen van de Velde und Bauhaus (wie Anm. 1) S. 15–17, s. S. 15 und Fußnote 2, S. 17.

als vorbildlich und richtungsweisend. Das gesteigerte Selbstbewusstsein der deutschen Kollegen war allerdings nicht ganz unberechtigt. Sie hatten sich weitgehend von der „neoklassizistischen Erstarrung[11]" befreit und begriffen den Einband nicht mehr nur als schmückenden Ausstattungsgegenstand, hielten die französischen „Prachtschinken" heimlich für Kitsch. Natürlich sind auch in Frankreich abstrakte Bucheinbände entstanden, aber, wie allenthalben, hatten doch die Sammler ein Wörtchen mitzureden und beharrten oftmals widerborstig auf der konventionellen, gefälligeren Einbandgestaltung. Abgesehen davon hätte heute wohl niemand mehr etwas gegen ein paar französische Prachtschinken, wenigstens einen, in seinen Beständen einzuwenden. So sah das zum Glück auch Schmetz und wählte einige erlesene moderne Exemplare aus, gefertigt von der Crème de la Crème: Georges Leroux, Madelaine Gras, Georges Cretté, Marcellin Semet und Georges Plumelle. Die namhafte Leipziger Einbandforscherin und Expertin für den modernen Bucheinband, Helma Schaefer, kommentiert das deutsch-französische Einbandschaffen: „So viele Deutsche auch in französischen Werkstätten gearbeitet haben, das spezifisch französische Feingefühl, der vollendete Geschmack, der geniale Chic haben die Vogesen nicht überschritten, wenn die ausgehenden Pioniere in die Heimat zurückkehrten...[12]"

Die deutschen Meister verzichteten konsequent darauf, den Buchinhalt zu illustrieren, gestanden - mehr oder weniger mit dem Inhalt korrespondierend - auch dem „zweckfreien Stimmungsausdruck[13]" weiten Raum zu; sie hielten Maß und intendierten mit ihrer Gestaltung die Phantasie des Lesers anzuregen. Experimentierfreudig ließen sich die Einbandkünstler für ihre Entwürfe entweder von Text, Illustration und Typographie inspirieren, oder aber sie verliehen dem Buch mit ihrem Einband lediglich ein einladendes Frontispiz, ein Fenster, das abstrahierend oder rein linear gestaltet einen Blick auf das bunte Lokalkolorit der Erzählung oder die lebendige

11 Gert Selle, Designgeschichte in Deutschland. Produktkultur als Entwurf und Erfahrung. Köln 1987. Zitiert nach Helma Schaefer, Spurensuche zwischen Jugendstil und Bauhaus. In: Zwischen van de Velde und Bauhaus (wie Anm. 1) S. 42-69, s. S. 61 und Fußnote 35.

12 Helma Schaefer, Von der Kunst des Handeinbandes. Betrachtungen aus der Arbeit mit der Einbandsammlung des Deutschen Buch- und Schriftmuseums der Deutschen Bücherei. Leipzig 1983 (= Neujahrsgabe der Deutschen Bücherei Leipzig 1984) S. 13.

13 Deutsche Buchkunst 1890 bis 1960 (wie Anm. 4) Bd. 1, S. 202.

Fabulierkunst des Verfassers erlaubt. Im Sinne der werkbündischen Sachlichkeit verbanden sie „die Strahlkraft“[14] der edlen Werkstoffe mit exakter Bindearbeit, Werktreue mit akribischer Sorgfalt. Auf das natürliche Relief der Tierhaut setzten die Meister mit Linien und Intarsien Akzente im Ausdruck der Begegnung von Natur und Kultur, oder, auf die Texte bezogen, von Stoff und Form.

Verpflichtend waren bei aller Kreativität das Format, die Form und die Funktion des Buches. Der große englische Meister Douglas Cockerell (1870–1945) begann sein heute noch aktuelles Handbuch für Buchbinder und Bibliothekare mit den mahnenden Worten: Man bindet ein Buch vornehmlich, um seine Seiten in der richtigen Reihenfolge zu belassen und um es zu schützen[15]. In diesem Rahmen entstand dann ein breites Spektrum von aufwändig konzipierten Ledereinbänden mit reicher Vergoldung und komplizierten Applikationen bis hin zum schlichten Pergamentband mit sparsamer Prägung. Selbstredend hing der Aufwand der Gestaltung auch vom Anlass der Bindearbeit und dem Wunsch des Auftraggebers ab. Abgesehen davon aber unterlag es allein dem stilistischem Empfinden und der Textauffassung des Meisters, der ausdrucksvollen Typographie und Illustration der Pressendrucke eine adäquate dynamisch bewegte oder eine eher statische, ruhige Einbanddekoration entgegenzusetzen. Sie durfte den Inhalt des Buches nicht erschlagen, selbst aber auch nicht in der Banalität versinken. Der Einbandschmuck konnte traditionelle Elemente in neuer Interpretation enthalten, mit Prägungen und Auflagen aller Art die „uralte Zeichensprache der Linien und Farben nutzen[16]“, oder sich auf eine typographische Gestaltung beschränken. Zuverlässig aber beweist jede der von Schmetz gesammelten Arbeiten das von den Gründern des Jakob-Krause-Bundes für den Handeinband geforderte künstlerische Einfühlungsvermögen und höchste handwerkliche Virtuosität[17].

14 Ebd., (wie Anm. 4) S. 204.

15 Douglas Cockerell, Der Bucheinband und die Pflege des Buches. Ein Handbuch für Buchbinder u. Bibliothekare. Aus d. Engl. übertr. von Felix Hübel. Leipzig 1902 (= Handbücher des Kunstgewerbes 1).

16 Deutsche Buchkunst 1890 bis 1960 (wie Anm. 4) Bd. 1, S. 204.

17 Dazu s.: Helma Schaefer, Zum Bewahren und Erkennen. Methodische Überlegungen zu einer Geschichte des deutschen Einbandschaffens im 20. Jahrhundert. In: E codicibus impressisque. Opstellen over het boek in de Lage Landen vor Elly Cockx-Indestege. Leuven 2004, S. 171–199, s. S. 82–83.

Kurt Georg Schauer (1899–1984), Verleger und Buchwissenschaftler, brachte es auf den Punkt: „Nur auf dem sicheren Boden der Materialkenntnis und der Beherrschung der Technik gelingt es dem Handwerker, das Zweckhafte ins Sinnvolle zu steigern und vielleicht – anonym oder unter seinem Namen – die Grenze zur Kunst zu überschreiten.[18]"

IV. Einbandbeschreibungen und Lebensbilder der Buchbinder

Bei den folgenden Einbandbeschreibungen möchte ich ihnen nicht den Text des Auktionskatalogs vorlesen, die Objekte sind dort vorbildlich in der Fachterminologie erklärt. Vielmehr möchte ich anhand einiger Beispiele versuchen, behutsam herauszuarbeiten, was denn die präsentierten Einbände zur Kunst erhebt, was sie so einzigartig macht und sie Ihnen im Kontext der Lebensbilder einiger Buchbinder skizzieren.

1. Englische Vorbilder

a. Thomas James Cobden-Sanderson

„Für den namhaften Einbandforscher Geoffrey Dudley Hobson (1882–1949) begann die wahre Einbandkunst mit dem 20. Juli 1884, als nämlich Thomas James Cobden-Sanderson[19] (1840–1922) seinen ersten Einband vorlegte[20]". Tatsächlich übte dieser englische Buchbinder über Jahrzehnte Einfluss auf das europäische Einbandschaffen aus, abgesehen von Frankreich,

18 Deutsche Buchkunst 1890 bis 1960 (wie Anm. 4) Bd. 1, S. 205. Dazu s. auch: Gustav Adolf Erich Bogeng, Einbandkunst und Einbandliebhaberei. In: Deutsche Einbandkunst. Ausstellung des Jakob Krause Bundes, Vereinigung deutscher Kunstbuchbinder im Weißen Saal des Schloßmuseums zu Berlin, September – Oktober 1921. Berlin 1921, S. 23–24.

19 Thomas James Cobden-Sanderson, Das Idealbuch oder das schöne Buch. Eine Abhandlung über Kalligraphie, Druck und Illustration und über das schöne Buch als ein Ganzes. Berlin 1921. Marianne Tidcombe, The Bookbindings of T. J. Cobden-Sanderson. A study of his work 1884–1893, based on his Time book. London 1984.

20 Manfred von Arnim [Bearb.], Europäische Einbandkunst aus sechs Jahrhunderten. Beispiele aus der Bibliothek Otto Schäfer Schweinfurt. Ausstellung vom 11. Oktober bis 28. März 1993. Schweinfurt 1992, S. 194.

wo für die Ästhetik der Einbände eben eigene Gesetze galten. Cobden-Sanderson hatte als Erster die Inspiration, sich über die tradierten historisierenden Ideale hinwegzusetzen und vertraute, manchmal in hartem Ringen um die minuziös konzipierte Realisierung, auf die eigenen experimentellen Entwürfe. Sein Einbandschmuck bestand aus zierlichen Stempeln mit elementaren Naturformen.

Blätter und Blüten überzogen die Buchdeckel oder bildeten breite Rahmengefüge in individuell-romantischer, von den Präraffaeliten geprägter Manier; besonders hatte es dem Buchbinder die Tudorrose angetan. Mit dem beginnenden 20. Jahrhundert vollzog sich ein stilistischer Wandel, die Dekoration seiner Einbände wurde verhaltener. Stetig aber suchte der Meister mit dem Erscheinungsbild seiner Werke eine „höhere, rhythmische und von Schönheit und Freude berührte Ordnung", eine „Cosmic Vision", erfahrbar zu machen. Zwei moderne Arbeiten, eine davon ornamental verziert, sind in der Kollektion Schmetz überliefert.

Cobden-Sanderson hatte eine sehr persönliche Korrespondenz, seine Briefe an Lord und Lady Amberley, unter dem Titel „Die Streitigkeiten der Liebenden" herausgebracht[21], hier liegt sie von seiner Presse auf Pergament gedruckt vor[22]. Der Meister heftete die Lagen über fünf Bünde und zwei Kapitalbünde *(Nr. 1075)*, und schützte seine Briefsammlung mit einem Einband aus dunkelblauem ecrasierten, d. h. geglätteten Maroquin. Mehrfache Goldlinien bilden das Rahmengefüge und fassen Kleeblatt- und Punktstempel ein, die sich spielerisch in den Verlauf der Linien drängen, Akzente setzen und – vielleicht in höherer Ordnung – die Strenge der Komposition brechen. Goldpunkte beleben den Innenrahmen. Zwischen den Bünden ist das reich vergoldete Leder des Rückens mit Fileten kassettiert, in den Feldern erscheinen Titel und Erscheinungsjahr, und, durch Diagonalen sortiert, kleine Kreise, ebenfalls noch einmal das dreiblättrige Kleeblatt, das „Shamrock", bekannt als Symbol Irlands.

---

21 Tidcombe, Bookbindings (wie Anm. 19) S. 1–7.

22 Amantium irae. Letters to two friends. 1864–1867. Hammersmith, Doves Press, 1914. 235 x 165 mm. Mit Porträt-Frontispiz. Druck in Rot und Schwarz. Exemplar Nr. 4 auf Pergament, außerhalb der Auflage von 3 Pergamentexemplaren. Im Druckervermerk eigenhändig von Cobden-Sanderson bezeichnet „4th or Retree Copy, T. J. Cobden-Sanderson.

Nach Art der alten flämischen Meister verwendete Cobden-Sanderson Pergament als Vorsatz, der vordere Spiegel zeigt das Exlibris der schwedischen Sammlerin Lia Ekman. Auch Steh- und Innenkanten hat der Meister vergoldet.

Goethes auf fünf Bünde geheftete Iphigenie[23] *(Nr. 1078)* staffierte er mit schwarzem Maroquin aus. Diesmal hat der Buchbinder auf Ornamente verzichtet. Geschickt schuf er Perspektive mit einer diagonalen Unterteilung und einigen in unregelmäßigem Abstand konzentrisch geprägten Rahmen aus Goldfileten, wiederum ist mit kleinen Punkten die innere Linienführung akzentuiert. Im Zentrum des Vorderdeckels, auch auf dem mit Fileten kastenvergoldeten Rücken steht in goldenen Versalien geprägt der Titel. Mit demselben gediegenen Metall rückte der Meister den Schnitt und die Steh- und Innenkanten ins rechte Licht.

Erst im Alter von 43 Jahren hatte Cobden-Sanderson, der eigentlich als Rechtsanwalt wirkte, beruflich umgesattelt und 1883/84 eine Lehre als Buchbinder absolviert. Die zündende Idee dazu lieferte die Ehefrau des von ihm viel bewunderten William Morris (1834–1896), dem Begründer der namhaften Kelmscott Presse. Bald begann Cobden-Sanderson über sein Handwerk zu publizieren und stellte seine Arbeiten in Ausstellungen vor. Ab 1893 führte er die eigenen Entwürfe seltener selbst aus, sondern übertrug das Einbinden den Mitarbeitern der von ihm 1895 speziell für die Drucke der Kelmscott-Press eingerichteten Doves-Buchbinderei, seit 1897 z. B. seinem Schüler, dem herausragenden Meister Douglas Cockerell. Von 1901 bis 1916 betrieb Cobden-Sanderson dann noch mit der Doves-Presse die seinerzeit berühmteste und anspruchsvollste englische Handpresse.

b. George Sutcliff und Francis Sangorski

Als Douglas Cockerell später selbst eine solche begründet hatte, schlossen sich ihm seine Schüler, die Buchbinder George Sutcliff (1878–1943) und

23 Johann Wolfgang v. Goethe, Iphigenie auf Tauris. Ein Schauspiel. Hammersmith, The Doves Press, 1912. 254 x 168 mm. Eines von 200 Ex. auf Bütten (insges. 232 Ex.). Tidcombe DP 28. Tomkinson 57,30.

Francis Sangorski (1875–1912) an, seit 1903 bekannt für ihre mit Goldschmiedearbeiten und Edelsteinen inkrustierten Einbände[24]. Früher jedoch, wohl um 1898, sind ihre vorliegenden Arbeiten *(Nr. 1098)* für die Kelmscott Presse entstanden. Es sei hier auf die Holzschnitt-Bordüre von William Morris und die weitere kostbare Ausstattung des Druckes hingewiesen. Die Drucktype geht auf die Antiqua des Nikolaus Jenson zurück, der mit Johann von Köln und Konsorten im 15. Jahrhundert in seiner berühmten venezianischen Offizin wirkte[25]. Wie intensiv sich die Engländer auch mit den Einbänden der alten Meister beschäftigt haben, dokumentieren diese über sieben Bünde gehefteten Beispiele. Dennoch verliehen die Buchbinder den Drucken niemals einen Einband im Stil, sondern bestenfalls im Geist der Zeit. In rotbraunes Maroquin lederten die Meister hier die Legende des Jacobus de Voragine[26] für Morris ein. Auf dem Rücken finden sich in Gold Titel, Bandzählung und Angabe der Presse, der vergoldete Schnitt sorgt für den letzten Schliff.

2. Deutsche Meister

a. Paul Kersten

In seiner stilisierten textinterpretierenden Ornamentik fällt der Einband eines der deutschen Vorreiter der Buchkunst auf. Paul Kersten[27] hatte in

24 Elinor Hodgson, Sangorski & Sutcliffe Centenary, 2001 [online] http://www.daltonwatson.com/pages/pebble_special/history.html

25 Konrad Haebler, Die deutschen Buchdrucker des XV. Jh.s im Auslande. München 1924, S. 27–30. Jenson druckte von 1470 an allein, seit 1475 bis 1480 mit Genossen.

26 Jacobus de Voragine, The Golden Legend. Translated by William Caxton. Edited by Frederick S. Ellis. 3 Bde. Hammersmith (Middlesex). Printed by William Morris at the Kelmscott Press. 287 x 210 mm. Eines von 500 Ex. gedruckt in der „Golden Type“. Das Werk wurde im Verlag von Bernard Quaritsch, London, verkauft. Petersen A7.

27 Max Joseph Husung, Paul Kersten, ein deutscher Kunstbuchbinder. In: Sankt Wiborada 3 (1936) S. 150–153. Ernst Collin, Paul Kersten. Erster Corvinus-Druck. Gedruckt als Festschrift des Jakob-Krause-Bundes, Vereinigung deutscher Kunstbuchbinder, zum 60. Geburtstage seines Ehrenvorsitzenden Paul Kersten am 18. März 1925 in einer einmaligen Ausgabe von 456 Exemplaren. Berlin 1925 Weitere Arbeiten Kerstens sind abgebildet in: Sammlung Max Hettler. [Ausstellung vom 2. November bis 8. Dezember 1991 im Buchbinder-Colleg] Organisation: Michael Kühner. Stuttgart 1991, S. 112–113 und in: Beispiele der Einbandkunst aus der Stuttgarter Sammlung. Ausstellung vom 13. November bis 13. Dezember 1992, Buchbinder-Colleg Stuttgart. Stuttgart 1992, S. 114–119.

Berlin bei Wilhelm Collin[28] gelernt, dessen Arbeit übrigens ebenfalls in der Kollektion Schmetz vorliegt. Der „umtriebige Alleskönner" Kersten wirkte u. a. als Leiter der Handbuchbinderei von Sperling in Leipzig und als Direktor der Aschaffenburger Buntpapierfabrik[29], 1920 nahm er die Lehrtätigkeit in Berlin auf, 1912 hatte er mit Carl Sonntag[30] den Jakob-Krause Bund gegründet.

Sie haben bereits erraten, dass Schmetz auch ihn in seiner Sammlung berücksichtigt hat. In Fachkreisen lobt man Kersten als deutschen Cockerell. Den grünen Saffianeinband *(Nr. 1203)* hat er für Okakuras Buch vom Tee[31] geschaffen. Im Dialog mit den Buchillustrationen von Georg Alexander Mathéy (1884–1968) verknüpfte der Meister florale Elemente, (ich möchte sie als Teeblätter deuten), mit stilisierten Gerätschaften der japanischen Tee-Zeremonie zu einer Vignette. Diese orientiert sich am Vorbild der alten Pointillé-Einbände, deren Linien sich in kleine Reihen von Punkten auflösen. Eine gebuchtete Goldlinie bezieht den Rücken mit dem Titel und stilisierten Blättern in die Einbandkomposition ein. Kersten hat es sich sicher nicht nehmen lassen, das Vorsatzpapier in der Farbe der Illustrationen selbst zu marmorieren, seine Kenntnisse in dieser Technik vermittelte er in einem der zahlreichen von ihm verfassten Lehrbücher.[32].

---

28 Der Berliner Hofbuchbinder Wilhelm Collin hatte seine Werkstatt 1845 gegründet. Er war bekannt für hervorragende Handvergoldungen, Mosaikeinbände und prunkvolle Reliefbände in (lt Archiv f. Buchbinderei) „kunstvollster, nicht mehr zu überbietender Komplikation". Der Sohn Georg arbeitete später modern mit gebeiztem „Collin-Leder".

29 Otto Grautoff, Die Entwicklung der modernen Buchkunst in Deutschland. Leipzig 1902. Darin: Der Bucheinband, das Vorsatzpapier und das Exlibris, S. 161–182, s. S. 166–169.

30 Carl Sonntag jun., einer der bedeutendsten Buchbinder des 20. Jahrhunderts, machte sich als Spezialist für Luxuseinbände einen Namen. Seine Werkzeuge und 200 seiner Einbände hatte die Stadt Leipzig übernommen. Der Nachlass ist 1943 in der Leipziger Bibliothek verbrannt. Dazu s. auch: Jürgen Eyssen, Buchkunst in Deutschland. Vom Jugendstil zum Malerbuch. Hannover 1980, S. 102.

31 Kakuzo Okakura, Das Buch vom Tee. Aus dem Engl. von M. und U. Steindorff. Leipzig, Insel-Verlag, 1922. 211 x 166 mm. Mit 20 teils ganzseitigen Originalfarblithographien und Originalumschlaglithographien von Georg Alexander Mathéy. Sarkowski 1210.

32 Paul Kersten, Die Marmorierkunst: Anleitung zum Marmorieren nach Josef Halfer u. Josef Hauptmann. Nebst e. Nachtr.: Das Marmorieren mit Kleisterfarben. Halle/Saale 1922.

b. Franz Weiße

Zu Konzessionen nie bereit brachte Franz Weiße[33] mit regem Oppositionsgeist seine Meister schon während der Lehrjahre des Öfteren zur Weißglut. Ihm war das ihnen eigene Gebundensein an die Vergangenheit ganz unerträglich.

Der Tradition des Handwerks fühlte sich Weiße durchaus verbunden, aber, als „Sektierer" unter den Einbandkünstlern seiner Zeit, bestand er auf eine zeitgemäße Gestaltung, möglichst als Einzelstück: „Ich bin nicht für die Maschine", erklärte er, „ich bin für die denkende Hand."[34]

Ein in jeder Hinsicht erbauliches Andachtsbuch[35] hat er für Lia Ekman eingebunden *(Nr. 1176)*. Über fünf Bünde geheftet und in schwarzes Maroquin eingeledert erhielt es an Vorder- und Innenkanten, auch am Rücken, einen außergewöhnlichen Einbandschmuck. Auf den Deckeln von einer breiten Goldlinie in Reih und Glied gehaltene, vergoldete Rechtecke und Balken verselbstständigen sich nach Art der wechselnden Bilder eines Kaleidoskops auf den Innenkanten zur neuen reizvollen Formation. Diagonalen, Quadrate und andere Schmuckformen rücken rahmend zusammen und umschließen den Pergamentspiegel mit dem Exlibris der Sammlerin. Der Buchrücken präsentiert wiederum Balken, den Titel, ein Kreuz und das Monogramm des Binders.

c. Otto Dorfner

Eine führende Rolle in der deutschen Einbandkunst spielte Otto Dorfner[36], dessen Anliegen es war, bei perfekter Gestaltung und materialgerechter Verarbeitung die architektonische Verbindung von Schrift und Ornament herzustellen. Er gilt als Schöpfer der linearen Buchgestaltung.

33 Otto Fröde, Franz Weiße. Stuttgart 1956 (= Meister und Meisterwerke der Buchbinderkunst 4).

34 Ebd., S. 23.

35 Johannes von Saaz, Plovmanden og Døden. En samtale om døden fra omkring aar 1400. Oversat af Otto Rung. [Kopenhagen], Forening for Boghaandværk, Druck F. E. Bording, 1923. 228 x 155 mm. Mit Titeleinfassung, 3 ganzseitigen Illustrationen und Buchschmuck in Originalholzschnitten von Einar Nielsen. Druck auf handgeschöpftem Hollandbütten.

36 Zwischen van de Velde und Bauhaus. Otto Dorfner und ein wichtiges Kapitel der Einbandkunst (wie Anm. 1). S. a.: Wolfgang Eckardt, Otto Dorfner. Stuttgart 1960.

Seine Ausbildung erhielt Dorfner in Berlin bei Paul Kersten und dem Schriftkünstler Ludwig Sütterlin (1865–1917), später wurde er selbst von dem belgischen Künstler und Architekten Henry van de Velde (1863–1957) als Lehrer an die Kunstgewerbeschule nach Weimar berufen. In der Goethe- und Schillerstadt wirkte er 45 Jahre. Anfangs noch von der Dekoration des Jugendstils beeinflusst, setzte Dorfner bald und sehr erfolgreich seine eigenen Vorstellungen vom Einbandschaffen um. Wenig zeitgemäß erschienen auch ihm die prunkvollen und zum dekorativen Selbstzweck verzierten traditionellen Einbände. Konsequent vertrat er daher die ungekünstelte Form in freier Entfaltung des künstlerischen Potentials und entwickelte kreativ gestaltend den so genannten Weimarer oder eben Otto-Dorfner-Stil. Seine Buchbinder-Fachklasse übernahm 1919 das unter der Leitung des Architekten Walter Gropius (1883–1969) neu gegründete Bauhaus. Otto Dorfner wurde dort als Lehrer verpflichtet, unterrichtete aber schon drei Jahre später in eigener Regie. Neun seiner Arbeiten liegen in der Sammlung Schmetz vor.

Darunter der Einband für die Penthesilea *(Nr. 1097)* in der Version von Kleist[37]; die streitbare Amazonenkönigin war bekanntlich dramatisch an ihrem Ausbruch aus der gesellschaftlich vorgegebenen Ordnung gescheitert. Mit der Typographie nähert sich Dorner der Quintessenz der Geschichte, aus der starren Gliederung des gleichförmigen Schriftduktus bricht das „S" bis zur Deckelmitte reichend schwungvoll aus.

Allerdings kommt auch auf anderen seiner Einbände die eigenwillige Gestaltung dieses Buchstabens vor. Von der Außenkante aus schmaler werdend schaffen mit Fileten geprägte Goldlinien Struktur und Tiefenwirkung auf dunkelblauem Maroquin. Der Buchrücken zeigt fünf Bünde und gibt den Titel wie auch die Linienführung der Vergoldung wieder.

Ein weiterer Einband *(Nr. 1104)* umschließt eines der Hauptwerke von Knut Hamsun[38], der seinem charmanten Protagonisten Glahn die Züge

---

37 Heinrich von Kleist, Penthesilea. Ein Trauerspiel. Stuttgart, Julius Hoffmann Verl., 1923. Druck der Juniperus-Presse in den Graph. Werkstätten der Württembergischen Staatl. Kunstgewerbeschule. 254 x 154 mm. Druck auf Zanders-Bütten. Nr. 104 von 220 Exemplaren. 6. Druck der Juniperus-Presse. Aus der ehemaligen Sammlung Ad. Klinkenberg, Venator-Auktion 32/33, 1967, Nr. 2056. Rodenberg 1,98,6.

38 Knut Hamsun, Aus Leutnant Thomas Glahns Papieren. Berechtigte Übertragung von J. Sandmeier. München, Rupprecht-Presse, 1924. 292 x 188 mm. Mit einer handvergoldeten Initiale von Anna Simons. Druck auf leicht getöntem Bütten mit dem Wasserzeichen der Rupprecht-Presse. Nr. 62 von 250 Exemplaren. 28. Buch der Rupprecht-Presse. Rodenberg II, 58, 28.

des Pan verlieh. Mit wenigen Bogenlinien hat Dorfner seine Typografie wolkenartig und mit gebogenen Spitzen umgeben, es bleibt nun Ihrer Phantasie überlassen, ob er, der sich im Allgemeinen bei der Einbanddekoration einer tieferen Sinngebung enthielt, ausnahmsweise mit dem Motiv symbolisch das Temperament oder sogar – wenigstens partiell – die Gestalt des unberechenbaren gehörnten Hirtengottes auf dem schwarzem Maroquin eingefangen hat. Eine in Gold geprägte gestrichelte Bordüre entlang der Steh- und Fußkanten bezieht Kopf und Schwanz des Rückens ein. Damit umging Dorfner die klassische Dreiteilung des Einbands in seine zwei Deckelflächen und den Rücken: er fasste hier die Buchdecke ganzheitlich auf. Ein leuchtend rotes Vorsatzpapier und der vergoldete Kopfschnitt perfektionieren das Werk.

Eindeutiger als der Pan lässt sich die nächste, 1922 entstandene Arbeit *(Nr. 1103)* für das Buch „Glauben und Wissen[39]" interpretieren, Dorfner begegnet Joseph von Görres bilderreicher Sprachartistik mit einfacher Symbolik: ein Strahlenkreuz kam für den Glauben und rationale Geometrie für das Wissen zum Einsatz. In Gold brillieren Innenkanten und Schnitt; das grau-goldene Marmorpapier fungiert als Bindeglied und Mittler zwischen Druck, Goldschmuck und violettfarbenem Maroquin.

d. Frieda Thiersch

1913 konnten die Begründer der exklusiven Bremer Presse[40], Willy Wiegand und Ludwig Wolde, Frieda Thiersch[41] (1889–1947) für die buchbin-

39 Joseph v. Görres, Glauben und Wissen. München, Rupprecht-Presse, 1922. 262 x 193 mm. Mit zwei handgeschriebenen Initialen in roter Tusche von Anna Simons. Druck auf leicht getöntem Zanders-Bütten. Nr 52 von 150 Exemplaren. 19. Buch der Rupprecht-Presse. Rodenberg I, 131, 19. Das ähnlich dekorierte 84. Exemplar ist abgebildet in: Zwischen Van des Velde (wie Anm. 1) Nr. 170.

40 Die Bremer Presse. Eine Gemeinschaftsausstellung der Universitätsbibliothek Bremen und der Stadtbibliothek Hannover vom 7. Dezember bis 5. Januar 1980; Buchkunst und Dichtung. Zur Geschichte der Bremer Presse und der Corona. Texte und Dokumente hrsg. von Bernhard Zeller und Werner Volke. Passau 1966; Josef Lehnacker, Die Bremer Presse. Königin der deutschen Privatpressen. München 1964.

41 Fritz Krinitz, Frieda Thiersch und ihre Handbuchbinderei. Stuttgart 1968 (= Meister und Meisterwerke der Buchbinderkunst 8); Marcus Behmer als Illustrator. Mit einer Einleitung von Hans Adolf Halbey. Beigef. Werk: Handeinbände von Frieda Thiersch zu Drucken der Bremer Presse. Mit einer Einleitung von Friedrich Adolf Schmidt-Künsemüller. Neu-Isenburg 1970 (= Monographien und Materialien zur Buchkunst 4).

derische Bearbeitung ihrer Handpressendrucke gewinnen. Nachdem sie bei Carl Sonntag jun. in Berlin gelernt hatte[42], war die Architektentochter nach England gereist, um dort ihre Kenntnisse zu erweitern. Vermutlich arbeitete sie in der Werkstatt von Charles

Mc Leish, einem Buchbinder der Doves-Presse. Unterbrochen von den Kriegsjahren sorgte sie dann mit ihren Mitarbeitern für fast alle Einbände der Tölzer und Schwabinger Werkstattgemeinschaft, inspiriert von ihren englischen Vorbildern Cobden Sanderson, Morris, Cockerell – und voller Bewunderung für den großen deutschen Meister der Renaissance, Jakob Krause (1526/27–1585). Ein Teil der Drucke wurde in Maroquin, der andere, für den keine aufwendige Vergoldung vorgesehen war, in schlichteres Pergament mit Kastenvergoldung eingebunden, beide Arten bestechen durch ihre Makellosigkeit.

Für die Einbände von Frieda Thiersch habe ich ein besonders Faible, deshalb erlauben Sie mir bitte, ein bisschen zu schwärmen: Als Coco Chanel unter den Einbandkünstlern hat es die Meisterin verstanden, der so genannten Königin der Privatpressen ein majestätisches Gewand zu schneidern.

Das dunkelrote Kalbleder für den über fünf Bünde gehefteten Einband von Francis Bacons Essays[43] *(Nr. 1020)* erhielt eine feine Kreuznarbung. So schuf sie das Fundament für ihre Interpretation des für seine Methodenlehre bekannten englischen Philosophen und Staatsmannes. Das jeweils einzeln eingesetzte Motiv des Buchrückens methodisch auf den Deckeln repetierend, flocht sie prägend ein großartiges Bandwerk nach der Manier irischer Buchmalerei. Steh- und Innenkanten passen sich vergoldet dem bemerkenswerten Entwurf an.

Martin Luther, dem Reformator, waren Prunk und Pracht bekanntlich zutiefst zuwider. Mit den edlen Einbänden für seine Bibelübersetzung[44]

42 Jürgen Eyssen, Buchkunst in Deutschland. Vom Jugendstil zum Malerbuch. Hannover 1980, S. 102.

43 Francis Bacon, The Essays. Hrsg. von Johannes Hoops. Tölz, Bremer Presse, 1920. 269 x 173 mm. Titel und 60 Initialen von Anna Simons. Druck auf Zanders-Bütten. Nr. 5 von 270 Exemplaren. Lehnacker 6. Einband abgebildet in: Deutsche Buchkunst (wie Anm. 4) Bd. 2, Tafel 72.

44 Biblia: Das ist Die Gantze Heilige Schrifft/ Deudsch. D. Martin Luther. Textdurchsicht auf Grund der Drucke von 1545 und 1546 von Carl v. Kraus. 5 Bde. München, Bremer Presse 1926–1928. 360 x 255 mm. Titel und Initialen von Anna Simons. Druck auf Zanders-Bütten. Nr. 109 von 365 Exemplaren. Lehnacker 22–26.

hätte auch er sich wohl anfreunden können *(Nr. 1023)*, denn, in schwarzes Maroquin gebunden, verleiht ihnen weniger der Kopfgoldschnitt Glanz, als ihr Ebenmaß, die Vollkommenheit des Leders und die hier vergleichsweise sparsam eingesetzte Vergoldung – Handschmeichler alle Male! Lineare, in die Kastenvergoldung der Deckel integrierte Ornamente markieren fünf Bünde, die Felder des Rückens sind zweifach mit Fileten eingefasst.

Im zweiten Feld steht der Buchtitel, an der Fußkante bleibt, wie bei Thiersch üblich, ein Feld für das Erscheinungsjahr. Stehkanten- und eine reiche Innenkantenvergoldung vervollständigen die würdige Präsentation des den Protestanten so wichtigen Gottesworts.

Für Industrie, Stadt und Staat kreierte Frieda Thiersch Einbände und Kassetten mit Goldschmiedearbeit, Brillianten, Rubinen und Smaragden, sie hatte die Technik in England gelernt. Aber auch den unauffälligeren Bänden aus feinstem Pergament *(Nr. 1026)* zollte sie – hier als Meisterin der leisen Töne – ungeteilte Aufmerksamkeit. Das von kundiger Hand bearbeitete Material vermochte für sich selbst zu sprechen. Um die Ausstrahlung der Struktur des leicht durchschimmernden Pergaments mit einem konzentrierten Untergrund zu festigen, kaschierte Frieda Thiersch es grundsätzlich mit Papier. Als Schutz vor Verschmutzungen wusch sie ihren Werkstoff mit Kochgelatine ab; damit ließen sich außerdem leichte Unebenheiten ausgleichen. Immer zeigen ihre Einbände eine mustergültige Oberfläche. Dieser umschließt Dantes göttliche Komödie[45]. Auf breite Pergamentstreifen heftete die Meisterin die Lagen und führte die Bünde im Falz sichtbar durch den Bezug, den sie nach alter Tradition im rechten Winkel schützend über den Schnitt zog. Der Rücken wurde mit Fileten kastenvergoldet, ein weiteres Accessoire zur königlichen Robe trägt der vergoldete Kopfschnitt bei.

Das Einbinden der Pressendrucke erforderte nicht nur bei Frieda Thiersch höchste Konzentration, aber da wir ihr ja gerade über die Schulter sehen, seien hier ein paar Besonderheiten beschrieben: Zunächst zog sie es vor, den Buchblock nicht zu beschneiden, sondern vorsichtig mit dem Hobel zu

45 Dante Alighieri, La Divina Commedia. Hrsg. von Berthold Wiese. München, Bremer Presse, 1921. 340 x 210 mm. Titel, Untertitel und 97 Initialen von Anna Simons. Gedruckt auf Zanders-Bütten. Nr. 47 von 300 Exemplaren. Der erste Druck der Bremer Presse. Lehnacker 9.

bearbeiten, um den Charakter der Ränder des geschöpften Büttens zu erhalten. Da bei Pressendrucken die Buchstaben vertieft im Büttenpapier liegen, achtete sie bei allen Büchern peinlich genau darauf, den Block während der Verarbeitung nicht zu fest einzupressen, galt es doch, das Relief des Papiers bewahren. Jedes Leder wurde am fertigen Buch mit einer heißen Stahlplatte satiniert, d. h. der Narben leicht glatt gepresst. Ihre bemerkenswert tief geprägten Vergoldungen harmonisieren mit Konturen und Material.

Frieda Thiersch steht für eine stilvolle klare, in sich geschlossene Ornamentik von klassischer, vornehmer Eleganz und für eine buchbinderische Vollkommenheit von ganz eigenem Charakter. Im Einklang mit Typographie und Text entstand die Einbanddekoration. Grundsätzlich beidseitig, denn, wie ihr langjähriger Mitarbeiter Fritz Krinitz (geb. 1900) berichtete, Einseitigkeit schätzte die Meisterin nicht[46]. Mit 35 signierten Bänden ist sie in der Kollektion Schmetz überliefert. Zahlreiche ihrer Handeinbände sind im Krieg mit ihrer Werkstatt verbrannt oder wurden von den Angehörigen der Besatzungsmacht beschlagnahmt. Einen anderen Teil ihrer Arbeiten und ihrer Briefe hüten die Benediktiner in Maria Laach.[47]

e. Ignatz Wiemeler

Für Furore in der internationalen Einbandszene sorgte Ignatz Wiemeler[48] (1895–1952). Er verstand es, die Idee der linearen Gestaltung des Weimarer Meisters Otto Dorfner in der Ausführung noch zu übertreffen und schuf mit seinen Lederbänden wahre „Wunderwerke buchbinderischer Exaktheit[49]". „Selbst die skeptischen Franzosen umlagerten während einer Ausstellung in Paris beim Salon du livre d'art international Wiemelers

46 Fritz Krinitz, Frieda Thiersch (wie Anm. 41) S. 10. Krinitz Arbeiten finden sich in der Sammlung Max Hettler, (wie Anm. 27) S. 118–123.

47 Herr Hanns-Georg Schmitz-Otto, Vorstand der Kölner Bibliophilengesellschaft, stellte mir freundlicherweise folgende Schrift zur Verfügung: Angelus A. Häußling OSB, Bibliothek der Abtei Maria Laach. Für die Exkursion der 78. Jahresversammlung der Gesellschaft der Bibliophilen e. V. in Koblenz am 13. Juni 1977. Maria Laach 1977, S. 6–7.

48 Ignatz Wiemeler. Buchbinder 1895 bis 1952. Hamburg 1953; Ignatz Wiemeler. Werkverzeichnis. Bearb. und zusammengestellt von Kurt Londenberg. Hamburg 1990; Eyssen, Buchkunst (wie Anm. 42) S. 172-173.

49 Deutsche Buchkunst 1890 bis 1960 (wie Anm. 4) Bd.1, S. 206.

Arbeiten". Bibliophile und rivalisierende Buchbinder begutachteten eingehend ein Dutzend seiner Handeinbände, ich zitiere Monroe Wheeler, Museum of Modern Art, New York: „die einen begierig, die anderen in merklicher Verwirrung[50]". Wiemeler hatte an der Hamburger Kunsthochschule u. a. bei Franz Weiße, dem Maler und Illustrator Anton Kling (1881–1963) und dem Grafiker und Maler Otto Czeschka (1878–1960) studiert.

In den 1920er Jahren lehrte der Meister dann selbst zunächst an der Kunstgewerbeschule in Offenbach, später an der Akademie für Graphische Künste und Buchgewerbe in Leipzig und ging schließlich zurück nach Hamburg an die Landeskunstschule. In seinen Lehrjahren noch deutlich beeinflusst von Cobden Sanderson löste er sich bald vom Ornament und schuf, dem Bauhausgedanken folgend, Einbände mit strenger Linienführung und meisterlicher Typographie im kühlen Stil der neuen Sachlichkeit, und nahm dennoch mit nahezu lyrischer Symbolik Bezug auf Autor, Text oder Illustration. Das Trauerspiel *(Nr. 1083)* von Hölderlin[51] hat Wiemeler zwischen 1926 und 1930 mit schwarzem, lebhaft genarbtem Maroquin und einer genialen typographischen Gestaltung in Szene gesetzt. Goldlinien bündeln sich auf den Deckeln zum Streifenrahmen und begleiten die erhabenen Bünde des Rückens. Linien überziehen auch Steh- und Innenkanten und das Häubchen mit Gold. Vierzehnzeilig zitiert der Vorderdeckel Hölderlins Klage, das Leben nähre vom Leide sich und tränke am Todeskelche sich glücklich. Des schwärmerischen Dichters große Verse hat der Meister Großbuchstabe für Großbuchstabe prägend – wie in Stein gemeißelt – trefflich verewigt. Der Buchrücken präsentiert den Titel zwischen den Bünden, schwarze Seide als Vorsatz vollendet den Einband.

Dem Verfasser gewidmet ist der Druck *(Nr. 1087)* des Flurschütz aus der Feder des Hessischen Heimatdichters Alfred Bock[52]. Wiemeler heftete das

---

50 Zitiert nach: v. Arnim, Europäische Einbandkunst (wie Anm. 20) S. 209.

51 Friedrich Hölderlin, Der Tod des Empedokles. Ein Trauerspiel. Das Bruchstück der ersten Fassung. Offenbach a. M., Ernst Engel, 1924–1925. 237 x 135 mm. Mit drei Holzschnitten im Text nach Zeichnungen von Gustav Eichenauer. Ex. Nr. 7 von 55 auf Japan-Bütten. Exemplar gedruckt für Richard Doetsch-Benziger. 8. Pressendruck der Ernst-Engel-Presse. Londenberg, Ignatz Wiemeler Werkverzeichnis (wie Anm. 48) 105. Presser, Wiemeler 5.

52 Alfred Bock, Der Flurschütz. Roman. Mainz, Ernst Ludwig-Presse, 1929. Privatdruck. 205 x 140 mm. Titel und Initiale mit Gold ausgemalt, das Pressensignet in Golddruck. Druck auf Bütten mit dem Kleukens-Wasserzeichen „CHK". Eines von 135 Exemplaren. Exlibris von John Roland Abbey.Privatdruck der Ernst Ludwig-Presse für Freunde des Dichters. Stürz 106. Nicht bei Londenberg.

Buch über drei Bünde und legte naturfarbenes Leder auf die Deckel und die unteren drei Abschnitte des Rückens. Hier offenbart sich der Reiz des Einbands in der Harmonie der Details, nämlich in der fein abgestuften Färbung der Leder, der mutig gewählten Typographie, den mit Gold überzogenen asymmetrisch angeordneten Bünden und dem Spiel von Blind- und Goldprägung.

Violettgraues Maroquin *(1101)* kam für Schillers Glocke[53] zum Einsatz. Das dem großen deutschen Dichter gebührende Lorbeerlaub lockert die – vielleicht dem Versmaß angelehnte – streng-geometrische Linienführung auf. Im ersten Abschnitt des auf sieben Bünde gehefteten Rückens steht der Titel, die übrigen Felder füllt wiederum Lorbeer. Goldlinien verschönern die Steh- und Innenkanten des 1923 entstandenen Einbands.

Zeitlose Eleganz bestimmt die Einbände *(Nr. 1069)* aus schwarzem Oasenziegenleder für die vierbändige Rilke-Ausgabe[54] aus der Cranach-Presse. Entlang der Seiten des Rückens verlaufen goldene Linienstränge „in rhythmischer Ordnung" vertikal auf blauen Lederstreifen und rahmen mit zwei vergoldeten Bünden den in Versalien untereinander geprägten Titel. Filetenlinien ziehen sich von den Bünden aus waagerecht über den Einband, teilen die Flächen der Deckel auf und fassen ebenfalls ihre Kanten ein. Im Zentrum stehen in Gold die Initialen des bedeutenden Lyrikers Rainer Maria Rilke, vergoldet wurde auch der Kopfschnitt. Ebarbiert erhalten Vorder- und Unterschnitt das Erscheinungsbild des Büttenpapiers.

Georg Kurt Schauer bemerkt zum Schaffen des international anerkannten Meisters: „Der Zauber von Wiemelers Werken beruht nicht zuletzt darauf, dass Buch und Hülle fast alle Sinne erregen: Der Tastsinn der die

53 Friedrich von Schiller, Das Lied von der Glocke. Offenbach a. M., Rudolf Koch & Gerstung, 1919–1921. 224 x 150 mm. Mit 32 farbigen handgemalten Initialen. Ex. Nr. 42 von 100. – 7. Buch der Rudolphinischen Drucke. Beiliegt Kaufbeschreibung von B. Breslauer, London und Expertise von Hans A. Halbey vom Klingspor-Museum Offenbach. Londenberg, Ignaz Wiemeler Werkverzeichnis (wie Anm. 48) 28.

54 Rainer Maria Rilke, Gesammelte Gedichte. 4 Bde. Leipzig, Insel-Verlag, 1930–1934. Druck der Cranach-Presse unter Harry Graf Kessler (Bd. IV mit den Schriften der Cranach-Presse bei Poeschel & Trepte). 269 x 180 mm. Titelschrift und Initialen (ornamentiert von Aristide Maillol) in Holzschnitt von Eric Gill. Druck in Rot und Schwarz. Nr. 104 von 200 Ex. auf handgeschöpftem Maillol-Kessler-Bütten (insges. 225 Ex.) Aus ehemaliger Sammlung Doetsch-Benziger. Müller-Krumbach Nr. 52. Brinks 82, 83 und 94. Ritzer G2. Sarkowski 1348. Londenberg, Ignaz Wiemeler Werkverzeichnis (wie Anm. 48) Nr. 180 (mit Abb.).

Lederflächen genießenden Hand vereint sich mit dem Auge und dem Geruchssinn, der den scharfen Geruch des Leders mit Behagen wahrnimmt. Sogar das Gehör ist beteiligt. Durch sein eigenes Gewicht füllt oder verlässt der Band den Schuber unter leisem Pfeifen der weichenden oder füllenden Luft.[55]" Schmetz konnte acht der Kostbarkeiten seiner Sammlung einverleiben.

f. Willy Pingel

Mit namentlicher verbürgter Sorgfalt in der Einbandtechnik gereichte der Buchbinder Willy Ernst Albert Pingel, geboren 1907[56], seinem Lehrer Ignatz Wiemeler und auch dem Sammler Schmetz sehr zur Freude. Seine Meisterprüfung legte Pingel 1935 in Leipzig ab, dort arbeitete er bis 1945 und zog dann nach Heidelberg. Der auf die Herstellung künstlerischer Handeinbände spezialisierte Buchbinder wirkte u. a. für den Insel-Verlag und für den S. Fischer-Verlag in Frankfurt. Er band Faksimiles wie den Sachsenspiegel, den Codex Manesse und das Rolandslied ein. 1993 noch lobte die Fachpresse den Meister als Kunstbuchbinder allererster Güte[57], auch die Innung hatte ihn mit dem Amt des Ehrenobermeisters ausgezeichnet.

Psalmen und Lobgesänge[58] *(Nr. 1182)*, übertragen von den Benediktinern der Abtei Beuron, erhielten einen chamoisfarbenen Ledereinband. Darauf illuminieren als Symbol monastischer Gelehrsamkeit, Meditation und Spiritualität in Gold geprägte stilisierte Kerzen den vergoldeten Titel „Laudate Dominum". Für den Entwurf sorgte der Kalligraph Hermann Zapf (1918–1951), seines Zeichens Lehrer an der Meisterschule für gestaltendes Handwerk in Offenbach.

---

55 Deutsche Buchkunst 1890 bis 1960 (wie Anm. 4) Bd. 1, S. 206–207.

56 Ligatur: dem Buchbinder Willy Pingel in Heidelberg zu Ehren. Die hrsg. u. herstellerische Betreuung übernahm Heinz Sarkowski. Amorbach 1987.

57 Reinhart Düchting, Willy Pingel wurde 85. In: Bindereport 106 (1993, Nr. 1) S. 47.

58 Laudate Dominum. Laudes matutinae et vespertinae. Psalmen und Lobgesänge. Lateinisch-deutsche Ausgabe. Frankfurt a. M., Verl. Ars librorum, 1963. 303 x 219 mm. Druckvermerk von Gotthard de Beauclair signiert (GA 950 Ex.) 3. Ars librorum Druck. Spindler 40,23..

g. Kurt Londenberg

Kurt Londenberg[59] (1914–1995) kam ebenfalls aus der Schule Wiemelers und eiferte dem Lehrer nicht weniger erfolgreich nach. Er nahm später Wiemelers Platz an der Hamburger Kunsthochschule ein, verzeichnete auch den Großteil seiner Werke.

Der jüngste war auch der letzte der großen deutschen Buchbinder, die in der Entwicklung der Buchkunst des 20. Jahrhunderts das Buch mit ihrer Arbeit konsequent als Gesamtkunstwerk würdigten. Der Meister setzte Maßstäbe, indem er stets die ausgewogene Mitte fand zwischen den Extremen von Pracht und technischem Können auf der einen Seite und moderner abstrahierender Dekoration andererseits[60].

Dennoch ist Londenberg beileibe kein mittelmäßiger Buchbinder gewesen, kühne Entwürfe von avantgardistischem Gepräge scheute er keineswegs. In der „tiefsinnigen Auseinandersetzung von Hell und Dunkel[61]" ließ er Shakespeares Hamlet[62] *(Nr. 1072)* blutrot und tiefschwarz in Maroquin gewandet mit 74 Originalholzschnitten des Bühnenbildners Edward Gordon Craig (1872–1966) bühnenreif auftreten. Das raffinierte Einbandkonzept beruht auf einer optischen Täuschung, denn das schwarze Leder scheint der Träger für die roten Intarsien zu sein. Tatsächlich aber wurde das Buch rot eingeledert und mit schwarzen Auflagen aufwändig verziert. Wie bei einigen weiteren Einbänden Londenbergs

59 Kurt Londenberg Bucheinbände. Mit einem Vorwort von Herbert Freiherr von Buttlar und Texten von Hans Adolf Halbey und Kurt Londenberg. Stuttgart 1965 (= Drucke des Klingspor-Museums 7); Eyssen, Buchkunst (wie Anm. 42) S. 216.

60 Kurt Londenberg Bucheinbände. Ignatz Wiemeler gewidmet (1895–1952). Mit einem Vorwort von Prof. Dr. Paul Raabe und Texten von Kurt Londenberg. Wolfenbüttel [1979] (= Ausstellungsveröffentlichung der Herzog August Bibliothek, Nr. 26) S. 12.

61 Deutsche Buchkunst 1890 bis 1960 (wie Anm. 4) Bd. 1, S. 206.

62 William Shakespeare, Die tragische Geschichte von Hamlet Prinzen von Dänemark. Im deutscher Sprache. Neu übersetzt und eingerichtet von Gerhard Hauptmann. Begleitet von Auszügen, die den Geschichten von Saxo Grammaticus und Francois de Belleforest und der Historie of Hamlet entnommen sind. Weimar, Cranach-Presse, 1928–1929. Vertrieben vom Insel-Verlag, Leipzig und S. Fischer, Berlin. 363 x 240 mm. Die Titelversalien in Holzschnitt von Eric Gill. Druck des Textes in Rot und Schwarz in der von Edward Johnston für dieses Werk entworfenen Hamlet-Schrift. Nr. 119 von 230 Ex. auf handgeschöpftem Maillol-Kessler-Bütten (insges. 255 Ex.). Beiliegend 2 Briefe Londenbergs von 1966 an F. B. Schmetz. Müller-Krumbach Nr. 48 und S. 56f. Brinks 76. Kurt Londenberg (wie Anm. 60) S. 67, Abb. S. 39.

entsteht hier der Eindruck, dass die Fläche „von innen her, aus dem Innern des Buches heraus zur formalen Aufgliederung getrieben wurde ... [und] man vom Innern nach außen zum Licht drängt.[63]"

Der spielerische Umgang mit dem Farbkontrast relativiert auch bei diesem Einband die tektonische Strenge der Gestaltung. Im ersten Rückensegment und recto prangt der vergoldete Titel.

Gekonnt mit der Farbgebung der Buchillustration und einem eingebundenen Einbandpapier von Antoni Clavé (1913–2005) korrespondierend, konzipierte Londenberg den Einband für Rabelais Gargantua[64]. *(Nr. 1213)* Dunkelgrünes Maroquin, in blinder Prägung und im Stil von Clavés Arbeiten strukturiert, wird von der Rückenauflage und den Vorderkanten mit orangefarbenem Leder begrenzt. Trotzdem vermied der Meister die Dreiteilung der Deckel, denn der grüne Bezug bleibt als Schiene an Kopf und Schwanz des Rückens sichtbar. Zurückhaltung übte Londenberg mit dem Rückentitel in blinder Prägung, darunter sortierte er, Bundlinien suggerierend, die Reihung eines quadratischen Elements. Dieses verdichtet sich als Grundform auf dem Bezug der Deckel mit Dreiecken dynamisch zu einem abstrakten endlosen Gefüge. Hier lohnt sich besonders auch ein Blick auf den Schuber. Den lithographierten Papierbezug entwarf Clavé, außerdem fanden als Einfassung beide Einbandleder Verwendung.

Etliche von Londenbergs Einbänden präsentieren eine souveräne Linienführung in rahmenloser Entgrenzung, manchmal, wie beim zweiten Beispiel, fängt eine schmale Umrandung die Dekoration im Dialog zwischen Rhythmus und Balance entlang der Deckelkanten auf.

Wie zufällig arrangiert, verschmilzt die Dekoration dann und wann mit der Narbung des Leders. Und doch nehmen sich die Entwürfe zurück und suchen nie die Brillanz der Typographie zu übertrumpfen. In aller Bescheidenheit formulierte der Meister: „Meiner Überzeugung nach hat alle Arbeit am Buch eine dienende Aufgabe. Wir sind nichts weiter als eine Art

---

63 Ala Londenberg, Eröffnungsrede zur Londenbergausstellung. Zitiert nach Ala Londenberg, Nachträge zum Werkverzeichnis Kurt Londenberg. In: Philobiblon 42 (1998) S. 16–45, s. S. 18.

64 François Rabelais, Gargantua [Marseille], Les Bibliophiles de Provence, 1955. 385 x 285 mm. Die Initialen und Vignetten in Holz geschnitten von Blaise Monod. Druck in Schwarz und Violett auf Vélin d'Arches. Nr. LXXIX von 200 Ex., gedruckt für Jean Farges. 34. Einband, s. Kurt Londenberg (wie Anm. 60) S. 68.

Medium zwischen dem Autor und dem Leser.[65]" Wie ernst er diesen Einfluss nahm, bewies er damit, dass er sich nicht nur den Einzelanfertigungen für die Sammler widmete, sondern sich auch mit der Optimierung des modernen industriellen Verlagseinbands auseinander setzte. Dabei betonte er, ein gelungener industrieller Einband gefiele ihm alle Male besser als ein missratener Handeinband[66]. Zwei sehr wohlgeratene Exemplare von seiner Hand und vier seines Schülers, Christian Zwang[67] (geb. 1932), nannte der Sammler Schmetz sein eigen.

h. Gotthilf Kurz

Zu den Sammelschwerpunkten Schmetz' gehörte der berühmte antike Hirtenroman des Longus, Daphnis und Chloe[68].

Diese, mit Originallithographien von Marc Chagall (1887–1985) reich bestückte Ausgabe *(Nr. 1187)*, notierte der Drucker und Verleger Fernand Mourlot (1895–1988) als unanfechtbares Hauptwerk der illustrierten Ausgaben unserer Zeit. Am Wert des vorliegenden Künstlerbuchs hatte auch der Buchbinder seinen Anteil. Gotthilf Kurz[69] (geb. 1923), von Hause aus Graphiker, absolvierte seine Ausbildung in den 1940er Jahren in Offenbach, später in Stuttgart beim Maler und Buchgrafiker Walter Brudi (1907–1987). Schließlich ging Kurz nach Paris und wurde Meisterschüler bei Raymond Mondange, Prof. für Vergoldung am legendären Collège

65 Ebd., (wie Anm. 60) S 15.

66 Ebd., S. 13.

67 v. Arnim, Europäische Einbandkunst (wie Anm. 20) S. 218. S. a.: Sechzig Pressendrucke in Handeinbänden von Christian Zwang: 1956–1984 [Galerie Christian Zwang Hamburg, Mai bis Juni 1985] Hamburg 1985.

68 Longus, Daphnis und Chloé. D'après la tradition d'Amyot, revue et complétée par Paul Louis Courier. Lithographies originales de Marc Chagall. 2 Textbände und eine Tafelmappe. Paris, Tériade (Éditions Verve) 1961. 420 x 328 mm. Ex. Nr. 185 von 250 auf Vélin d'Arches mit Signatur Chagalls im Impressum (insges. 270 Ex) Mourlot, Chagall, Lithograph II, 308–349. Die Farblithographien gedruckt bei Mourlot Frères. Textdruck bei Imprimerie National. Papiergesänge Nr. 83 (mit Abb.)

69 Papier und Faden. Ausstellung Papier und Faden, über das Buchbinden, das Buchbinder-Colleg und Gotthilf Kurz, Buchbinder Colleg 11. November bis 19. Dezember 1993. Stuttgart 1993. Auch in der Sammlung Hettler vertreten (wie Anm. 27). S. 124–131; Eyssen, Buchkunst (wie Anm. 42) S. 217..

Technique Estienne[70]. Bald lehrte er selbst in München, als Gastdozent in Ascona und wirkte viele Jahre als Präsident der Meister der Einbandkunst.

Gotthilf Kurz schuf auf dunkelkarmesinrotem Maroquin aus dichten vergoldeten Filetenlinien sechs schwebende elliptische Halbkreise. Sie tauchen, Licht und Glanz reflektierend, Chagalls schwebende Traumwelt und seine tanzenden Paare in ein schimmerndes irisierendes Licht. Im Spiel von Helligkeit und Schatten greift die Gestaltung der Kassetten mit dunkler Linienführung das gelungene Konzept kontrastierend auf.

Die vergoldeten Rückentitel und Kopfgoldschnitte, auch der kostbare Vorsatz aus blauem Samt vervollkommnen das dreibändige Meisterwerk.

3. Exkurs nach Frankreich

Beim Stichwort Paris darf ich Ihnen schließlich noch einige der französischen Einbandschätze aus der Sammlung Schmetz vorstellen:

a. Georges Cretté

Georges Cretté[71] (1893–1969) war bis 1923 Handvergolder und Partner von Henri Marius Michel (1846–1925), nach dessen Tod führte er das Atelier allein weiter. Wegen seiner Vorliebe für die Fileten hieß er auch „Maitre des Filets". Hohes Ansehen als Vergolder beim Buchbinder, Sammler und Lehrer Léon Gruel (1841–1923) hatte bereits der Vater von Michel, Jean, genannt Marius Michel (père, 1821–1890), erlangt. Er war der erste französische Meister, der sich vom historisierenden Stil abwandte und moderne Einbände schuf. Beim vorliegenden Einband *(Nr. 1185)* erinnern die beiden Kompagnons an die ersten Arbeiten von Cobden-Sanderson und ebenfalls an die französische

70 Französische Einbandkunst. La reliure originale Paris. Veranstaltung der Schweizerischen Bibliophilen-Gesellschaft in Verbindung mit der Galleria del bel Libro Ascona und der Verwaltungabt. des Stadtpräsidenten von Zürich. Gestaltung: A. Grüter [Ausstellungsdauer: 11. September – 3. Oktober 1969] Ascona 1969, S. 93–98 (École Estienne).

71 v. Arnim, Europäische Einbandkunst (wie Anm. 20) S. 202 und 207. S. a. Georges Cretté. In: Französische Einbandkunst (wie Anm. 70) S. 57–59.

Tradition der geblümten Seméeinbände. Dabei waren die Buchdeckel als Semé, als Blumenbeet, mit repetierenden Blüten, oft mit der heraldischen Lilie, sehr regelmäßig überzogen. In diesem Fall inszenierten die Meister eine mit Bändern durchzogene stilisierte Blumenwiese als Kulisse für eine weitere, diesmal von Pierre Bonnard illustrierte Ausgabe des Hirtenromans Daphnis und Chloe[72].

Passend dazu entstand das schützende Beiwerk, Chemise und Schuber in Grün, das dem Betrachter noch einmal als Farbe des Vorsatzleders, mit goldenen Punkten verziert begegnet.

b. Marcellin Semet und Georges Plumelle

Marcellin Semet (geb. 1894) und Georges Plumelle[73] (geb. 1902) eröffneten im Jahre 1925 ihr Atelier für moderne und aber auch traditionelle Einbände. Plumelle arbeitete noch bis 1980 für eine erlesene Kundschaft, Semet hatte sich bereits 1955 nach Südfrankreich zurückgezogen. Der Sammler Schmetz entschied sich für einen ihrer Einbände *(Nr. 1204)*, der Ovids Ars Amatoria[74] in französischer Übersetzung umschließt. Den römischen Dichter beschäftigte das Thema, wie man in der Liebe miteinander umgeht; Aristide Maillol (1861–1945), der Bildhauer, wusste das Problem mit Lithographien und Holzschnitten delikat zu veranschaulichen. Für den Einband wählten die Meister ein braunes Leder im Farbton des Röteldrucks der Lithographien. In höchster Perfektion und angemessen delikat führten sie die Vergoldung

72 Longus, Les Pastorales de Daphnis et Chloé. Trad. de Messire J. Amyot. Revue, corrigée, complétée de noveau, refaite en grande partie par Paul-Louis Courier. Paris, Ambroise Vollard, 1902. 330 x 255 mm. Nr. 45 der VA von 40 Exemplaren auf China (Nrn. 11–50). Skira 22. Rauch 22. The Artist and the Book 28. Johnson 168. Jentsch, Vollard 4. Französ. Maler illustrieren Bücher S. 26. Roger-Marx, Bonnard lithographe, 95.

73 v. Arnim, Europäische Einbandkunst (wie Anm. 20) S. 210.

74 Publius Ovidius Naso, L'Art d'aimer. Trad. par Henri Bornecque. Lausanne, Frères Gonin, 1935. 385 x 280 mm. Mit 12 ganzs. Originallithographien (4 in Röteldruck) und 15 Holzschnitten von Aristide Maillol. Druck auf Hanfbütten von Canson et Montgolfier. Mit Wasserzeichen Maillol-Gonin. Eines von insgesamt 275 Exemplaren, dieses als Künstlerexemplar ohne Nr. Mit einer Extrasuite der Lithographien, alle in Röteldruck, sowie von zwei Textholzschnitten als Probedruck. Im Vorsatz eigenhändige Widmung Maillols an Waldeme Georges. Skira 215. Rauch 140. The Artist and the Book 175.

der Deckel aus, die sich als Doublüre auf dunkelblauem Leder fortsetzt.

Das abstrahierte Motiv lag nahe, bereits auf den Einbänden der alten Meister finden sich die verschlungenen Bänder und Knoten, die uralten Symbole der Liebe. Diesmal sind sie in versetzten Linienbündeln und Kreisen repetierend als endloses leuchtendes Band der immerwährenden Aktualität des Themas angepasst. Als Doublüre bezeichnet man den vergoldeten Spiegel eines Buches, dem in diesem Fall noch ein kostbarer Vorsatz aus dunkelblauer Seide und ein weiterer aus steinmarmoriertem Papier in Blau- und Brauntönen folgen. Der in Gold geprägte Rückentitel auf Buch und Chemise erleichtert die Suche in den Regalen.

c. Georges Leroux

Georges Leroux[75] (geb. 1922) stellte 1959 erstmalig aus. Sein Bestreben ist es, dem Buch ein erstes Gesicht zu verleihen, um dem Betrachter beim Anblick des Einbandes einen Eindruck noch vor der „Ent-Deckung" des Werkes zu vermitteln. Der Einband muss, so meint er, nur für das Buch, für welches er gestaltet wurde – und für kein anderes als dieses, der einzig richtige sein[76]. Für Hölderlins Gedichte[77] *(Nr. 1163)* ist er das zweifellos. Leroux ließ sich von Max Ernst (1891–1976) Farbradierungen anregen, den eigenwilligen Einbandentwurf nach dem Vorbild der surrealistischen Collagen zu realisieren.

Harmonisch auf die Farbgebung der Radierungen abgestimmt, suchte er ein olivgrünes Kalbleder aus und versah es mit Korkintarsien, integrierte kunstvoll Ovale aus gesprenkelten Lederfeldern und rundete seine Arbeit mit einem Goldschnitt und dem vergoldeten Rückentitel ab. Auch hier noch ein Blick auf die Hüllen der Hülle, ein Schuber und eine Chemise aus Furnierpapier und Leder.

75 Jean Hugues, Georges Leroux. In: Französische Einbandkunst (wie Anm. 70) S. 57–59.

76 Ebd., S. 57.

77 Friedrich Hölderlin, Poèmes. Paris, Jean Hugues, 1961. Mit 7 Originalfarbradierungen von Max Ernst von vier Platten, erste Platte in vier Farbzuständen (schwarz, blau, rosé und gelb) 284 x 230 mm. Ex. 1 von 90 der Vorzugsausgabe mit Signaturen des Übersetzers, des Verlegers und des Künstlers. Insges. 300 Ex., wobei nur die ersten 90 Radierungen von Max Ernst enthalten. Spies L 77 B. Dieses Exemplar enthält eine zweite Folge der Farbradierungen mit eigenhändigen Zusätzen des Künstlers.

V. Zu guter Letzt in Köln

Nach diesem Exkurs an die Seine bietet sich zu guter Letzt die Gelegenheit, einen kritischen Blick in die heimischen Werkstätten zu werfen. Es wird Ihrer Aufmerksamkeit kaum entgangen sein, dass sich in der Kollektion Schmetz keine Kölner Arbeiten befinden. Aber auch in der Domstadt wirkten und wirken sogar seit der Gotik intelligente, denkende Meisterhände; für die Moderne stehen z. B. der Maestro Adolf Paolucci[78] (1894–1974), Fritz Rabe[79] (1893–1965) oder auch Wilhelm Ehlgötz (arbeitete lt. Grevens Adressbuch von 1928 an als Buchbinder, bis 1941/42 als Restaurator). Ihre Arbeiten, leider sehr selten signiert, sind im Archiv für Buchbinderei abgebildet, blieben teilweise als Originale in der berühmten Einbandsammlung Max Hettler (1907–1969), heute in Stuttgart, und im Panzerschrank unserer Bibliothek erhalten. Bitte gestatten Sie mir, hier endlich angekommen, ein wenig Eigenwerbung zu betreiben. Wie ich eingangs erwähnte, haben die Kölner Bibliothekare nicht den Auftrag, bibliophile Einbände zu sammeln, aber ich darf Ihnen versichern, dass sie sich, unter der Ägide ihres Direktors, Prof. Dr. Wolfgang Schmitz, der bibliophilen Tradition doch verpflichtet fühlen.

Eine der namhaftesten und hoch dekoriertesten der zeitgenössischen Buchbinderinnen, Andrea Odametey, Vizepräsidentin der Meister der Einbandkunst, arbeitet als Meisterin in unserer Buchbinderei. Sie räumte bei internationalen, auch bei französischen Wettbewerben, zahlreiche Preise ab und gibt ihr Können an unsere Lehrlinge weiter. Im letzten Jahr durften wir uns mit den Mitarbeitern der Werkstatt über eine bundesweit beste, preisgekrönte Auszubildende freuen, Clara Schmidt wurde vom Bundespräsidenten und dem Kanzler der Universität feierlich geehrt. Zu besonderen Gelegenheiten und Ausstellungen entstehen also auch in unserem Haus bemerkenswerte Bucheinbände, die gemeinsam mit z. Z. über 400 weiteren historischen und künstlerischen Exponaten in unserer Digitalen Einbandsammlung weltweit und jederzeit zu bewundern sind. Sollten Sie auf den Geschmack gekommen sein, möchte ich Sie dort zu

78 Sammlung Max Hettler (wie Anm. 27) S. 142–143.
79 Ebd., S. 146–147.

einem Spaziergang durch die Einbandkunst vieler Herren Länder und Zeiten einladen[80]. Bis dahin danke ich Ihnen herzlich, dass Sie meinen Ausführungen von Hübels Rennpferd bis zu unserer Buchbinderei so geduldig und aufmerksam gefolgt sind, vielleicht sogar ein bisschen berührt von der höheren Ordnung und dem tieferen Sinn der heute präsentierten Meisterwerke.

80 Digitale Einbandsammlung der Universitäts- und Stadtbibliothek Köln URL: http://www.ub.uni-koeln.de/einbandsammlung/content/index_ger.html

Abbildungsverzeichnis:

Wir danken Herr Karl-Heinz Knupfer, Geschäftsführer des Auktionshauses Venator & Hanstein, für die Überlassung der Fotos aus dem Katalog zur 105. Auktion.
Die Reihenfolge richtet sich nach den Angaben im Aufsatz.

Nr. 1075 Sanderson, Thomas James: Amantium irae. Letters to two friends 1864-1867. Hammersmith, Doves Press, 1914. Handeinband von Thomas James Cobden-Sanderson, 1921
Maße: 23,5 x 16,5 cm

Nr. 1078 Goethe, Johann Wolfgang von: Iphigenie auf Tauris. Ein Schauspiel. Hammersmith, Doves Press, 1912. Handeinband von Thomas James Cobden-Sanderson
Maße: 23,4 x 16,8 cm

Nr. 1098 Jacobus de Voragine: The golden legend. Translated by William Caxton. Ed. By Frederick S. Ellis. Bd. 1-3. Hammersmith, William Morris at the Kelmscott Press, 1892. Einband von Sangorski & Sutcliff, London, England
Maße: 28,7 x 21 cm

Nr. 1203 Okakura, Kakuzo: Das Buch vom Tee. Aus dem Engl. Von M. und U. Steindorff. Leipzig, Insel Verlag, 1922. Handeinband von Paul Kersten
Maße: 21,1 x 16,6 cm

Nr. 1097 Kleist, Heinrich von: Penthesilea. Ein Trauerspiel. Stuttgart, Jul. Hoffmann Verlag, 1923. Handeinband von Otto Dorfner, Weimar
Maße: 25,4 x 15,4 cm

Nr. 1104 Hamsun, Knut: Pan. Aus Leutnant Thomas Glahns Papieren. Berechtigte Übertragung von J. Sandmeier. München, Rupprecht-Presse, 1924. Handeinband von Otto Dorfner, Weimar
Maße: 29,2 x 18,8 cm

Nr. 1103 Görres, Joseph von: Glauben und Wissen. München, Rupprecht-Presse, 1922. Handeinband von Otto Dorfner, Weimar
Maße: 26,2 x 19,3 cm

Nr. 1020 Bacon, Francis: The Essays. Hrsg. Von Johannes Hoops. Tölz, Bremer Presse, 1920. Handeinband von Frieda Thiersch
Maße: 26,9 x 17, 3 cm

Nr. 1023 Biblia, das ist: Die gantze Heilige Schrift. Deudsch von Martin Luther. Textdurchsicht auf Grund der Drucke von 1545 und 1546 von Carl von Kraus. Bd. 1-5. München, Bremer Presse, 1926-1928. Handeinbände von Frieda Thiersch
Maße: 35,8 x 25 cm

Nr. 1176 Saaz, Johannes von: Plovmanden og Dogen. Ein samtale om doden fra omkring aar 1400. Oversat af Otto Rung. Kopenhagen, F. E. Bording, 1923. Handeinband von Franz Weisse, Hamburg
Maße: 22,8 x 15,5 cm

Nr. 1083 Hölderlin, Friedrich: Der Tod des Empedokles. Ein Trauerspiel. Das Bruchstück der ersten Fassung. Offenbach a. M., Ernst Engel, 1924-1925. Handeinband von Ignaz Wiemeler

Maße: 23,7 x 13,5 cm

Nr. 1087 Bock, Alfred: Der Flurschütz. Roman. Mainz, Ernst Ludwig Presse, 1929. Handeinband von Ignaz Wiemeler

Maße: 20,5 x 14 cm

Nr. 1101 Schiller, Friedrich von: Das Lied von der Glocke. Offenbach a. M., Rudolf Koch & Gerstung, 1919/21. Handeinband von Ignaz Wiemeler

Maße: 22,4 x 15 cm

Nr. 1069 Rilke, Rainer Maria: Gesammelte Gedichte. Bd. 1-4. Leipzig, Insel-Verlag, 1930-1934. Handeinbände von Ignaz Wiemeler

Maße: 26,9 x 18 cm

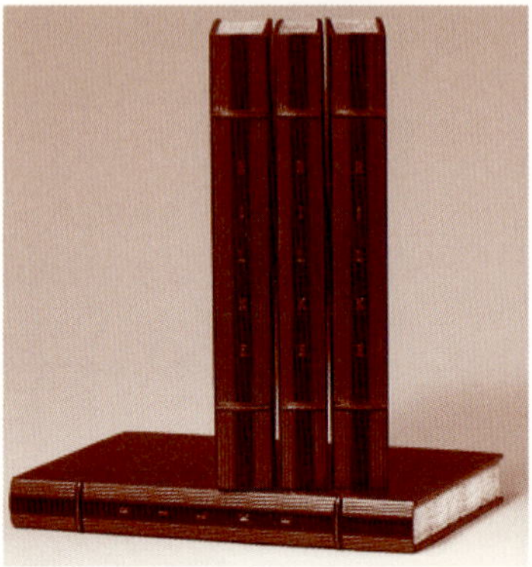

Nr. 1072 Shakespeare, William: Die tragische Geschichte von Hamlet Prinzen von Daenemark. In dt. Sprache. Neu übersetzt und eingerichtet von Gerhard Hauptmann. Weimar, Cranach-Presse, 1928/29. Handeinband von Kurt Londenberg
Maße: 36,3 x 24 cm

Nr. 1213 Rabelais, François: Gargantua. Marseille, Les Biblophiles de Provence, 1955. Handeinband von Kurt Londenberg
Maße: 38, 5 x 28, 5 cm

Nr. 1187 Longus: Daphnis & Chloé. D´après la traduction d´Amyot, revue et complétée par Paul-Louis Courier. Lithographies originales de Marc Chagall. 2 Textbände und eine Tafelmappe. Paris, Tériade (Édition Verve), 1961. Handeinbände von Gotthilf Kurz
Maße: 42 x 32,8 cm

Nr. 1185 Longus: Les pastorales ou Daphnis et Chloé. Trad. De Messire J. Amyot. Revue, corr., compl. de nouveau, refaite en grande partie par Paul-Louis Courier. Paris, Ambroise Vollard, 1902. Meistereinband von Georges Cretté
Maße: 33 x 25 5 cm

Nr. 1204 Ovidius Naso, P.: L' art d' aimer. Trad. par Henri Bornecque. Lausanne, Frères Gonin, 1935.
Meistereinband von Semet & Plumelle
Maße: 38 5 x 28 cm

Nr. 1163 Hölderlin, Friedrich: Poémes. Paris, Jean Hugues, 1961. Meistereinband von Georges Leroux
Maße: 28,4 x 23 cm

USB Köln: 1P62-Einb. Schröder, Rudolf Alexander: Widmungen und Opfer. Gedichte. München, Bremer Presse, 1925.
Handeinband von Frieda Thiersch
Maße: 27,7 x 19,3 cm

»ein Buch ist nicht nur Lesegrießbrei«

Objektbücher und Buchobjekte von Hartmut (Haki) Ritzerfeld
in der Universitäts- und Stadtbibliothek Köln.
Vortrag zur Vernissage der Ausstellung am 22. September 2008.

Zur bevorstehenden Tagung der Pirckheimer-Gesellschaft in Köln präsentiert die Universitäts- und Stadtbibliothek Objektbücher und Buchobjekte von Hartmut Ritzerfeld. Die Ausstellung rekrutiert sich aus den unverkäuflichen Objekten der Sammlerin Frau Edith Hochscherff und denen der USB, daneben steht ein weiterer Teil von Exponaten zum Verkauf bereit.

Auf der Vernissage (von links): Herr Dr. Thiele, Frau Regine Boeff, Herr Harmut Ritzerfeld, Frau Edith Hochscherff

Es ist uns ein großes Vergnügen, Sie zu unserer ungewöhnlichen Ausstellung begrüßen zu dürfen. Für einige Überraschung sorgt zweifellos die wissenschaftliche Bibliothek in ihrer neuen (Neben-) Rolle als Galerie. So außergewöhnlich wie erfreulich ist darüber hinaus die Präsenz des

Künstlers, der sich bekanntermaßen lieber den öffentlichen Ereignissen wie auch dem Rummel der einschlägigen Kunstszene entzieht.

Bevor uns Frau Edith Hochscherff in ihre wohl bedeutendste Sammlung von Ritzerfeld-Büchern einführt, möchte ich Ihnen zunächst den Künstler und sein Werk einleitend vorstellen und Sie auch nicht im Ungewissen lassen, warum sich die Universitäts- und Stadtbibliothek berufen fühlt, moderne Buchwerke auszustellen.

Hartmut Ritzerfeld, 1950 in Stolberg geboren, absolvierte von 1969 bis 1976 ein Studium an der Kunsthochschule Düsseldorf bei Professor Joseph Beuys und Professor Karl Kneidl. Zum Kreise der namhaften Kommilitonen zählen Felix und Irmel Droese, Jörg Immendorff, Blinky Palermo und Johannes Stüttgen. Seiner besonderen Leistungen wegen wurde Hartmut Ritzerfeld 1975 zum Meisterschüler ernannt.

Prof. Karl Kneidl bemerkte zum Schaffen seines Schülers: »Hartmut Ritzerfeld hat mich mit seinen Bildern und Radierungen stark beeindruckt. Noch nie habe ich einen Menschen getroffen, der sich seiner Berufung als Künstler so bedingungslos ausliefert. Die Bilder konfrontieren den Be-

Nr. 2: Kreidezeichnung (Porträt) und Künstlersignatur 2008

Nr. 3: Penck, Immendorff und Baselitz. Bemalter Einband, Acryl auf Leinen, Objektbuch 2007

trachter mit seiner ungeheuren Spontaneität. Hartmut Ritzerfeld würde ich einen Maler im ursprünglichen Sinne nennen. Sein bewusster künstlerischer Werdegang begann bei Prof. Joseph Beuys«.

1980, nach einem Studienaufenthalt in der Schweiz, intendierte Hartmut Ritzerfeld als Mitbegründer der Gruppe der Eifelmaler gemäß der Initiative von Beuys ›Freier Akademie‹, die Grenzen zwischen Kunst und Leben, d. h. zwischen den Künstlern und ihrem Publikum, auch in der Region um Stolberg und Aachen aufzuheben.

Seit 1994 wirkte er mit Angelika Kühnen in einem gemeinsamen Atelier in Stolberg-Breinig, nachdem seine Künstlerkollegin und Galeristin den Europäischen Kunsthof in Stolberg-Vicht begründet hatte, arbeiten beide dort. Das Werk des bedeutenden Malers wurde bereits mit zahlreichen Ausstellungen gewürdigt, unlängst auch mit einer Retrospektive in den Hallen der documenta 12 in Kassel. Obwohl sich Hartmut Ritzerfeld über die große Ehre freute, beschloss er: »Ich fahr da aber nicht hin, die Bilder gehen ihren Weg«.

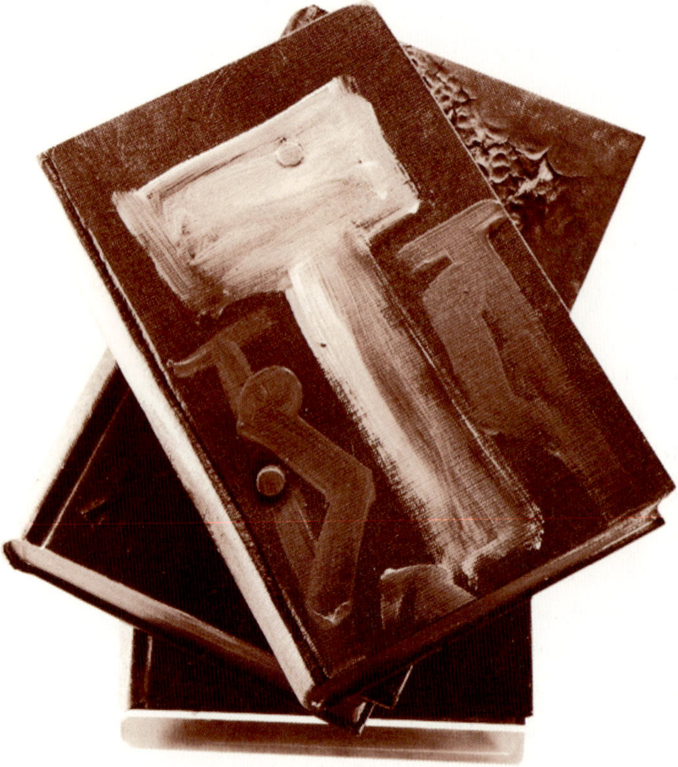

Nr.4: Doppeltes Ich. Buchobjekt von Hartmut Ritzerfeld und Angelika Kühnen anlässlich des 75. Jahrestages der Bücherverbrennung auf dem Berliner Opernplatz 2008

Man kennt den Künstler im Umfeld des Ateliers als umtriebigen Wanderer und Sucher, der sich von alltäglichen Begegnungen Situationen und Ereignissen inspirieren lässt, um sie dann in seiner Interpretation mit gekonntem Strich auf die Leinwand zu bringen. Dabei verzichtet er auf jegliche Manieriertheit; auch illustriert er das Geschehen nicht. Auf das absolut Wesentliche konzentriert, tendiert das Dargestellte in seiner zurückhaltenden Einfachheit nicht selten zum Symbolhaften: Geheimnisvolle, archaisch anmutende Sinnbilder, Zeichen und Chiffren wecken Assoziationen; sie funktionieren als Signale und Vermittler im kommunikativen Prozess zwischen dem Künstler und dem Betrachter. In seinen Bildern thematisiert Hartmut Ritzerfeld Religiosität und Humanität, beobachtet und dokumentiert im Malprozess aber auch kritisch die Begebenheiten des aktuellen Zeitgeschehens.

Der strikten Reduktion setzt der Künstler eine sinnliche Farbgebung entgegen. Auf bunter Palette hält er das breite Spektrum expressiver Kompositionen und kühner Kontraste bereit. Eine dynamische Farbskala reflektiert Licht und Dunkel, sie bringt Freude und Melancholie, Ruhe und Sturm meisterlich in ihrer gesamten Spannbreite zum Ausdruck. Analog der Duplizität aller Dinge verknüpft der Meisterschüler in seinen Bildern oft Gegensätzliches und bündelt auch hier Emotion wie Impression in souveräner Farbwahl und Linienführung.

Weist der breite spontane Pinselstrich den Maler auch als Jungen Wilden aus, gestaltet sich der Versuch, seine Bilderwelt einer bestimmten Stilrichtung zuzuordnen, doch als problematisch. Allenfalls lassen die Arbeiten eine Verbindung zu den späteren Werken van Goghs und Picassos erkennen.

Dennoch greift der international anerkannte Künstler gern korrigierend in das Wirken der Vorgänger ein, indem er existierende Druckvorlagen in eigener Auslegung optimiert, wenn sie ihm aus seiner Sicht eben verbesserungsbedürftig und -würdig erscheinen. Ausnahmsweise und nicht ganz ohne Ironie überdenkt er ebenso das Oeuvre mancher Zeitgenossen.

Bei allen unterschiedlichen Schaffensphasen und auch im Kontext der kreativen Weiterentwicklung brillieren sich die Werke des Stolberger Malers durch die Qualität und Kraft ihrer Aussage – sie bleiben unverwechselbar.

Sein Künstlervater, Professor Joseph Beuys, erkannte in der Kraft der menschlichen Kreativität die einzig revolutionäre Kraft, nämlich die Kunst. Nachhaltig von ihm geprägt, verwendet Hartmut Ritzerfeld folgerichtig auch alltägliche Gebrauchsgegenstände als ›Präsentationsplattform seiner Ideen‹ und erhebt sie durch die ihm eigene Kreativität zum Kunstwerk. So kommt neben dem konventionellen Maltuch durchaus auch eine Pizzaschachtel,

Nr. 5: Beuysgrab. Buchobjekt 2008

eine Serviette oder ein Bierdeckel als Bildträger zum Einsatz. Unwichtiges, Zufälliges und Banales transportiert als künstlerisches Sprachmittel »kleine anarchistische Signale eines revolutionären Geistes, der unsere Welt mit diesen scheinbar harmlosen Botschaften durchsetzt und uns so langsam mit dieser revolutionären kreativen Kraft vergiftet«. So formulierte es jedenfalls mit Erstaunen und Bewunderung Dr. Gabriele Uelsberg, die Direktorin des Rheinischen Landesmuseums Bonn.

Gingen zuweilen die Leinwände aus, erwiesen sich die Leineneinbände der Bücher als willkommener Malgrund. Parallel zu den Bildern entstanden Buchwerke, die Hartmut Ritzerfelds künstlerische Arbeitsperioden, Bilderzyklen wie auch Projekte begleiten und belegen.

Vorderseite und Rücken der Bände sind in Acryltechnik bemalt, in etlichen finden sich weitere, manchmal auf den Text bezogene Kreidezeichnungen, auch Anmerkungen, die Signatur und der Atelierstempel. Eine Reihe von trivialen Texten nagelte der Künstler als ›Verbotene Bücher‹ kurzerhand zu.

Obwohl die Kunstkritik den Beuys-Schüler als einen der wenigen Maler der berühmten Düsseldorfer Bildhauerklasse wahrnimmt, demonstriert dieser am Objekt ›Buch‹ doch überzeugend auch seine Überlegenheit in der Dreidimensionalität. Und ganz im Sinne von Beuys, Kunst müsse für jedermann erschwinglich sein, sind die Objektbücher und Buchobjekte wohlfeil zu haben.

Aber nicht ihres Preises wegen oder weil sie so schön bunt sind fanden die Exponate den Weg in unsere Vitrinen.

Seit Anbeginn der Buchgeschichte treten Buch und Kunst als Verbündete auf. Ehrgeizig arbeiteten Literat und Buchkünstler gemeinsam und manchmal sogar in Personalunion daran, entweder das Geschriebene mit Illustrationen zu vertiefen oder die Abbildungen beschreibend zu kommentieren. Bereits die antiken Buchrollen und Kodices waren – wenn auch selten – kunstvoll illustriert. Erbauliche Initialmalereien und Miniaturen illuminierten die mittelalterlichen Handschriften und auch noch die ersten Drucke. Seitdem dekorieren oder, besser gesagt, ›visualisieren‹ Bilder im Holzschnitt-Verfahren bis hin zum modernen Farbdruck die Gedanken der Autoren.

Nr. 6: Gedankenflug. Vogel. Acryl auf Leinen 2008

Nr. 7: Verbotene Bücher. Bemalter und mit 24 Nägeln verschlossener Leinen-Einband mit Acryl bemalt 2006

Selbstredend können im Bereich des Buches Schrift und Bild auch ohne einander auskommen. Nicht immer ist es auf den Geiz des Verlegers zurückzuführen, dass ein Autor auf Illustrationen gänzlich verzichtet, und nicht zuverlässig benötigen Buchkünstler das Gerüst der Schriftlichkeit.

Doch auch ohne Abbildung ist bei guten Büchern meistens Kunst im Spiel, vielleicht in Form einer ausgesuchten Typographie, auch im Hinblick auf die Buchgestaltung, von der Kunst der Vermittlungskompetenz – sei es im Bild-, sei es im Textbereich – einmal ganz zu schweigen.

Um sich den Exponaten zu nähern, richtet sich das Augenmerk heute auf das Künstlerbuch. Als Buchgattung ist es um die Wende vom 19. zum 20. Jahrhundert in Frankreich entstanden. Seit den 1920er Jahren verstand man unter dem mittlerweile vielstrapazierten Begriff ›Künstlerbücher‹ von Künstlerhand gestaltete geschriebene und gemalte oder in kleiner Auflage gedruckte, mit Originalgrafik versehene Werke, die das Buch zum Gegenstand eines künstlerischen Konzepts machen. Bild und Text konnten, mussten sich aber nicht auf einander beziehen, um ein Gesamtverständnis zu erreichen. Bald überbrückten auch Bilder zum Lesen und Texte zum Betrachten die Grenzen vom Buch als solchem zum Buch als Kunstwerk.

1977 weckte dann die Ausstellung ›Metamorphosen des Buches‹ innerhalb der documenta 6 das Interesse der Bibliophilen und Kunstliebhaber für weitaus ungewöhnlichere Varianten der von Künstlern gestalteten Bücher. Die Exponate gingen bis in die 1960er Jahre zurück. Rolf Dittmar, der Kurator dieses Teils der Ausstellung bemerkte, der gemeinsame Nenner aller Objekte sei die Infragestellung des Buchs als Medium.

Doch selbst wenn es nun nicht mehr nur als Vermittler von Textinhalten, nicht mehr als Werk der Schriftkultur, sondern verfremdet und bis zur Zerstörung in seine Grenzbereiche gedrängt als Träger der künstlerischen Aussage fungierte, so informierte es doch immer weiter und kam auch niemals ohne die Bezeichnung ›Buch‹ aus: Buchobjekt und Künstlerbuch, Anti- und Konzeptbuch, Buchskulptur und -installation und viele andere Formen mehr repräsentieren das Buch weiterhin als »kulturelle Idee«.

Noch fehlt für das ›Buch als Kunstobjekt‹ eine eindeutige Terminologie. Lucy Lippard, die amerikanische Kunstkritikerin versuchte das Durcheinander der Benennungen zu entwirren. Ein Buch ist ein Künstlerbuch, wenn ein Künstler es gemacht hat, oder wenn er sagt, dass es eines ist. Davon ließ sich die deutsche Fachwelt nicht überzeugen und zieht deshalb die Definitionen Buchwerk oder Bucharbeit dem schwammigen Begriff des Künstlerbuches vor. In diesem Rahmen verstehen sich die Werke, deren Texte erhalten und lesbar sind, als Objektbücher; eignet sich das Buch nicht mehr zur Lektüre, ist der Text verfremdet, handelt es sich um ein Buchobjekt.

Die USB tat sich mit diesen etwas eigenwilligen Modellen der Informationsvermittlung immer ein bisschen schwer. In der Verpflichtung Lehrende und Lernende vornehmlich mit aktueller wissenschaftlicher Literatur zu versorgen und auch im Bewusstsein, dass für den Ankauf von Buchwerken eigentlich die Kunst- und Museumsbibliotheken zuständig sind, wurden selten Objekte angeschafft, die deutlich die Grenze von der angewandten zur bildenden Kunst überschreiten. Seit jeher haben die Kölner Bibliothekare einer langjährigen Tradition folgend die Schwarze Kunst hoch geschätzt und die Kollektionen der Bibliothek durch regelmäßige Ankäufe historischer Druckwerke und Pressendrucke ergänzt.

Ebenso wurden die Zeugnisse des buchbinderischen künstlerischen Wirkens gesammelt und als Exempla der Handwerkskunst oder der Werkkunst in der Einbandkollektion gewürdigt; nur vereinzelt aber hat man sie gezielt im Hinblick auf die Kollektion erworben. Meist stammen die Arbeiten aus historischen Beständen oder sie kamen als Geschenke ins Haus.

Seit 2002 begannen sich die tradierten, man möchte fast sagen - etwas verkrusteten Gepflogenheiten allmählich zu ändern. Zunächst fertigten die mit zahlreichen Preisen dekorierten Buchbindemeisterinnen des Hauses künstlerische Handeinbände an, die sich, zu besonderen Gelegenheiten ausgestellt, großer Beliebtheit erfreuten. Genau haben Besucher und Leser die Geste der Bibliothek als Ausdruck der Wertschätzung für die ihr anvertrauten Bestände verstanden und aber auch als gelungenen Versuch der wissenschaftlich geprägten Institution interpretiert, sich den Lesern lebendiger, attraktiver und zeitgemäß zu präsentieren.

Breite Resonanz fanden darüber hinaus sporadisch, sehr selten organisierte Ausstellungen von Malerbüchern. Allerdings blieben die Objekte – leider – meist im Besitz der Sammler oder der Künstler. Der Erfolg der

Aktivitäten lieferte jedenfalls den Beweis, dass es einer Universitätsbibliothek doch recht gut ansteht, neben den Hunderttausenden, neben den Millionen von Werken namhafter Dichter, Denker und Wissenschaftler auch die einiger bedeutender bildender Künstler bereitzuhalten. Gemeinsam ist diesen Büchern, dass sie der näheren Betrachtung und der Auseinandersetzung bedürfen, will man sie verstehen.

Die ausgestellten verkäuflichen Objekte fügen sich in ganz besonderer Weise eher in das Programm einer Bibliothek denn in die Räumlichkeiten eines Museums ein.

Sie entstanden 2008 anlässlich des 75. Jahrestages der Bücherverbrennung auf dem Berliner Opernplatz und setzen ein Zeichen gegen das Vergessen. Wie es Bücher und Bibliotheken eben tun, blieben sie uns erhalten.

Gerade deshalb wollen Sie uns bitte mit unserer Zurschaustellung vermeintlich ramponierter Bücher keine biblioklastischen Anwandlungen unterstellen. Weder sucht der Künstler die ursprüngliche Bestimmung der Werke durch Zündeln zu boykottieren, noch zieht die Kölner Bibliothek – wie es ein Restaurator bereits irritiert hinterfragte – das Durchnageln der Bücher zukünftig als innovative Konservierungsmaßnahme in Betracht.

Das Verbrennen und Zerstören selbst ausgedienter Bücher unterliegt heute einem gesellschaftlichen Tabu, unterschwellig basierend auf der kollektiven Einsicht, mit dem Vernichten des Dokumentierten auch den gemeinsamen Wissensspeicher und damit das kulturelle Erbe und Gedächtnis zu gefährden. Mit Abscheu erinnert Heinrich Heine an weitaus unliebsamere Begleiterscheinungen: »Dort wo man Bücher verbrennt, verbrennt man auch Menschen«. Wenigstens hierzulande zeichnet sich ein gewisser Lernprozess ab. Hat das Geschriebene und Gedruckte ausgedient, wird es gewöhnlich in systemimmanent einträchtigem Schweigen ehrfurchtsvoll auf Speichern, in Kellern oder im Ramsch »bestattet«, nicht aber makuliert. Unsere ausgestellten Buchobjekte stammen ausschließlich aus solchen Pietätsdepots - und wir können uns kaum ein wünschenswerteres Schicksal für ein ausgemustertes Buch vorstellen, als aus dieser Endzeitstimmung mit einer neuen Aufgabe zum Kunstwerk und Unikat zu avancieren.

Der automatisierte Verdrängungsmechanismus eines Tabus, das kollektive Schweigen, erweist sich als interessante Vermeidungsstrategie, bewährte

Nr. 8: Ohne Titel. Bemalter und signierter Katalog. Bronze auf bedrucktem Karton 2008

sich aber noch selten als solide Basis zum Aufarbeiten und Bewältigen von Krisen. Dem begegnet die bildende Kunst mit konstruktiver Kritik auf dem Wege der Konfrontation. Auch Hartmut Ritzerfeld bedient sich der kreativen Destruktion als zeitlos aktuelles Mahnmal, das mit Brandspuren die Verluste der Vergangenheit verdeutlicht; mit Nägeln dagegen die Qualität und Erhaltenswürdigkeit mancher Texte hinterfragt. Im provokanten Akt der schöpferischen Zerstörung und der Transformation bricht der Künstler Schweigen wie auch Tabu, fördert und fordert mit »kleinen anarchistischen Signalen« die kritische Sicht auf bedenkenswerte Phänomene.

Nicht in hehrer Konkurrenz, sondern im Hinblick auf den gemeinsamen Wertekanon von Museum und Bibliothek – beide vermitteln Wissen, beide haben Bildungsanspruch und beide sorgen für die Konservierung wertvollen Kulturguts – haben die Kölner Bibliothekare beschlossen, wenigstens einen kleinen Teil von Buchwerken stellvertretend für die aktuelleren Stilrichtungen der Kunst zu sammeln. Den Grundstock der geplanten Kollektion bilden die Arbeiten Hartmut Ritzerfelds.

Wechselnde Präsentationen zeitgenössischer Buchwerke wollen den Besucher und Leser also auch weiterhin erfreuen und außerdem für die Bedeutsamkeit und die Anziehungskraft der Bücher in ihrem ganzen Facettenreichtum erwärmen. Auch möchten sie in der Hektik des täglichen Ausleihbetriebes einen Moment der Meditation anbieten – zum Beispiel darüber, dass, wie Rolf Dittmar es so anschaulich manifestierte, Bücher keineswegs nur leicht verdaulicher Lesegrießbrei sind.

Schließlich möchte ich allen danken, die am Aufbau der Ausstellung und am Gelingen des Abends beteiligt waren und sind. Kunst ist schön, macht aber viel Arbeit. Mein besonderer Dank gilt Frau Hochscherff und Frau Kühnen für die bereichernde Kooperation und für Ihren tatkräftigen Einsatz bei der kreativen Gestaltung der Vitrinen. Bereichernd meine ich unbedingt auch im wörtlichen Sinn, denn beide ließen sich nicht nehmen, unsere neue, noch sehr ausbaufähige Sammlung um einige hochwillkommene Geschenke zu erweitern. Das sei hier nicht vergessen.

Und damit möchte ich Ihnen auch gleich den Vortrag der versierten Kennerin von Ritzerfeld-Büchern ankündigen. Ihnen, sehr geehrte liebe Gäste und Kollegen, danke ich für Ihre bibliophile Solidarität und - allen voran dem Künstler und seiner Galeristin -, dass Sie den heutigen Abend mit Ihrer Präsenz bereichern.

Veröffentlichungen von Regine Boeff

Boeff, Regine; Dohmen-Richter, Caroline: Bestandserhaltung in der USB. In: Im Mittelpunkt steht das Buch. Köln 2009 (Kleine Schriften der USB Köln 25) S. 39-44.

Boeff, Regine: Der Besuch der Einbandforscher. In: Mit uns. Zeitschrift für die nichtwissenschaftlichen MitarbeiterInnen der Universität zu Köln (2005, Dez.) S. 20.

Boeff, Regine: "Ein Buch ist nicht nur Lesegriesbrei". Objektbücher und Buchobjekte von Hartmut (Haki) Ritzerfeld. In: Hartmut „Haki" Ritzerfeld. Konzeption und Gestaltung: Marco Jansen. Fotografie: Tamara Rauch. Texte: Regine Boeff. Winfried Adams, Prof. Karl Kneidl. Aufl. von 500 Büchern, teilweise signiert, teilweise mit Zeichnung. Stolberg-Vicht 2008.

Boeff, Regine; Dohmen-Richter, Caroline: Die Digitale Einbandsammlung In: Im Mittelpunkt steht das Buch. Köln 2009 (Kleine Schriften der USB Köln 25) S. 16-19.

Boeff, Regine; Dohmen-Richter, Caroline: Die Digitale Umschlagsammlung. In: Im Mittelpunkt steht das Buch. Köln 2009 (Kleine Schriften der USB Köln 25) S. 24-27.

Boeff, Regine: Eine Dokumentation zur Beschreibung der Einbandsammlung der Universitäts- und Stadtbibliothek Köln. Köln 2005.

Boeff, Reginc: Gebunden im Auftrag der Universitäts- und Stadtbibliothek Köln. Eine Datenbank präsentiert neue künstlerische Bucheinbände aus der Kölner Hausbuchbinderei. In: Bindereport 119 (2006, H. 2) S. 57-59.

Boeff, Regine: Die Sammlung Ferdinand Bernhard Schmetz, in: Erstes Kölner Bibliophilen Bulletin Teestundenfolge 2007-2008 (2008) S. 34-36.

Boeff, Regine: Schätze aus der Einbandsammlung der Universitäts- und Stadtbibliothek Köln. Köln 2005 (Schriften der Universitäts- und Stadtbibliothek Köln 15).

Boeff, Regine: Schutzumschlag und Umschlagschutz: Die Archivierung und Verwaltung von Schutzumschlägen in der Universitäts- und Stadtbibliothek Köln. Köln 2008 URL: http://kups.ub.uni-koeln.de/2634/ [Volltext im pdf-Format]

Boeff, Regine: Schutzumschlag und Umschlagschutz. In: Der Bibliothekar im 21. Jahrhundert - ein traditionsbewusster Manager, Kleine Schriften der USB Köln 26, Köln 2009, S. 47-66.

Boeff, Regine: 457. Teestunde. In: Erstes Kölner Bibliophilen Bulletin: Teestundenfolge 2007-2008 (2008), S. 19-22 [Zum Vortrag von Frau Annelen Ottermann].

Boeff, Regine: Von der traditionellen zur digitalen Einbandsammlung. In: ProLibris 10 (2005, H. 4) S. 155-156.

Boeff, Regine; Flimm, Oliver: Von der traditionellen zur digitalen Sammlung historischer und künstlerischer Bucheinbände der USB Köln mit einem Einblick in die technische Konzeption der Datenbank. In: Bibliothek - Forschung und Praxis 30 (2006, H. 1) S. 63-68.

Boeff, Regine: Wert und Wertschätzung der Bücher. Historische, bibliophile und wissenschaftliche Relevanz. Köln 2006. [Zum Kölner Buchpatenprojekt] URL: http://www.ub.uni-koeln.de/bibliothek/buchpaten/buchpaten_gesucht/wert/index_ger.html

Boeff, Regine: "zum ansehen, zum zeugnis, zum gedechtnis, zum zeychen". Reformatorische Ikonographie auf den Büchern der Kölner Evangelischen Gemeindebibliothek und der Bibliothek des Stadtkirchenverbandes. In: "das auch die guten bücher behallten und nicht verloren werden". Die Evangelische Bibliothek in der Universitäts- und Stadtbibliothek Köln. Eine Darstellung anlässlich des 31. Deutschen Evangelischen Kirchentages in Köln 2007, hrsg. v. Wolfgang Schmitz, Köln 2007 (Schriften der Universitäts- und Stadtbibliothek Köln 18) S. 138-183.

Boeff, Regine: Zur Problematik des Altbestandes. Köln 2006. [Zum Kölner Buchpatenprojekt] URL: http://www.ub.uni-koeln.de/bibliothek/buchpaten/buchpaten_gesucht/altbestand/index_ger.html

A. Schriften der Universitäts- und Stadtbibliothek Köln

(ISSN: 0938-7765)

1. Quarg, Gunter:
   Handschriften und Autographen aus der Sammlung Otto Wolff (1881-1940).
   Köln 1990. 47 S., ISBN 3-931596-00-1

2. Brachetti, Angela:
   Die Guarani-Indianer von Misiones
   Köln 1992. 56 S., ISBN 3-931596-01-X

3. Sattler, Alfred:
   Rheinpanoramen. Reisehilfen und Souvenirs.
   2. Aufl. Köln 1994. 64 S., ISBN 3-931596-02-8

4. Quarg, Gunter:
   Katalog der Bibliothek Jakob Ignaz Hittorff / Catalogue de la Bibliothèque Privée de Jacques Ignace Hittorff.
   Köln 1994. XIV, 125 S., ISBN 3-931596-03-6

5. Rabeler, Alice:
   Die Sammlung Westerholt. Geschichte und Analyse ihres Bestandes.
   Köln 1995. 109 S., ISBN 3-931596-04-4

6. Quarg, Gunter & Schmitz, Wolfgang:
   Deutsche Buchkunst im 20. Jahrhundert. Katalog zur Ausstellung anläßlich des 75jährigen Bestehens der USB.
   Köln 1995. 215 S., ISBN 3-931596-05-2

7. Der älteste Leipziger Messekatalog aus dem Jahre 1595. Faksimile-Ausgabe.
   Hrsg.: Gernot Gabel.
   Köln 1995. 84 S., ISBN 3-931596-06-0

8. Kiene, Michael:
   Die Alben von Jakob Ignaz Hittorff. Die Bauprojekte 1821 - 1858.
   Köln 1996. 144 S., ISBN 3-931596-07-9

9. Quarg, Gunter:
   Gustav von Mevissen (1815-1899) und seine Bibliothek. Katalog der Ausstellung, mit einer biographischen Einleitung von Klara van Eyll.
   Köln 1999. 206 S., ISBN 3-931596-13-3

10. Schmitz, Wolfgang:
    500 Jahre Buchtradition in Köln. Von der Koelhoffschen Chronik bis zu den Neuen Medien.
    Köln 1999. 189 S., ISBN 3-931596-14-1

11. Quarg, Gunter:
Ganz Köln ist voller Bücherschätze. Von der Ratsbibliothek zur Universitäts- und Stadtbibliothek 1602–2002.
Köln 2002. 295 S., ISBN 3-931596-21-4

12. Quarg, Gunter:
Vom Kettenbuch zur Collage. Bucheinbände des 15. bis 20. Jahrhunderts aus den Sammlungen der USB Köln.
Köln 2002. 223 S., ISBN 3-931596-22-2

13. Gelehrte – Diplomaten – Unternehmer.
Kölner Sammler und ihre Bücherkollektionen in der USB.
Red. Gernot Gabel und Wolfgang Schmitz.
Köln 2003. 221 S., ISBN 3-931596-25-7

14. Kiene, Michael:
Die Alben von Jean-Francois-Joseph Lecointe (1773-1858). Architekturen, Skizzen und Visionen
Köln 2005. 134 S., ISBN 3-931596-27-3

15. Schätze aus der Einbandsammlung der Universitäts- und Stadtbibliothek Köln. Eine Auswahl aus sieben Jahrhunderten.
Köln 2005. 117 S., ISBN 3-931596-28-1

16. Sammeln und Lesen. Die Kölner H.C. Artmann-Sammlung Knupfer.
Köln 2006. 271 S., ISBN 978-3-931596-31-6

17. Gabel, Gernot:
Deutsche Buchkünstler des 20. Jahrhunderts illustrieren deutsche Literatur.
Köln 2006. 224 S., ISBN 978-3-931596-37-8

18. ››das auch die guten Bücher behallten und nicht verloren werden‹‹. Die Evangelische Bibliothek in der Universitäts- und Stadtbibliothek Köln.
Hrsg.: Wolfgang Schmitz
Köln 2007. 219 S., ISBN 978-3-931596-40-8

19. Hoffrath, Christiane
Bücherspuren – Das Schicksal von Elise und Helene Richter und ihrer Bibliothek im >Dritten Reich<
Köln, Böhlau, 2009, 219 S., ISBN 978-3-412-20284-2

20. Hanau, Peter:
Fröhliche Rechtswissenschaft. An den Grenzen zu Ethik – Poetik – Didaktik – Evaluation.
Köln 2009. 176 S., ISBN 978-3-931596-50-7

21. Wiese, Bernd:
WeltAnsichten. Illustrationen von Forschungsreisen deutscher Geographen im 19. und frühen 20. Jahrhundert.
Köln 2011. 292 S., ISBN 978-3-931596-58-3

B. Kleine Schriften der Universitäts- und Stadtbibliothek Köln

(ISSN: 1430-2780)

1. Quarg, Gunter:
   Gottfried Wilhelm Leibniz (1646 - 1716). Eine Ausstellung zu Leben und Werk in Büchern und Dokumenten.
   Köln 1996. 106 S., ISBN 3-931596-08-7

2. Anna Simons – Meisterin der Schriftkunst (1871 - 1951).
   Red. Gunter Quarg und Christian Klinger.
   Köln 1996. 64 S., ISBN 3-931596-09-5

3. Görlach, Manfred:
   Max und Moritz in aller Munde. Wandlungen eines Kinderbuches.
   Köln 1997. 112 S., ISBN 3-931596-10-9

4. Quarg, Gunter:
   Heidelbergae nunc Coloniae. Palatina-Bände der Universitäts- und Stadtbibliothek Köln. Bestandsverzeichnis.
   Köln 1998. 149 S., ISBN 3-931596-11-7

5. Beßelmann, Karl-Ferdinand:
   Alte Bücher - neu geschätzt. Begleitheft zur Ausstellung der Arbeitsstelle „Altbestand in rheinischen Bibliotheken".
   Köln 1998. 76 S., ISBN 3-931596-12-5

6. Schirra, Doris:
   An jenem Tage lasen wir nicht weiter. Illustrationen aus Dantes Göttlicher Komödie aus den Beständen der Universitäts- und Stadtbibliothek Köln.
   Köln 2000. 82 S., ISBN 3-931596-15-X

7. Severin Corsten zum achtzigsten Geburtstag am 8. Dezember 2000. Bibliographie seiner Schriften 1951-2000.
   Hrsg. von Wolfgang Schmitz und Kurt Hans Staub.
   Köln 2001. 43 S., ISBN 3-931596-17-6

8. Depping, Ralf & Christiane Suthaus:
   Die Kunst, in drei Stunden ein Buchhalter zu werden. Bücher aus der Sammlung Schmalenbach.
   Köln 2000. 93 S., ISBN 3-931596-16-8

9. Von der Handelshochschule zur Universität. 100 Jahre wirtschafts- und sozialwissenschaftliche Lehre und Forschung in Köln.
   Red. Gernot Gabel und Christiane Suthaus.
   Köln 2001. 110 S., ISBN 3-931596-18-4

10. Galle, Heinz J.:
Populäre Lesestoffe. Groschenhefte, Dime Novels und Penny Dreadfuls aus den Jahren 1850 bis 1959.
Köln, 2002. 112 S., ISBN 3-931596-19-2

11. Görlach, Manfred:
Weltsprache Englisch. Katalog zur Ausstellung.
Köln, 2002. 106 S., ISBN 3-931596-20-6

12. Gabel, Gernot:
Baugeschichtliche Perspektiven. Die Universitäts- und Stadtbibliothek Köln und ihre Vorgängereinrichtungen.
Köln 2002. 98 S., ISBN 3-931596-23-0

13. 400 Jahre Ratsbibliothek / Universitäts- und Stadtbibliothek. Ansprachen beim Festakt im Hansasaal des Historischen Rathauses zu Köln am 28. November 2002.
Köln 2002. 46 S., ISBN 3-931596-24-9

14. Bibliothekarische Ausbildung in Zeiten des Krieges. Briefe von Maria Steinhoff an Rudolf Reuter und weitere Dokumente zur Westdeutschen Volksbüchereischule in Köln 1939 bis 1944
Hrsg. u. erl. von Rudolf Jung
Köln 2004. 94 S., ISBN 3-931596-23-0

15. Schriftenverzeichnis Gunter Quarg. Liste der Publikationen des ehem. Oberbibliotheksrates der USB zum Buch- u. Bibliothekswesen, zur Chemie, Kunst- u. Literaturwissenschaft, Geldgeschichte, Medaillen- u. Münzkunde sowie Musikwissenschaft.
Köln 2005. 51 S., ISBN 3-931596-30-3

16. Gabel, Gernot:
Don Quijotes Spuren in Deutschland. Materialien zur Rezeptionsgeschichte
Köln 2005.79 S., ISBN 978-3-931596-32-3

17. Schriftenverzeichnis Friedrich-Wilhelm Henning. Zum 75. Geburtstag.
Köln 2006. 52 S., ISBN 3-931596-33-8

18. Zwischen antiquarischer Gelehrsamkeit und Aufklärung. Die Bibliothek des Kölner Universitätsrektors Ferdinand Franz Wallraf
Köln 2006. 199 S., ISBN 3-931596-34-6

19. SCHRIFT-ZEITEN
Poetologische Konstellationen von der Frühen Neuzeit bis zur Postmoderne
Hrsg.: Jan Broch und Markus Rassiller
Köln 2006. 319 S., ISBN 3-931596-35-4

20. Gernot Uwe Gabel zum 65. Geburtstag (Schriftenverzeichnis)
Hsg.: Dr. Gisela Lange
Köln 2006. 55 S., ISBN 3-931596-36-2

21. Die Kleine Bibliothek
Bedeutung und Probleme kleiner nichtstaatlicher Buchbestände
Hrsg.: Hanns Peter Neuheuser und Wolfgang Schmitz
Köln 2008. 159 S., ISBN 978-3-931596-38-5

22. „Ohne Bibliothek keine Forschung". Das Fachreferat Wirtschaft im Wandel.
5. Fortbildungsveranstaltung für Fachreferentinnen und -referenten der Wirtschaftswissenschaften
Köln 2007. 128 S., ISBN 978-3-931596-39-2

23. Gabel, Gernot & Gisela Gabel-Jahns:
Laurence Olivier (1907 – 1989). Schauspieler – Regisseur – Intendant
Köln 2007. 64 S., ISBN 978-3-931596-42-2

24. „5000 Jahre Schrift in Afrika. Entstehung – Funktionen – Wechsel"
Hrsg.: Anja Kootz, Helma Pasch
2., überarbeitete Auflage, Köln 2009. 134 S., ISBN 978-3-931596-43-9

25. „Im Mittelpunkt steht das Buch. Einblicke in die Arbeit des Dezernats Historische Sammlungen und Bestandserhaltung anlässlich des Ausscheidens von Dr. Gisela Lange aus dem aktiven Bibliotheksdienst"
Hrsg.: Wolfgang Schmitz
Köln 2009. 78 S. [ohne ISBN]

26. „Der Bibliothekar im 21. Jahrhundert – ein traditionsbewusster Manager. Festschrift für Wolfgang Schmitz zum 60. Geburtstag
Hrsg.: Rolf Thiele
Köln 2009. 338 S., ISBN 978-3-931596-45-3

27. „Heimat, Heilige und Historie – Ludwig Mathar. Ein rheinischer Schriftsteller"
Begleitband zur gleichnamigen Ausstellung 12.6. – 31.7.2009
Hrsg. Wolfgang Schmitz
Köln 2009. 128 S., ISBN 978-3-931596-47-7

28. Erich Meuthen. Bibliographie seiner Schriften 1954 – 2003.
Hrsg.: Wolfgang Schmitz
Köln 2010. 32 S., ISBN 978-3-931596-46-0

29. Anton von Euw. Bibliographie seiner Schriften 1962 – 2011.
Hrsg.: Wolfgang Schmitz
Köln 2011. 44 S., ISBN 978-3-931596-59-0

30. Gabel, Gernot U.:
Schillers Werke in der Buchillustration.
Köln 2011. 144 S., ISBN 978-3-931596-48-4

C. Vorträge in der Universitäts- und Stadtbibliothek Köln

(ISSN: 2190-6971)

1. Jucknies, Regina:
   Heinrich Erkes (1864 – 1932). Kölner Kaufmann, Kenner Islands und kluger Bibliothekar. Ein Gedenkvortrag, gehalten in der Universitäts- und Stadtbibliothek Köln am 13.12.2007.
   Köln 2010. 16 S., ISBN 978-3-931596-52-1

D. Sonderveröffentlichungen

Engagierte Verwaltung für die Wissenschaft
Festschrift für Johannes Neyses, Kanzler der Universität zu Köln zum 60. Geburtstag
Köln 2007. 582 S., ISBN 978-3-931596-41-5

Aegidius Gelenius. De admiranda sacra et civili magnitudine Coloniae.
Reproduktion der Ausgabe Köln 1645.
Mit einem Nachwort von Heinz Erich Stiene.
1 CD-ROM
ISBN 3-931596-29-X

Kölner Köpfe. Fünfzig Linolschnitte von Eduard Prüssen. Texte von Werner Schäfke und Günter Henne.
Köln 2010. 115 S., ISBN 978-3-931596-53-8